緊張也是你的天賦

Nervous Energy
Harness the Power of Your Anxiety

運用九大技巧駕馭焦慮，將逆境轉化為順境

克蘿伊・卡邁可 著
Chloe Carmichael
王冠中 譯

好評推薦

焦慮與壓力是現代文明的頭號流行病。常見的情況是，備感壓力的人會發現自己正站在成功的浪頭上，而代價卻是不開心的人生、破裂的人際關係，以及不健康的身體。即使擁有充沛的能量，卻都耗費掉了。若「高能量者」能夠學習駕馭他們的能量，超越反射式的反應，連結直覺模式、創意與情緒韌性，他們就能花更少的力氣而成就更多，而且更快樂也更健康。本書提供了他們所需的工具。

——狄帕克．喬布拉醫師（Deepak Chopra, MD）

克蘿伊博士提供了眾多的具體建議，讓人們能夠擁有快速且簡單的工具，來減輕壓力、管理情緒及提高生產力。本書中的建議肯定能夠改善你的人生！

——戴夫．可本（Dave Kerpen），著有《人際關係的藝術》（*The Art of People*）

《緊張也是你的天賦》是一本很棒的書。克蘿伊博士有著溫暖的筆觸以及引人入勝的風格，將複雜的概念化繁為簡，實用且容易上手。書中生動的故事，描述了她如何在自己的人生中運用這些技巧，不僅是在執業上，也運用於私領域，這為書中的內容增添了親密感，讓讀者更能與之連結。這是一本非常有幫助的書，不容錯過！

——丹尼爾．G．亞曼醫師（Daniel G. Amen, MD），《你的大腦總是在傾聽》（*Your Brain Is Always Listening*）作者、亞曼診所（Amen Clinics）創辦人

《緊張也是你的天賦》是寫給數以百萬計深受壓力、打擊或社交焦慮所苦的人。透過清晰且引人入勝的說故事方式，再加上實用的建議，克蘿伊博士帶領讀者走上一條啟發性的旅程，協助他們將這些以科學為依據的解決方案融入生活當中。

——麥克．道（Dr. Mike Dow），著有《腦霧修復》（*The Brain Fog Fix*）

一本引人入勝且容易執行的指南。

——《出版者週刊》（*Publishers Weekly*）

這本書打破了既有的規則，教導讀者相關的技巧，以正向的方式理解及處理自然的焦慮感，進而改善我們思考、感受與行動的方式。

——吉姆．麥肯（Jim McCann），1-800-Flowers.com網站創辦人暨董事長

謹將本書獻給曾經感到自身有過剩的能量卻不知用於何處的人們，特別是那些曾去找過治療師，卻被告知要和自身感受「共處」的人，你們想要做點什麼事，而不只是坐在那裡什麼也不做，這本書就是寫給你們的。

如果你有著目標，而且規畫出自己的下一步會讓你得到慰藉，那麼這本書就是寫給你的。

如果你想要成長，想要獲得新的技能，想要學習以新的方式來思考舊議題，那麼這本書肯定就是為你而生的！

目次

PART 2 因應緊張能量的技巧

只要有些許強烈的直覺，再加上數則簡易的常規，便能夠滿足我們。

——拉爾夫・沃爾多・愛默生（Ralph Waldo Emerson）

PART 1

認識緊張能量
與高功能者

1 導言

人生的目的不在於尋找自己，而是在於創造自己。
——蕭伯納（George Bernard Shaw）

艾美坐在我的皮沙發上，一副坐立難安的模樣。她那做了精緻美甲的手指，不停撥弄及膝的裙邊，不自在地掃視房間四周，而且不斷地想把一撮不存在的頭髮撥到耳朵後面。

這是艾美第一次到我的辦公室來，她很不自在，因為她害怕來看諮商心理師就代表她有問題。她是個完美主義者，這輩子基本上都很自豪自己「有點強迫症」（這是她自己說的，不是我說的），也因此，要艾美承認在管理自己方面需要外來的協助，是相當困難的。拜託，自律可是她的專長啊！怎麼會發生這種事呢？諷刺的是，長久以來讓她成功約束自己的鐵腕，現在已經無法繼續帶來秩序和進展，反而是造成了孤立和停滯不前的感覺。

艾美覺得自己被困住了，而最糟的部分是，她很強烈地理解到，自己就是那個拖住自己的人。她的「緊張能量」曾經是自己的好友，而且提供了強大的驅動力讓她能「一絲不苟」，但現在卻成了失控的「兔子洞」（註：指未知、複雜又難以逃脫的世界，出自《愛麗絲夢遊仙境》），總是帶來過度的自我批評、焦慮、悲觀或分析癱瘓（analysis paralysis）。

別擔心，艾美在這次諮商的後段時間，確實開始感受到適度的舒緩，因為她得知了有許多精明幹練的人都曾經成功地擺脫現在正困住她的這種模式。[1]他們都是透過學習如何駕馭緊張能量而做到的，不讓緊張能量消耗了自己的創造力與壓制了自己的動力。

在一般情況下，青少年和年輕人透過某些做法，可以使自己達到一定程度的成功，像是刻意嚴苛地批評自己、過度地檢查自己的作業或報告，確保所有的缺陷和錯誤都被抓出來，避免暴露於眾人面前；或者他們可能會屏蔽一切的感受，好讓自己能夠完全專注在「一步一腳印」地朝自己的目標努力邁進。**這種策略很誘人，因為它確實有效，至少在一定程度上是有效的。**

當你還是大學生，或是在踏入職場的初期，你的工作通常有清楚定義的大綱或明確分配的計畫。在這些階段的教育或職業中，通常會有「正確的」答案，至少你所知道的正確答案能夠取悅你的上司，或者讓你受到教授的青睞。在這些早期階段裡，你所需要做的就只是把你的緊張能量導入持續的檢查和準備眼前的作業與任務，便能讓你取得進展。

一旦你已經度過了大學、研究所和職場初期階段，問題就會開始浮現。你在事業上爬得越高，被指派的企畫就會越複雜也越龐大，有時候甚至沒有明確的方向。舉例來說，老闆只是想要「銷售成長」或者「全球團隊能步上軌道」，常見的情況是，這些要求除了要你去達成目標之外，並沒有清楚的方向。突然間，工作量會大增，超越了任何人可能仔細檢查的程度，沒有時程表也沒有明確的目標，而且過程中你不只是需要向一個人尋求核准計畫，而是有層層關卡的一群人；你面對的不再只是單一個直屬上司或者專任教授。或者，你會突然間理解到需要「尋找夥伴」、「與配偶更親近」，或者至少要「打好關係」，但至於要如何做到、在過程中要如何管理完美主義的傾向，則是存在著許多的不確定性，讓人感覺難以招架。

在此同時，你可能變得非常擅長把自己的情緒擺在一旁，以至於很難用平衡的方式順利地重新連結自己的情緒，藉此來激發你在工作與關係中尋求的高階意義和成就感。這正是舊有的工具不敷使用的時候。這也是為什麼像艾美這樣的人會來向我尋求協助。

我發現，本書所提到的能夠協助駕馭緊張能量的九種工具，對這世界上所有的艾美都很有幫助，能夠協助他們活出更有生產力以及成就更滿足的人生。我很高興能透過這本書與你分享這些工具。在接下來的章節裡，你會看到一系列的技巧、關於如何投入學習過程的一些提點，以及從我人生經歷中擷取的一些小故事，敘述我如何運用這些因應緊張能量的方法……當然，書中也有循序漸進的指引，以及一些作業練習來協助你親自嘗試這些技巧！

本書中提及的技巧，目的是要協助你駕馭緊張能量，使其成為帶領你前進的有效推動力，讓你不至於有被壓垮或卡住的感覺。若管理得當，這種被某些人認定為焦慮的緊張能量，實際上能夠成為你的朋友，能夠成為激勵你的來源，並促進生產力與成就感，就讓我們來善加利用這緊張能量吧！

問題：究竟什麼是緊張能量？它就是我想的那個意思嗎？

這個詞在某種層面上對你來說可能是很直觀的，但為了避免有任何歧義，讓我來給個明確的定義。在這本書的脈絡裡，「緊張能量」這個詞是指許多聰明、思考活躍、目標導向、富有責任感的人所擁有的感受，而且他們也想要接受協助來維持這樣的感受：「緊張能量」就好像是你身上有自主意識的一個部分，經常想要仔細檢查那些感覺很重要的事物（這並不是問題，但要是變成覺得所有的事物都很重要而且需要仔細檢查每一個事物，那就不切實際了）；這個自主意識部分有時候也會想要在腦袋裡反覆回想（可能還會過度分析！）發生過的對話；或者這部分意識會想要找到方法把複雜的目標拆解成可管理且可執行的步驟（除非你真的很擔心會失敗，或者擔心那些你無法控制的部分，使得你被困住了）。

有時，帶有緊張能量的人很容易出現超載的狀況，他們會過度思考，甚至會讓自己被淹沒在其中。**然而，緊張能量的美妙之處在於，只需要一些相對簡單的調整，這能量就能被駕馭成為有價值的工具，而且能量本身也會開始朝正面的方向轉變。**好消息是，就如同我們可能會快速地掉入負面想法的「兔子洞」裡，心智高速而敏銳地運轉著，我們也能夠運用相同的能量，來訓練思考更有效率且更協調地運作，協助我們達到目標、提升個人成就感，並且降低壓力。如果這聽起來就是你想要的，那麼你就看對書了！

為什麼我會「懂」這類型的人

艾美的故事其實相當常見，至少我在曼哈頓公園大道的私人執業過程中很常見到。事實上，我自己本身就有點像艾美。我在二〇一二年取得臨床心理學執照後不久便開始執業，根本不確定自己是不是能夠吸引到足夠的案主，讓我至少能夠支撐生活。不過，能夠在私人執業中協助高功能[2]案主一直是我的夢想，因為在成為臨床諮商心理師之前，我有好幾年的時間擔任獨立的私人瑜伽教練與冥想導師，而我在這些早年工作的過程中體悟到，我真正的使命是要透過私人治療與教練過程來協助高功能人士。因此，我決心自行向外擴展，並且實現這項目標。

我深吸了一口氣，從那少少的研究所基金裡提取資金，支付了感覺像一筆鉅款的數千美元做為第一間辦公室的押金，而且，當我在私人執業賺到了足夠的錢，能夠勉強過活時，也辭去了其他正職的工作。（這時距離我取得執照只過了六週；當我宣布要在紐約市執業時，我很高興這項消息立即得到了迴響。[3]）

我生命中有許多時間是為了應付學業考試和執照考試而學習；在醫院和診所環境中累積了數千個小時的訓練；撰寫（和發表一些）學術報告和個案研究；參與學術個案會議和研習，來發展臨床技巧；就算看法不同，還是會去巴結教授，以便得到好成績（是的，我真的很目標導向）；為我的學位論文取得漂亮的推薦信和核可簽名；並且完成目標中所有必要的「下一步」，以成為成功私人執業的臨床諮商心理師。

這一切的努力也造就了頂尖的學術與臨床資格認證，但這在真實世界裡能夠成就什麼呢？我很清楚地理解到，有許多臨床心理師在私人執業中面臨了很多困難掙扎，雖然他們在架構清晰的學術環境裡表現出色，但從來沒有人教導他們如何在獨立運作中成功。[4]我很害怕自己可能不會是那種「幸運的」心理師，能夠開展成功的執業生涯（我把「幸運」括號起來，是因為在那時候，我真的想不透為何有些心理師會成功，有些人卻不成功，就我看來，一切都是盲目的運氣。）我迫切地想要成為能夠存活下來（甚至事業興旺）的心理師，從事我熱愛的事情，也就是在具激勵性且目標導向的私人諮商時段內，與這些有意思的高功能案主進行交流；但我真的很不確定自己是否擁有必要的成功「魔法元素」。

我開始執業時有四名案主，當時我還有正職工作，是在下班後和他們約診，但我還需要更多的案主才能夠支應生活費。為了管理我的焦慮，我決定運用心理諮商知識：我們可以透過管理自己的行為來調節情緒。我把這個原則謹記在心，並且為自己制定了兩項簡單的規則：

1. 不論有沒有案主約診，我每週都要有五天待在辦公室裡，每天要待滿八個小時。
2. 在辦公室的期間，我會接見案主，或者增進自身的實力。

要遵循第一項規則相對簡單，因為我只要確實進到辦公室裡即可。但要做到第二項規則就有點困難。有時我會有各種點子，有時則是充滿疑慮；有時我會感覺創意能量滿滿，有時則會渴望能有單純且直接一點的任務。為了讓生活輕鬆一些，我利用自己在心理學專業上的優勢，運用學習與認知的概念，制定了有架構但也具有彈性的工作計畫，好讓我不需要時常問自己接下來該做什麼。

一般情況下，在任何時刻試著要制定出工作計畫，或者決定要進行哪一項任務，實際上會比任務本身更困難。所以我有一張非常長的任務清單，涵蓋的內容五花八門：研究線上論壇，好讓我能發表部落格文章，或者張貼我的執業消息；製作吸引人且有品牌標示的案主發票單據；透過社交平臺接洽經驗豐富的諮商心理師，並進行訪談以吸取有用的資訊。當我感覺有創意靈感時，就會去處理關於寫作或設計的任務；當我感覺創意低迷時，就會整理論壇名單或聯絡資訊，以便我在社交能量較充沛時能夠派上用場，連結正在慢慢建構的人脈網絡。

這張任務清單是沒有盡頭的，而且我是刻意這麼做的。我想要永遠都不會感到無助，不想要覺得自己沒事情可以做。這份冗長的清單能給我慰藉，因為這有助於我把緊張能量疏導為健康的前進動力。[5]當我們感到焦慮，或者感覺生存岌岌可危時，有時候會有額外的腎上腺素分泌。如果我們聰明地運用這股能量，它就會成為推進的力量；如果我們不知道該拿這股能量怎麼辦，那它就只會是導致緊張和憂鬱的多餘皮質醇（皮質醇是與壓力相關的荷爾蒙）。這也就是為什麼當我們有清楚的方式來聚焦能量時，例如列出清單，或者運用本書提供的練習等，就能夠協助我們將緊張能量轉化為具有生產力的熱忱。

我體悟到了自己的實際生存並沒有岌岌可危，事實上，岌岌可危的感覺只是我內心深處自以為的。我是個三十多歲的單身女性，背負著高額的學生貸款，而我的財務未來全都寄託在剛起步的私人執業上。在我的執業裡，有眾多案主對於自身的目標極具熱情，他們告訴我，當重要的目標面臨危險時，特別是與重要里程碑相關的目標，例如找到人生伴侶，或者找到能讓他們功成名就的工作等，他們也會有類似的感受。

當我們在面對複雜的目標時，有序的組織感通常能讓我們在情緒與生產力上有所提振，因此，花時間制定策略，長期下來會為我們省下許多精力。要在日常的忙碌工作中清楚地思考策略，可能會很困難，甚至耗費心神，而這麼一來可能會導致無助感，讓我們覺得自己無力招架且動彈不得。同樣地，當我們看見有堆積如山的事情要做，但這些事情卻沒有良好的組織規畫，我們就會覺得自己是在「亂槍打鳥」，這可能會引發焦慮、被淹沒及效率低落的感受。

我所描述的這種組織、情緒、動機和生產力之間的相互影響，正是為何像艾美和我這樣的人對於那些能夠協助我們知道「下一步」的列表、工作清單和練習等，會有極大的慰藉感。這些東西能協助我們對目標更有組織與策略；協助我們以具有生產力且平靜的方式來管理自己的緊張能量。

透過組織良好的清單，我們需要做的只是挑出一項任務並開始工作，突然間我們就會有了向前邁進的感受，而事實上，我們也確實是在向前邁進。這樣的認知通常會**提振驅動力與投入程度**。以審慎的策略與明確的行動步驟來組織自己，這對於達成目標非常有幫助，對於那些我要案主在日常生活中練習的眾多治療技巧也很有幫助。[6]這也是為什麼你會發現，**本書提及的每一項工具，都伴隨著實作練習來協助你維持在成功、健康的軌道上，以達成你所訂下的任何目標。**

善於組織架構的好處

好消息是，像艾美這樣的人通常對有組織架構且以技巧為基礎的方法，有很好的回應，這類方法能夠和他們在智能、紀律與毅力方面的強項相輔相成。透過這個系統來組織自己，再加上一路上我所學習的其他課程，我可以很驕傲地說，在我展開私人執業不到一年的時間內，已經需要聘請另一名心理師來協助分擔案主約診的需求量。到了第三年，我總共聘請了六名心理師，外加一整個後援團隊，並且拓展至三個辦公室。

在此同時，我也意外地開始接到國內電視臺與國際電視臺的邀約。從VH1的《愛與嘻哈》（*Love & Hip Hop*）節目開始，接著是哥倫比亞廣播公司（CBS）的《新聞內幕》（*Inside Edition*），還有眾多生活頻道節目及新聞節目，讓我有幸能與全球數以百萬計的人們連結。有時候，我還是無法相信這一切只不過是幾年前才開始的，而當時我只是帶著剛獲得的學位以及大量駕御良好的緊張能量起步出發。

我的執業內容現在也包含運用視訊，與美國偏鄉和世界各地的案主約診，因為高功能人士是無所不在的！在紐約的辦公室裡，我諮商過成功的百老匯演員、來自世界級博物館的藝術家，以及紐約知名銀行、律師事務所與出版社等的專業人士。當然，我們也諮商過很多自認為是「普通人」的人們。然而，在我看來，這些家庭主婦、創業初期的企業家，以及其他默默過著非凡人生的案主，他們的豐富認知能力與情感深度，跟其他更知名的案主其實沒有多少差別，著實讓我驚艷。

其中的共同之處在於，所有這些案主都有著強大的個人驅動力以及對成功的渴望，不論我們是如何定義成功的。我們熱愛著持續成長，而且渴求有工具來協助成長。我相信，我的執業之所以能夠這麼成功，是因為對於強烈渴望成功且擁有成功基本特質的人們來說，他們能在諮商過程中取得很棒的結果。透過學習技巧來駕馭並擁抱緊張能量，協助了這些案主達到更高的生產力、成就感與自我疼惜，同時也能執行真正有效且具策略性的自律，聚焦於做我們想做的事情，以及感受我們想要的感受。

本書是要分享這些協助我取得成功的關鍵工具，而這些工具同樣也協助我的案主們取得了成功。**焦慮的健康功能，是要激勵準備的行為，或者是要提醒我們，有些情緒或情境是需要留意的**。在焦慮轉化為狂暴、錯亂或停滯之前，透過給予這股額外的能量一個正確的格式，它就可以變成一種天賦，而不是阻礙。本書中有些技巧完全是我個人開發的，還有一些技巧則是根據常見的認知行為治療干預、正念冥想，甚至是瑜伽技巧所發展出來的。我希望你能夠實驗運用這些技巧，保留行得通的部分，放掉其他部分。這個概念是要去發掘哪些技巧能夠協助你向前邁進，同時帶給你**喜悅與穩定**的感受，並且帶領你更接近實現目標，以及深化你與自己的關係。

【附註】

1. 為了保護當事人的隱私，在這則故事，以及本書的其他範例故事中，名字及相關細節都做了調整，而且部分角色是整合了好幾個人的故事。

2. 「高功能」一詞會在後文有更詳細的解說，但現在只需要瞭解，在心理學裡，「高功能者」是比滿足基本需求更超越一步的人，不會經常有精神病症的緊急情況，通常不會對自己或他人帶來身體傷害的風險，通常能夠打理好自身的飲食、衣著及庇護所，至少會有一些關係和睦的友人或家人。除了這些之外，高功能者通常會展現一些「額外的」成就，例如在學業或工作上有非常好的表現（包括打理家裡），或者能把他們自己、人際關係和其他方面的生活，都照顧得特別好。許多讀者可能認為這是「一般成人的生活」，但事實上，像艾美這樣滿足所有這些條件的人，在心理學的世界裡並不被視為一般人：像她這樣的人，在心理學用語中通常被認定為「高功能者」。

3. 從瞭解高功能者尋求一對一諮商的特定需求開始，也很有幫助。我在一家企業完成博士後取得執照的時數，當時的部分工作是為財富五百大企業的主管配對心理師與教練。這段經歷提供了寶貴的實務，讓我瞭解到許多高功能者需要的和想要的是什麼，一旦有了這些元素，才會讓他們覺得投入一對一諮商的時間和金錢是值得的；而這些經驗也架構了我的諮商方式以及本書中的技巧！

4. 如果你有這種情況，請參考我私人執業中的心理師培訓計畫，相關資訊請見網站（https://www.drchloe.com/for-clinicians/）。

5. 這個部分會在第八章的控制區技巧中進一步討論。

6. 對瑜伽和冥想感興趣的人，可能也有興趣知道，在心中為自己想要達成的狀態創造一個清晰藍圖的概念，也是瑜伽練習中很重要的部分。在瑜伽中，當要嘗試一項困難的平衡姿勢時，我們會運用一種稱作 drishdi 的技巧，這是梵文名稱，意思是「專注的凝視」。在瑜伽課裡，它指的是在平衡姿勢時把你的視線聚焦在一個實際的點上，如此一來，要是在過程中有任何分心的因素出現，你都能夠讓自己回歸一個穩定的點上，有助於練瑜伽的人保持平衡與專注。

其中的相似性讓我發覺到：要在有時可能忙亂或具有挑戰的生活中保持平衡，選擇一個清楚且有形的焦點是有幫助的，這能聚焦我們的注意力，並且減少分心的情況。你會注意到，本書中所有的練習都會指引你去書寫，這是因為，書寫能夠協助你組織自己，並且**保持聚焦在如何處理某些情況或感覺上面**。我的瑜伽與心理學訓練，再加上我的人生歷練，都教導了我，當我們有實際的焦點時，目標會更容易達成，即使那個焦點只是一張紙，而那張紙上以切實可行的敘述書寫著我們的計畫。

2 什麼是「高功能者」？

我的人生使命不僅在於生存，同時還要蓬勃發展，而且要帶著一些熱情、一些同理心、一些幽默感，以及一些風格來達成使命。

——馬雅．安傑洛（Maya Angelou），美國作家

自從二〇一二年我開始執業以來，很榮幸能在紐約辦公室協助了超過一千名聰明且成功的案主，而且也透過了視訊協助全球各地眾多奮發上進的人們。我認為，我的執業過程之所以能夠如此迅速成長，而且吸引到眾多忠誠的成功上進人士，是因為我採用的方法是特別針對諮商心理師口中的「高功能」人士所設計的。

諮商心理師使用「功能程度」，來描述一個人在滿足自身基本需求、建立有意義且健康的關係，以及在自身文化環境常規下處理日常事務等方面的能力。諮商心理師能夠透過各種方式來評估功能程度，包含計分量表或開放式的訪談；但要對這個詞的意義有個基本概念，可以參考後面的列表。

在你閱讀的同時，務必要知道，雖然諮商心理師會使用「更高功能」這樣的心理學詞彙，但這絕不等同於「更好的」人。相反地，我最有成就感的臨床經歷，大多來自我在受訓早期協助認知障礙成年人的過程，這些人無法滿足包括食物、衣著、庇護等自身的基本需求，但他們卻是很棒、很窩心的人，我很享受他們的陪伴，而且他們也教導了我許多重要的課題，包含私人領域與專業層面的課題。我非常開心我們的社會允許對那些無法照顧自己的人提供照護。相對地，許多高功能者未必像我所提到的那些較低功能案主那麼令人溫暖和愉快。

換句話說，一個人的功能程度，並不等同於他或她的固有價值或者身而為人的期許性（desirability）。**功能程度也不應與社經地位混淆：舉例來說，儘管金融詐欺主使者伯尼·馬多夫（Bernie Madoff）非常富有，但由於他一生中都展現出不顧他人的行為模式，因此他的功能程度也可能大打折扣。**

還有一點很重要的是，一個人未必要擁有完美的心智健康，才能成為高功能者。許多高功能者都被診斷出有廣義的焦慮症、恐慌症或輕鬱症。許多高功能者也很努力在控制藥物與酒精使用或濫用的情況（「努力工作，努力玩」是高功能族群中很常見的座右銘，他們通常會發現烈酒似乎是唯一能夠「關閉」不斷在運轉的腦袋的方法，除非他們學習了特定的技巧來放鬆。[1]）。

他們與別人不同的特質是，能夠控制住任何臨床上的失調症狀，避免出現蔓延的模式而給自己或他人帶來立即的嚴重傷害，像是不會習慣性地無能力或不願意滿足自身的基本需求。事實上，幾乎沒有任何疾病診斷[2]會阻止一個人的高功能情況。舉例來說，有精神分裂症的人如果能夠配合藥物治療，而且沒有妄想或幻想症給自己或他人帶來危險，或者造成他們無法滿足自身基本需求的情況，那麼他們很有可能是屬於高功能性的。在提及任何失調症狀或者任何功能程度時，都不應有污名化的標籤。

「功能性」純粹只是諮商心理師的用語，用來描述人們照顧自身的能力，並且根據心理學領域所接受的常態，判定人們是否有能力以完整且健康的方式參與其社群。諮商心理師對功能性的評估，會納入文化、環境和社經地位等因素。例如，地區性的食物短缺，使得父母在照顧小孩方面出現困難，在這種情況下，父母絕對不會只因為小孩營養不良就被認定是功能程度低落；但若是父母因健忘或缺乏餵養小孩的意願，使得小孩營養不良，這種情況下的評估結果就會不一樣了。

當有需要進行功能程度的正式評估時，本書並不能取代諮商心理師的評估過程。這個章節只是要讓你對心理學的功能性概念有些基本的理解，特別是對那些與美國有著類似規範的國家。然而，我確實也會透過視訊與全球各地的案主約診，而「功能性」是全球各地諮商心理師都會使用的概念。

基本功能性的潛在指標

- 找到並維持一般的受雇工作。
- 能夠讓自己吃得飽、有衣服穿、有房子住。
- 至少能建立一些一般的人際關係連結。
- 至少能基本照顧好自己的身體，並且打扮乾淨。
- 未曾有多次被逮捕或因心理健康問題而反覆入院等模式。
- 若身為父母，能確保小孩的基本需求有得到滿足。
- 沒有肢體暴力的行為。
- 沒有想要傷害自己或他人的嚴重想法。

除了這些指標之外，高功能人士通常會展現一些「額外的」成就指標。

高功能性的潛在指標[3]

- 與配偶或重要的他人擁有良好的關係。「良好」是指在關係中能常態地信任、尊重、良好溝通、健康地解決衝突，以及彼此相互支持，而且沒有肢體或情感上的暴力傷害。
- 良好的學業成就，或畢業後仍舊持續去上課學習感興趣的主題。例如，學騷莎舞或陶藝等非學術性的社區課程也都算！這顯示出對學習的興趣，而且有意願／有能力在群體中活動。
- 擁有某種退休計畫或者照顧自己晚年的方式，即使該計畫不盡完美。或者至少對這件事是有所關心的，知道這是需要處理的事情。
- 擁有能夠帶來成就感的職業或在所在的領域中出類拔萃。
- 打造一個漂亮的家。即使所有東西都是從二手商店買來的，或者即使微薄的預算根本不可能買任何奢侈品，但仍花心思努力維持家中空間的整潔與溫馨，絕對也符合這一點。
- 有良好的信用，或者至少正在達成這一點的路上。
- 透過留意飲食、運動或服用營養補給品，來維持健康的身體；或是透過出色的梳洗裝扮或總是穿著乾淨的衣物，並且以符合社交禮儀的言行展現體貼與細心，來打理好自己的外在形象。

- 做個通情達理的家長（如果你打算為人父母的話），要投入時間和精力來為孩子提供豐富充實的活動以及有益的架構，包括家中要有固定的「閱讀時間」、規範看電視和使用其他媒體的時間、定期瞭解孩子的學業與社交情況，以及在孩子遇到困難時提供情感及實務上的支持；至少偶爾要規畫參訪博物館的行程，或者其他能夠接觸到藝術或科學的活動；鼓勵並協助孩子參與體育活動、義工，或是其他激勵孩子超越基本發展的活動。
- 培養好習慣，包括固定參與運動社團、讀書會或教會團體；積極參與義工網絡；經常舉辦聚餐或定期為家人烹煮豐盛的餐點；或是從事任何其他的經常性活動，展現出有能力持續聚焦與規畫來達成健康的社交目標。

必須強調，**一個人並不需要做到所有這些事情才能成為高功能者**。以我身為諮商心理師的經驗來看，重點在於，高功能者通常會有一些個人或職業成就的標誌，就如同前面所提到的這些項目。

即使你沒有達成這些事情，但正在努力執行務實的計畫來朝目標邁進，或者你已經找到可行的替代方案，仍可被認定為高功能者。舉例來說，你可能尚未擁有很棒的關係連結，但正在以健康的尋找伴侶方式積極地約會；或者你對於選擇單身感到自在。或者，你還沒有很棒的身材，但正在緩慢穩定地執行健康的減重計畫；或者你還在求學階段，但持續地參與課程，朝著順利畢業的方向邁進；或者你已經在缺少學位的支持下發展出一番事業。

這份列表中的指標只是一些範例，目的是要協助你瞭解高功能者的概念，這些人知道如何制定並遵循具一系列步驟的健康人生計畫，而且這些計畫都是「更進一步」超越基本需求的。

高功能者的人生絕非一帆風順！

由於高功能者通常能照顧好自身生活中的基本所需，因此很容易讓人以為他們不會有問題。事實上，他們能明確感受到自己的人生算是相對平順，而這也導致他們會覺得自己不應該有苦惱與不滿的感覺；這種壓抑自身感受的模式，會對他們的自尊造成打擊。

儘管他們不太可能出現徹底崩潰的情況，造成他們無法自理正常生活，但**高功能者也有著自身獨特的脆弱性**。舉例來說，完美主義、過度思考（「分析癱瘓」，前來諮商的案主經常這麼說）、社交或表現焦慮，以及「鑽牛角尖」，這些都是一些可能讓他們受苦的常見問題。以下是幾個範例，點出高功能者可能遭遇的困境：

範例1

一名剛入行的金融分析師想要透過頂尖學院的課程取得工商管理碩士學位，好讓自己的事業能有所提升。儘管他有相關經驗，也有資質潛能可以打造有力的申請條件，卻被焦慮給淹沒了，因為他追求完美的那一面，已經預期到了，如果他想要在成功道路上創造下一階段的里程碑，需要投入許多組織紀律以及情緒控管上的努力。

就跟許多完美主義者一樣，他覺得自己需要絲毫不出錯地完成出色的申請，而不是允許自己在這個複雜的申請程序中，有個健康且混亂的掙扎過程。他經常在想，能取得工商管理碩士學位會有多棒，因而內在有著強大的壓力想要有所進展，但他卻在申請過程一開始就遇到困難，「分析癱瘓」讓他卡住了，因為他想要選擇「最完美合適」的課程，或者永無止盡地思考在個人陳述中該說什麼。

這名案主會向我尋求協助，來製作並遵循詳細的計畫（但也不會太瑣碎！），藉此協助他能專注聚焦，並且保持情緒上的平衡，按部就班地執行這項複雜且讓人畏懼的程序：決定申請哪些學校、完成各校複雜的申請表格、在相關的標準化考試中取得有競爭力的成績、撰寫吸引目光的個人陳述、取得有力人士的推薦信，並且當個空中飛人到各校出席累人的面試過程。這名案主有著聰明才智和奮發的動力能夠成功，他只是需要一些協助來確立並維持一套因應方式，將宛如巨獸的目標劃分成在組織安排及心理層面上能夠負擔的多個步驟，藉此達成目標。

範例2

一名女士在強大驅動力的協助下打造了成功的事業，但在她快要三十五歲之際，卻也開始緊張起來。她很擔心長久以來以事業為優先的模式，可能影響到另一項同樣重要的目標，也就是投入時間和精力來尋找同樣成功的人當未來的丈夫，而且要培養出必要的彈性來經營這段關係。然而，她也擔心自己變得太過彈性，使她失去了自我認同或個人界限，這樣的擔心確實合情合理。

這名案主會尋求我的協助來制定約會計畫，包括許多初次約會，而且在對男人的認知上，也要更加開放地接納「跳脫框架的思維」，同時堅定保有一定程度的底線。她會需要外界的支持，好讓她能遵循這項計畫，儘管這名自信、有能力的女士在進入某個各元素都不再受她掌控的領域時，肯定會有焦慮的情緒浮現。她必須面對自身的脆弱面和不安全感，因為這是她在生命中第一次必須要試著「順其自然」。

在此同時，她也需要協助確保兩邊的比重不會過度失衡，結果造成她在約會過程中「太過努力」，變成過度迎合或情感脆弱，而對方甚至都還沒有透過客觀和主觀標準來證明自己是穩定可靠且有意要投入的。她知道把所有項目放在一起看可能是很高的條件，有時也會懷疑自己是否太過苛求。她總是願意審視自己並管理自身的期望，有時也會質疑自己是否合理，因為她清楚地意識到一年又一年過去了。而另一方面，她一直都是個「全力以赴」的人，因此，為何不對自己的伴侶也有相同的期望呢？

就跟許多成功的女性一樣，她發現到，學習瞭解「冒名頂替症候群」（當一個人在某些領域中覺得自己是個冒牌貨或者只是假裝成功，例如覺得自己在高聲望的職業中德不配位，儘管他是透過正當踏實的途徑獲得該地位）很有啟發，能賦予她信心，知道自己絕對有權利在職業生涯中「追求遠大的抱負」，那麼，為何不在感情生活中抱持相同的態度呢？

如你所見，這位女士的認知與情感之輪幾乎一直在轉動。**這份額外的能量是個資產，但她需要確保此能量是聚焦在有生產力的方式上**，而不是用來投入無止盡的自我質疑，最後反而變成用搖擺不定的態度來面對約會這件事，有時遵循死板的原則（「我絕對不主動打電話給男人」），有時全然地衝動行事（「我知道他都不正面回應，而且一整個星期都把我晾在一旁，但我剛剛喝了三杯酒，現在很想打電話給他，該死，好吧，我打！」），持續在這兩種極端之間擺盪。

簡言之，高功能者有著很複雜的目標，包含著重大的組織以及情感元素，而且這些元素之間經常會有重疊或交互作用的情況。高功能者有著充沛的心智能量，伴隨取得成功的驅動力，這可能形成「緊張能量」，進而協助他們在個人與職業生涯中達成令人刮目相看的目標。

每一次我們達成新的成功高度時，個人和職業的目標都會變得更加複雜，因此也變得更難以獨自掌握。高功能者通常是有所自覺，而且有足夠的解決問題意識，能夠向可靠的來源尋求行動導向的標的工具，並且從中獲益，好讓他們能夠持續走在高功能的道路上。

許多人都不知道自己是高功能者

許多高功能者甚至都不知道自己是高功能者。對他們來說，下列這些事情都只是日常生活中的一部分：保持有工作的受雇狀態；參與「核心」友人的週日早午餐或歡樂時光之約；享受定期的家庭聚會；對身體至少有基本的照顧；沒有因精神疾病而經常住院，或因犯罪而反覆被捕的情況；在生命中有些部分是喜愛接受額外挑戰的，像是就讀研究所（或甚至只是考慮就讀！）；有閱讀習慣或者用其他方式學習新事物；有固定儲蓄退休金的習慣；存錢買房子或裝修自己的房子（就算資金不夠，也能夠找到方法維持居住空間的整潔舒適）；保持上健身房的習慣，或者有其他維持健康體態的方式；做義工；當個盡責的父母；主辦社交聚會。

由於高功能者身邊通常都圍繞著高功能者，因此他們不一定知道自己有多麼特別。這可能扭曲了他們對於何謂正常情況的感受，[4]因此有時會對自己非常苛責，或者覺得自己很失敗，只因為自己在一些事情上遭遇困難，像是找到令人驚奇的人生伴侶、掌控焦慮感或負面想法，或者在職業生涯中找到他們認為應有的意義。

儘管協助高功能者解決這些問題是很重要的，但協助他們用適當的角度來檢視這些問題也很重要。**高功能者有時會對自己非常嚴苛，甚至到了損及其動機與投入意願**

的程度；如果高功能者能夠理解到，自己會面臨到這些阻礙，是由於自己的高功能特質，這通常會對他或她有幫助。[5]

舉例來說，在菁英公司任職第一年或第二年的事務律師，會恐慌地打電話到我的辦公室，因為突然間他身邊圍繞著一群常春藤名校出身的資深夥伴，而且這些人看起來氣定神閒；這個年輕人不再覺得自己是群體中最聰明的人，而這種情況確實會讓人恐懼不安。或者，一名成功的女企業家在處理薪資時突然陷入了自我撻伐的恐慌中，因為她才剛支出一大筆錢來填補庫存以因應一張大訂單（好啦，這是我曾經發生的狀況！）這些人忘了，**他們會遭遇這些繁複的問題，是因為他們的高功能模式使得自己所面對的風險更高，情況也更複雜**。其實，在一定程度下，這些都是好的問題，或是值得擁抱的高度成長機會，不應被視為是失敗或不足的跡象。

這些因應緊張能量的方法，是針對高功能人士的，不論他們是否知道自己是高功能者。有時候，瞭解到自己是高功能者，實際上也是一種療癒，因為這能幫助他們以適當的方式來檢視自己的問題，欣賞自己的長處，並且瞭解自己的脆弱之處。許多高功能者認為他們只是在做自己「應該做的」或是「正常」的事情，但在尋求治療後才有了適當的觀點。

高功能者的治療與訓練

由於我的案主一直都是高功能者（從我在心理學博士研究第二年以及開始當瑜伽老師算起），因此我發展出一套極為尊重高功能者能力的治療方式。我在這些高功能案主中注意到的一個共同主題就是，他們通常會有許多「緊張能量」：他們來尋求協助時，都會準備好充分的資訊和想法，講述自身的情況以及哪些做法可能對他們有幫助。他們會先研究過我的資歷，並且檢視我的認證，而且會不斷詢問我關於「下一步」該做什麼，好讓他們能夠「向前邁進」（我把這些詞加上引號，是因為這些詞似乎是高功能族群之間的共同語言）。

他們非常有意願，也非常有能力，能夠參與執行嚴格的治療過程，包括自我檢視、學習新技巧，以及完成回家功課。他們很樂意做任何能夠協助他們從A點前進到B點的事情（A點是他們目前的苦惱狀態，而B點則是他們能感覺問題已經解決的狀態）。

你可能會想說：「呃，不然呢？深陷苦惱的人當然會願意採用你所描述的方法。」但是，身為一名曾在訓練期間協助過低功能者的諮商心理師，我可以告訴你，實際情況未必如此。許多較低功能者缺乏洞察力去瞭解到，他們的苦惱可能大多來自於自身的行為或態度（例如安非他命成癮者反覆陷入因吸毒引發的暴怒情緒，對他人施以肢體暴力，但在遭到逮捕、強制戒毒和遇到牢獄之災時，又覺得是自己遭到迫害，並責怪其他人），或者他們的苦惱也可能是因為在生命中面對有問題的情況時，自身缺乏界限。

後者的例子可能是個重度共依存（codependent）的婦女，她短暫嘗試拒絕替家暴毒癮者支付保釋金的要求，但遭到對方斥責數分鐘後，她卻開始因為「惹怒」他而有深深的罪惡感，然後就妥協了，嚴重犧牲自己的財務未來，從辛苦賺來的微薄退休基金中提早提出款項，「借給」他做為保釋金使用，她已經多次這麼做了，但結果他依舊在交保後逃跑，而且也沒還錢，因此，這個自我破壞（self-sabotaging）的幫兇借給那毒癮者的未償還「債務」，也會越來越多。

每次他棄保逃跑、再次深陷毒癮與暴力模式，而且完全不顧她的退休基金持續減少，她都極為震驚，而且益發感到憤怒。

你可能會說，那個毒癮者才真的需要協助，因為他很明顯病得不輕，這麼說當然完全正確：他已經病到功能性非常低落的狀態，展現出嚴重的自我破壞行為，不僅危及自己，也危及他人，而且他很可能需要大量密集且強制性的臨床持續支援，由醫師、諮商心理師與社工組成的團隊為他提供協助。

而那位共依存的促成者（enabler），她的功能性可能稍高一些，因為她並未給自己或他人造成立即的危險，但她的功能性會被認定為嚴重折損，因為她無法執行基本的界限，無法堅持自己原始的決定，也就是不再重複這種模式，不再把自己寶貴的退休基金「借給」這個病得不輕或心理失常的人，因為這樣的人並不適合託付如此重要的債務（事實上，他也很可能會利用保釋的機會，繼續從事讓自己和他人陷入危險的行為模式）。

這個毒癮者與共依存的促成者之間有個共通性，也就是**他們兩人都缺乏基本的洞察力**，無法察覺自身的行為和他們所面臨的困境之間有著直接的關聯，而這種**缺乏基本洞察力的情況，造成他們不會去尋找工具來提升自身的技能**，進而也阻礙了自身的功能性。

那個毒癮者會覺得自己受到迫害和犧牲，而不是為自己負起責任來控制毒品的使用，並且停止在肢體及財務上對他人施暴。此外，那個共依存的促成者則是感覺深陷憤恨之中，埋怨毒癮者一再打破還錢的承諾，然而她也沒有為自己負起責任，讓自己學會堅守界限，不再助長不健康的關係所帶來的怨恨與財務困難。

毒癮者與促成者缺乏洞察力，沒看到自己在這種持續的惡性循環中所扮演的角色，因此也很難運用諮商治療的方式來為他們提供工具，協助他們積極管理自身做出不同的選擇。在人們準備好要使用工具之前，他們必須先想要這些工具。要能想要尋找工具，他們就必須願意且能夠有洞察力去覺察自己生命中的問題。[6]

當然，較高功能者有時候也會難以看見自己在問題中所扮演的角色。我本身也有這種情況：身為長期尋求治療的案主以及專業的諮商心理師，我可以作證，我肯定有盲點與固執之處，就跟每個人一樣！然而，有能力洞察自己的行為，而且能看見（因此加以處置）自己在創造或延長問題之中所扮演的角色，這正是高功能者的標誌。

有能力為自己在問題中所扮演的角色負起責任，是選擇哪種治療會有效益的重大因素。這些人能夠洞悉他們在自己面對的眾多問題中所扮演的角色，或者至少能夠洞悉他們在**管理**自己所面對的問題中所扮演的角色，正是我所採用的治療方法能夠發揮最佳效益的對象。**本書中所列出的技巧，適用於那些理解到自己的思考模式或技能需要改變或改善的人**，以及那些樂於接受各種機會來協助他們做出改變和改善的人。

由於許多心理師的訓練環境通常是著重在協助案主避開危機、改善日常基本生活技能，或者學習簡單的自我照顧以及維持必要的人際界限，因此許多心理師從沒真正處理過高功能者。[7]我認為這讓他們無法完全理解在治療中提供適當刺激與挑戰的必要性，這樣的治療方式才能讓高功能者這類「富有進取心的人」能夠全然地投入。我在高功能案主身上注意的第一件事情是，當我願意給予他們複雜的工具，並且使用他們的緊張能量做為資產，來學習駕馭這股能量的新方式，這時會燃起他們的鬥志；而不是永無止境地詢問他們「你對那件事的感覺是什麼？」，或者一直要求他們「與情緒共處」，或者給予他們制式化的練習清單。

當我使用這些方法訓練心理師時，經常發現他們很驚訝地理解到，許多高功能者完全有能力迅速理解並運用複雜的心理學概念。事實上，我相信如果心理師沒有為高功能者提供這類資訊，並且教導他們如何運用在自身的情境中，這些人很快就會覺得無趣而抽離。常有的情況是，我和旗下的心理師在討論時，她會說明自己覺得某個案主要達成自身目標的阻礙在哪裡，然後她會詢問要如何跟案主溝通這種情況，我通常會回答說：「就像妳剛剛跟我說的那樣，因為這個案主能夠輕易地瞭解並且運用妳所說的資訊。」

在為高功能者做諮商的另一項重要差別在於，他們不一定需要每週都來報到。[8] 許多心理師會自動地指示案主這麼做，因為他們在訓練過程中通常都是這麼做的。然而，他們可能忘記了，他們的訓練大多都是面對較低功能者。較低功能者通常能因每週固定諮商而受益，因為光是與一個較高功能者（心理師）待在一起，就對他們有益。心理師在教導和示範簡單的社交技巧、安排約定時間的可靠性、適當的界限、基本的洞察力，以及許多健康互動的技巧之時，對於自身未具備這些技能的較低功能者來說，諮商過程本身就有相當的治療效果。這類的治療稱作「支持性治療」（supportive therapy），其目的未必是要協助案主做改變，而是要確保他們的功能性不會下滑（或者至少確保任何下滑的跡象都能即時獲得處理），並且提供一種關係連結，透過穩定、健康的社交模範，以及學習基本生活技能的機會，來促進成長。

相對之下，較高功能者通常有一些可靠的高功能好友或家人，能隨時跟他們一同談心或者進行激勵性的對話。他們來尋求治療或指導，是為了獲得更多，而不是來與深思熟慮、可靠、同理的人，建立「純粹」支持且健康的一對一關係，真誠地對他們的人生感興趣、教導基本的人生技能，並且能夠監督功能性下滑的情況。儘管我確實也會和某些案主約每週碰面，但那是因為這麼做對他們的特定目標有明確的幫助，或是有助於讓他們快速轉動的心智有時間停下腳步來反思，而不是自動地認為未來無限期的每週見面諮商是必然的做法，而我的案主也對此很感激，因為這不同於其他並非專精於高功能者治療的心理師所採用的方法。

我們必須瞭解到的一點是，功能性會隨著時間與學習而提高，不論是透過諮商、自學或者其他的資訊來學習。**然而，有時候高功能者會更難找到有幫助的資源，因為他們的功能程度可能已經超越大多數的可取得資源。**如果你對這部分有興趣，為高功能者選擇心理師或教練的過程，在第六章會有更完整的討論。但在這裡，我要和你分享自己的故事，關於在我成為較高功能者的道路上，諮商治療與教練所扮演的角色，以及該過程如何形塑了本書所提出的治療方式。

身為一個人和一名諮商心理師，諮商治療如何提升我的功能程度

要確實說明我的治療方法，以及這些方法在因應高功能者需求方面的應用，很重要的是要認識到，我自己的功能程度在生命過程中有大幅的增長，而我相信這有部分要歸因於我自己在成為諮商心理師之前，也曾經經歷過長期的諮商治療。我在十七歲時第一次參與諮商治療，找的是某診所專精較低功能者的心理師，坦白說，這在當時對我來說或許是很合適的。我的個人界限不佳，也由於失衡的家庭狀態，從十五歲就開始獨自生活，而單純是每週和一位有愛心的成年人碰面，對我來說就很有療癒效果。

起初我會參與諮商，實際上是要試著說服當時的男友也一起過來，因為他當時剛經歷過一次可怕的自殺過程（對我來說很可怕，因為我醒來時看見了恐怖的一幕，他趁我睡著時刻意服藥過量，因而引發痙攣，在我們的公寓裡四處碰撞牆壁），所以諮商治療是後續照顧計畫的一部分。他意圖服藥過量致命，要是我沒有

醒來並叫救護車，他當時可能真的會沒命。他很迷人，但也有著自身的問題，深受藥物濫用所苦，後來他也過世了。儘管他沒有獲得所需的協助，但為了支持他而去參與諮商，卻也促成了我自身的功能性改善，特別是在與別人設下健康的界限這方面。

多虧參與諮商的這些時間，才讓我的功能程度有所增長（當然，也要拜我的神經系統發展所賜，因為大腦額葉的執行功能區要到二十歲中後期才會發展完整），而我也逐漸開始尋求不同類型的治療方式。隨著我的需求變得更加複雜，我也發現要找到適合自己這種功能程度的好心理師，變得越來越困難。[9]

在這些年間，我親自體會到，去找不「瞭解」高功能者需求的心理師尋求協助，會有什麼樣的感覺。當我的功能程度較低時，要找到能夠協助我的心理師是相對簡單的，因為與任何穩定、健康且社交上成熟的人定期碰面諮商，對我都是有幫助的。但是我發現，隨著我的功能程度提高，要找到能夠真正挑戰我和激勵我成長的心理師，變得越來越困難。這感覺就像是，一個健身新手透過任何教練的基本健身指導，都可能會有大幅進步，但對於已經擁有良好健身習慣的人來說，要找到適合的健身教練有時候會困難許多。[10]這些經歷促成了我想成為諮商心理師的渴望，目的是為高功能者服務，能夠欣賞並利用他們獨特的長處。

重點在於，心理師或教練若要指導高功能者，就必須要瞭解到，不論目標是要達到務實的解決方案或是內在平靜，**高功能者的緊張能量是想要尋求他們能夠做的、嘗試的、讓他們感覺積極主動的事情**。這些因應緊張能量的方法所提供的工具，能夠引導你自我反思，然後創造一種架構來針對你的洞見採取行動。高功能者通常對這類治療方式有非常好的反應，因為他們很擅長學習，也很擅長有策略地應用新的方法。

【附註】

1. 即使是「失調症」的概念也是流動的、易受影響的，從諮商心理師持續修改《精神疾病診斷準則手冊》（*Diagnostic and Statistical Manual of Mental Disorders, DSM*）就可以得到證明。舉例來說，同性戀一直到一九八七年才從該手冊中完全移除。我在考量功能性時，從來都不會完全只倚賴這本手冊。
2. 如果你想要學習一些技巧，協助你在某些情況下讓自己慢下腳步，請看三階段呼吸法的變化版本「緩慢拼字法」（S-L-O-W）或者「蟲蛹呼吸法」（Cocoon Breathing），這兩項技巧都在本書的第七章裡。

3. 即使你尚未達成這些事情，但正在努力執行實際的計畫要去達成，或者已經找到了可行的替代方案，你仍可被視為是高功能者。舉例來說，你可能尚未擁有很棒的關係，但正帶著「健康的尋找伴侶態度」在積極約會中，或者對於選擇單身感到很自在。或者你還沒有好身材，但是正按部就班地進行著健康的減重模式；或者你還在求學階段，但有固定去上課，穩定朝著畢業邁進；或者你在沒有文憑的情況下仍舊能夠發展出一番事業。列表中的指標只是一些範例，協助你瞭解高功能者的概念，瞭解到高功能者知道如何創造一系列健康的生活計畫，並且遵循這些比基本需求更「超越一步」的計畫。

4. 身為高功能者究竟有多「正常」或不尋常？有意思是的，有多少比例的人被認定為高功能者，這項數據很難取得，至少在我的經驗裡是這樣。這可能是因為，多數重要的心理學研究都是聚焦在辨識需要協助管理失衡症狀的人們並且提供支持，而這些失衡症狀通常會嚴重削弱他們的功能程度。

5. 如果這些描述符合你的狀況，請務必閱讀本書第五章關於自律與完美主義的部分！

6. 儘管這裡沒有足夠的篇幅來詳述這些方法，但請瞭解到，當你或認識的人需要支持時，支持療法（supportive therapy）、頓悟導向治療（insight-oriented therapy），或者動機式晤談（motivational interviewing）等等，都是在這些情況裡會有幫助的治療方式。在許多情況下，動機式晤談和頓悟導向治療都對較高功能程度的人們有幫助。此外，並不是所有的

7. 共依存者或成癮者都是較低功能者（舉例來說，如果他的成癮物質是咖啡，咖啡癮君子通常不太可能給他人造成傷害；如果你去支應咖啡成癮的另一半，大概不會有什麼問題。）諮商治療和許多服務業領域很類似，財務狀況較寬裕的人，在挑選服務供應者方面會有較多的自由。一般來說，如果可以選擇的話，大多數人（包括我在內！）都不會選擇由一個心理系第一年的實習生來提供治療；他們通常會偏好由教育程度較高且經驗較豐富的心理師來進行治療。而這樣的心理師通常收費比較高，特別是私人執業的心理師。較高功能者通常（但不一定都是如此）有足夠的財務資源，能對心理師的選擇更挑剔；因此，大多數心理師早期的訓練經驗都是協助較低功能者。

當然，不是每個有財務資源的人都是高功能者，例如投資家傑佛瑞・艾普斯汀（Jeffrey Epstein）或伯尼・馬多夫，他們都極度富有，也都公然蔑視其他人的福祉與法律，這些因素都會降低了兩人的功能程度；此外，沒有財務資源的人也可能是高功能者，例如辛苦工作的單親媽媽，她付不起價格高昂的私人執業心理師，但可以在收費較低的診所接受聰明的實習生諮商，而且她會讓自己在過程中獲得最多的收穫。並非所有很棒的心理師都開價很高，或是所有的較低功能者都沒有財務資源，或是所有的較低功能者都是由實習生來治療。但一般來說，剛起步的心理系學生，不會在第一次受訓的經驗中就去協助超高功能的企業執行長。

8. 當然，並非所有的較低功能者都需要每週進行諮商，但他們更有可能需要較高的約診頻率，或者較密集的治療服務，藉此來確保他們的基本需求都有被滿足。有時候，他們甚至可能需要持續住在醫院或團體之家，或者所謂的「門診整日治療計畫」（在此計畫中，他們會長期參與週一至週五每天上午九點至下午五點的治療計畫與活動）。

9. 更多資訊，請見第六章的「我尋求諮商治療的個人經驗」段落。

10. 這當然不是個完美的比喻。曾經擔任瑜伽教師的我，完全能理解有重大健康狀況的人通常需要專精於超安全健身運動的教練。同樣地，許多功能程度極低的人，絕對需要專精於協助處理其獨特挑戰的臨床醫師，而在我的經驗中，高功能者通常會因為針對其功能程度所設計的治療方法而受益。基本概念是，當我們的需求與技能變得越專精，就越難找到合適的協助。我發現，和較低功能程度的我相比，較高功能程度的我更難找到人協助，而前來向我尋求協助的許多高功能案主，也都曾表達鬆了一口氣，因為他們終於找到了能夠欣賞其獨特強項與弱點的心理師。

3 九種因應技巧

射有似乎君子。失諸正鵠，反求諸其身。

——孔子

在我的經驗中，高功能者的其中一項特徵就是求知欲。你是否會對這些因應緊張能量的方法是哪些工具感到好奇？是的話，你就來對地方了。在這裡你會看到九種技巧的列表，以及關於每種技巧的簡短描述。在下一個章節中，我們會來談談，根據你的特定情況以及個人風格，可能要選擇哪些技巧做為起步點。而在本書的第二部，會有關於每一項技巧的完整說明，好讓你能親自嘗試運用。但這裡的列表算是個「懶人包」，透過關於每種技巧的簡單概述，來協助你瞭解這些緊張能量的因應方法。

1 三階段呼吸法

三階段呼吸法可以讓人與自己重新連結，並且在身體與認知情緒層面上更理解自身的緊張能量。

許多高功能者都達成過許多成就，在具挑戰性的情境中「咬緊牙關」度過，「打落門牙和血吞」。這讓他們能夠克服某些令他人卻步的挑戰和阻礙。然而，到了某個時間點，與自我意識脫節反而會變成帶來反效果。透過呼吸法有條理地重新連結，能夠提升自我意識、自我控制，而且在身體和心智上都有助益。

這個章節會指引讀者進行三階段呼吸法，並且激勵他們去檢視自己的思緒和感覺。短淺且快速的呼吸，會觸發「戰鬥、逃跑，或僵住」（fight, flight, or freeze）的反應，進而可能造成緊張能量失控的多重症狀，包括心智功能受影響。一切都是從呼吸開始。透過刻意地放慢吸氣的速度，開始專注地深呼吸，能提供足夠的架構來創造「心智挑戰」，讓人從認知發出的噪音中抽離，並且阻斷「戰鬥、逃跑，或僵住」的循環。一旦此循環被阻斷後，讀者會被引導去解開其緊張能量背後的想法和感覺，然後善加利用該洞見，採取適當的行動來達成自我照顧的目標。

這個章節針對三階段呼吸法進行了循序漸進的討論，同時也說明了高功能者要如何使用這個方法，來將過多的緊張能量轉換為洞察、協調與生產力。

2 控制區

控制區是在我的執業中非常受歡迎的技巧。這項技巧能協助案主把他們的能量聚焦在有效益且有生產力的行動，來因應任何讓他們擔憂的事情。其關鍵在於把問題拆分成兩個類別：我們能夠控制的事項，以及我們不能控制的事項。

每一種情況都包含了我們能夠控制的因素，以及無法改變的因素。透過針對我們能夠控制的事項寫下明確且可行的行動，能夠把能量導向我們有能力改變的因素上。

透過拆解某個情況的不同面向並列入「擔憂」控制區，再進一步推敲出一份明確可行事項的列表，這麼一來，每當這種擔憂被觸發時，手邊隨時都有對應的行動列表，可以協助我們聚焦自身的能量。

這個章節討論了一些關於實際運用控制區的例子，看看如何將這個方法運用在生活中經常會造成擔憂的情境上。

3 心智清單

有些案例是人們會被困在一些情緒狀態中，他們真的想要擺脫這種狀態，但卻做不到，或者他們渴望在心智上能與特定的企畫或情況保持距離。由於情緒狀態通常是受到我們的思維左右（這是認知行為治療理論的基礎，也是佛教的教義），因此學習控制我們的思維是很重要的。然而，由於高功能者帶有高強度的心智能量，通常會有非常強大的思緒在打轉，因此他們可能會因為一次商務會議的結果不如預期，或者因為前任伴侶占據了太多的心智空間，而很快就「跌入谷底」。

此處的目標是要將我們的思緒重新導向更有生產力、更能帶來成就滿足的事物，來找到向前邁進的方法。這在理論上聽起來很棒，但困難點在於要決定用什麼思維來取而代之。許多人在情緒低落時，很難找到有幫助的事情來讓他們聚焦，但高功能者還有額外的挑戰，因為跟一般人比起來，高功能者需要的「分心工作」必須更具激勵性。這也是為什麼心智清單的技巧對他們來說非常有幫助，特別是當他們被引導去思考具激勵性的事項時，能夠在困難的時刻抓住他們的注意力。

創造一份心智清單，列出所有你可以思考的事情，來取代反覆思索令人不快或沒有效益的主題，就能輕易地引導你擺脫那些困住你的有礙思緒。

4 待辦清單附加情緒標示

把複雜的目標或任務拆解成許多小步驟，並加入情緒的標示，能夠促進實踐、動能與成就滿足。

儘管將複雜的任務拆解成許多小步驟是很直觀的事情，但高功能者通常會忽視了伴隨這些步驟而來的情緒。事實上，高功能者透過不聚焦在情緒上，而是純粹聚焦在「按部就班」地執行，有時確實精確地達成了某種程度的成功。這個方法在某種程度上是有效的。但常見的情況是，隨著目標變得越大（這種情況在高功能者身上經常發生！），情緒也會變得越大。到最後，學習去因應並整合這些情緒是非常必要的。這麼做甚至可以是一種跳板，能帶來更大的熱情、連結與驅動力。

針對每一個步驟，思考一下會引發什麼相對應的情緒，這麼做會讓管理這些情緒變得更容易，也讓人能更專注在任務上。透過將情緒整合到待辦清單內，人們可以規畫要用哪些方式來因應和舒緩那些情緒。

這個章節也結合了明確的範例和構想，檢視如何將情緒整合進待辦清單內（並且預先準備自我照顧計畫來管理這些情緒）。

5 心智地圖

心智地圖的章節探索了高功能者如何使用詞彙地圖來獲得清晰感、提升情緒的連結，並且發掘複雜目標與個人價值之間有意義的連結，藉此來創造投入參與的程度。寫下字詞和句子，然後將它們連結到中心主題，是這項技巧的核心。辨別潛伏的次連結也有助於完成心智地圖，而且能形成洞見並提升推動力。

高功能者可能有著格外複雜的思考模式，這會讓他們很難一覽無遺地「鳥瞰」自己的思緒。因應高功能者而做的心智地圖，會描繪一張認知與情緒連結的網絡，這些連結都會連回到更大的任務、目標或構想。從這項練習中所獲得的清晰感，能夠帶來自我意識和緩解壓力，同時也能提升能量與目的感。

6 固定的擔憂時間

許多高功能者經常審視他們的憂慮，藉此聚焦並找出解決的方法。他們驅策著自己要時時「惦記」這些議題，儘管這麼做在某種程度上是有效益的，但當它變成了「揮之不去」的狀態，最終會帶來反效果。隨著高功能者在人生中承接了越來越複雜的企畫，這樣的模式也會出現問題。這項策略或許能讓大學生專注聚焦在期末考上，但當這名大學生成為了畫廊主管，要管理多個新興藝術家的展覽、管理與博物館的合作關係、召聘新助理，同時還要監督就讀中學的孩子的學業表現，該策略就會顯得不足。這個章節介紹了一項簡單的練習，能夠減緩圍繞著重要議題無止盡打轉的情況，同時仍確保這些議題能獲得適當的關注。

必須隨時擔心所有的事情，是很累人也沒有幫助的。然而，純粹忽視這些擔憂，也是很困難且不負責任的。「擔憂時間」技巧會引導讀者列出這類議題，並且規畫一段時間來擔心這些議題，這麼做可以卸下大腦的重擔，讓心智可以專注在其他事務上，因為這麼做能夠排除對於這些議題會「被淡忘」的恐懼。

7 反應預防

這項技巧能夠讓你停止強迫性的行為，例如不斷地檢查訊息和郵件。透過抽掉做這些行為的選項，你就能打斷這樣的循環，釋放自己去聚焦在其他事物上。

高功能者通常有著強韌的心智，一般來說這是他們的資產，但若在某些情況下失控，也可能成為一種累贅。舉例來說，股票交易員有能力連續數小時高度聚焦在市場價格的微小變動上，這種能力在工作上顯然很有價值，然而，要是同一名交易員無法停止檢查心儀對象是否有傳訊息給她呢？她的心智這種「窮追不捨」的出色能力，突然間就成為了壓力的來源。

反應預防技巧能夠協助你將緊張能量重新導入有生產力的領域，而非從事有害的事情。

8 思維替換

高功能者在本質上通常很聰明且受其思維所驅動。這意味著，當他們其中一項「自動化思維」（automatic thoughts）或者「關於世界的準則」有著適應不良的問題時，他們也很容易掉入兔子洞裡，陷入混亂怪異的情境。舉例來說，如果他們有完美主義的問題，卻被公司給開除了，他們的腦袋小劇場可能會說：「我被開除了是因為我不夠好。」而每當他們試著要開始找工作時，這種想法就會跳出來，就算他們當初被開除是因為其他原因所致。很自然地，這種「我不夠好」的自動化思維，對高功能完美主義者來說是特別有挑戰的。

思維替換技巧會瞄準需要被替換的思維，並且引導讀者以刻意選擇的具建設性詞句來加以替換。適應不良的自動化思維，對任何人來說都可能是一種很難纏的干擾，而對大腦非常活躍、喜愛思考且思緒敏捷的聰明人來說，這類思維尤其麻煩。好消息是，我們能夠駕馭這種認知的力量，更好地理解認知的過程，並且以更具建設性的思維來形塑認知過程，藉此來蓋過並取代任何適應不良的思考模式。

9 定錨陳述

許多高功能者會有突然變得非常「激動」的情況，甚至達到幾近於恐慌的程度，這種情況可能發生在他們理解到自己犯錯、進入到自己還沒準備好面對的社交情境，或者注意到其他不符合自身高功能模式的情況時。由於高功能者通常能夠相對輕鬆地穿越生命中的各種意外轉折，因此當他們真的碰壁時，可能讓他們陷入很糟糕的狀態。諷刺的是，許多高功能者會訓練自己在這類情況中進入「五級火警模式」，因為他們認為這會幫助他們振作起來去召集自己擁有的資源，並且將該情況標示為特殊異常的例外情況，而非日常事件。

然而，這種方式會造成反效果的漩渦，帶來負面思維以及過度的心理刺激，而許多高功能者認為這是「恐慌症發作」。這個章節說明了如何運用定錨陳述，來教導心智以具邏輯和安撫性的陳述做出回應，藉此迅速駕馭突然劇增的緊張能量，以因應這種許多高功能者認為會引發恐慌的情況。讀者能夠自訂定錨陳述來提醒自己，「恐慌症發作」只是暫時的心智狀態，而這樣的陳述能夠協助讀者盡可能順暢地維持控制與駕馭感。

4 如何使用本書

疏導你的緊張能量來取得成功

願一切眾生具足樂及樂因。

——佛陀

因應緊張能量的方法包含了九項工具，它們都是我的案主認為很實用且有幫助的工具。第二部的章節架構，是要引導你反思自身的經歷與世界各地高功能者所面臨的問題之間有哪些連結，而且章節中也提供了技巧，讓你能將這些反思投入有意義的運用過程。根據技巧的不同，每個章節的架構可能會有些許不同，但大致上會包含下面這些部分：

1. **案主的故事**：每個章節會介紹一項技巧，並且會從一名案主的小故事開始，或者從描述高功能者普遍面臨的一種挑戰情況開始，這類情況包括在通往複雜目標的過程中執意與一項阻礙纏鬥，或者是執迷於一項崇高的雄心壯志，因此當他要退一步來制定最合邏輯的實踐計畫時，反而對此感到畏縮。

2. **深入檢視**：我會將挑戰正常化，將之呈現為可處理的議題，而且讓你瞭解到，這樣的議題實際上突顯了你的某些正面特質（例如你對認知的高需求，[1]或者你對成功的驅動力）。接下來，我會和你分享一項技巧，協助你學習如何克服這類挑戰。

3. **實際運用：**步驟清晰的指引、排解疑難或工作清單，能夠引導你在生活中實際運用該項技巧。

忙碌的世界、我們對自己的高預期，以及生活在資訊爆炸的時代裡等等，在各種元素結合下，會給擁有強大認知能力與個人驅動力的人，帶來心智上一種「旋轉輪盤」的感覺。要是我們沒有工具來形塑、駕馭與引導心智能量，就可能會帶來過度刺激的感受。而這就是該運用因應緊張能量的技巧的時候了！

如何開始

根據你的特定情況或性格，在人生中的不同時刻，某些工具可能會比其他工具合適。儘管每種工具都會對你有獨特的幫助，但**如果你從選擇與當下情況最相關的工具開始，會從中得到最大的助益（也會更享受這個過程！）**，特別是如果你在當下那一刻感受到壓力的話。如果你在當下沒有感受到太多的壓力，只是想要學習一些對高功能者有幫助的工具，那麼就按照順序閱讀每一項工具，或者使用下面描述的方式進行瀏覽。

如果你想要選擇應該先閱讀哪一項工具，就看看接下來的段落所提及的三個角色，看他們哪一個人所面臨的情緒體驗和你現在最有共鳴，接著就翻看提供給他的建議。我們都會有一些傾向，可能與這三個角色的任何一個都有所連結，但只要選擇最能反映你此時此刻情況的那一個即可。我會鼓勵你最後要把所有的工具都閱讀過，但**感覺能立即運用的學習通常才是最有效的**，因此，你可以自由地從任何一項似乎在呼喚著你的工具開始著手。

範例中的角色所面臨的情境，不需要和你所面臨的狀況完全對應，更重要的是那角色是如何面對該情況的。舉例來說，一個人可能執著於思考分手的事情或可能的升職，其中的共同點在於「那個人執著於思考」，所以他需要有工具來協助他學習如何退一步想。同樣地，另一個人可能也面對分手的問題，但是她的方式則是完全忽視或是否定自己的情緒，直到她最終陷入了排山倒海的恐慌之中。對這兩個案主來說，一開始的分手問題是相同的，但他們的處理方式則是全然不同：其中一人有過度思考問題的習慣，而另一人則是有逃避問題的習慣。

因此，當你閱讀到某個角色難以停止思考分手的事情，但你卻無法感同身受，因為你的婚姻非常幸福，那麼你可能要把分手這件事替換成其他的人際關係，或者其他讓你執迷其中的問題，例如叛逆的青少年孩子或惹火你的同事。**重點是要看那個角色如何處理他們在挑戰之中的思緒和感覺，而不是要把你的問題直接拿來跟角色所面臨的問題做比較**。

你可能也會發現我會使用「強迫症」或「恐慌」這樣的詞，疑惑著這是否代表你需要有強迫症和恐慌症的臨床症狀才能使用這些技巧。答案是，你並不需要有臨床症狀才能從這些技巧中獲益。人們可能會有強迫症的傾向，或者有時候會感受到恐慌的感覺，而透過學習如何處理這些感覺或傾向，對他們仍會有助益，並不一定要「自己有問題」或者被認定為有任何的「失調症」。

從我的經驗來看，許多非常聰明且奮發上進的人，有時也會感受到很強烈的感覺，或許有部分是因為他們有著非常**強大且迅速的認知運作**，**強化了他們的情緒**。當他們有某個思緒「卡在腦袋裡」，或者把某件事認定為「難以招架」到了他們開始逃避那件事的程度，這時，透過學習用**新的方式來思考**那個壓力源，通常會讓他們感受到很大的助益。

這就是本書要提供的：可以把它看成是**你的心智某些部分的使用手冊**。

你會注意到，下面三個範例案主中，建議的起步工具都包含了三階段呼吸法。這是因為，三階段呼吸法幾乎適用於所有的情境，可以讓心智與身體的緊張能量冷靜下來並且專注聚焦。它也能幫助你強化讓自己停下腳步的能力，謹慎地思考應對問題的方法，然後轉移到在當下對你最有幫助的其他技巧上。

許多人會說他們「之前嘗試過深呼吸」，但是三階段呼吸法並不只是深呼吸，所以我鼓勵你敞開心胸來嘗試這項技巧。然而，如果呼吸練習對你並不適合，也別擔心，你仍能從其他適合你的工具中獲益。

三種典型的高功能者及其合適的起步點

1 克里斯蒂娜：「強迫症女王」

克里斯蒂娜總是開玩笑地說她有「一點點強迫症」。她在高中和大學時，會很仔細地檢查作業的答案，在課本的每個章節貼上有顏色的標籤來區別，並且以對應的顏色來製作檢索卡以便查詢，每一套檢索卡還會以學期和科目分類，收在不同的盒子裡。儘管有些同學覺得她太拘謹了，但她這種超級認真的態度確實對她的學業成績平均績點（GPA）有幫助。她的實驗室夥伴從來都不需要擔心會有額外的工作，而且老師也總是很欣賞她的專一致志。

老實說，克里斯蒂娜**多少會因為自己有這些強迫症傾向而感到自豪**。克里斯蒂娜最大的恐懼就是害怕沒有做好準備。當她承擔責任時，無法不時刻掛念著那個責任，而她也喜歡這麼做，因為這可以讓她免於不小心疏忽了重要的責任。至少她以前是喜歡的，但她的生活最終還是變得太過複雜，而她承擔的責任也多到讓她無法執著抓住每一項責任，且絲毫沒有任何遺漏。

克里斯蒂娜的類強迫症風格可能是出於必要。她的成長過程中沒有父親，而母親則是非常努力賺錢，身兼兩份辛苦的工作，分身乏術只為了讓家裡收支平衡，因此也不會有時間幫助小克里斯蒂娜管理學業上的長期和短期規畫。[2]克里斯蒂娜從年幼時就很清楚，若想要在人生中成功，就必須準時交讀書報告、背誦乘法表以便跟上老師的考試安排、提早規畫科學展企畫的策略與執行、保持警覺專注以便達成其他早期的成功里程碑，而這一切都需要有組織架構和毅力，畢竟她必沒有父母成天盯著，確保她有跟上同儕的腳步。[3]

克里斯蒂娜不想要像母親那樣的辛苦人生，而她也很強烈地理解到，母親的辛苦努力主要是想給克里斯蒂娜創造一個更好的人生。從非常年幼開始，克里斯蒂娜就理解到了，學業成就是最有可能讓她擺脫類似母親的命運之道路，而且母親辛苦工作是為了要給她一個擁有更好人生的機會，所以學業成就也是回報母親的一種方式。不論是什麼原因，克里斯蒂娜總是在工作或學業方面維持一種近乎過度警覺的狀態，而且她也覺得這種狀態很棒。

直到最近，克里斯蒂娜的行事風格都能協助她百分之百且有條不紊地掌控事物，讓一切按照她想要的方式進行。然而，她現在已經成為一家律師事務所的初級律師，合夥人給予她非常多的工作，以至於想要仔細檢查所有的東西也變得不可能。她也被賦予了非常多的責任，因此，要把所有事情都隨時放在心智中的「第一順位」，完全是不切實際的。光是思考她需要執行的大企畫，就已經讓她感覺焦頭爛額，因為她也想要把所有事情都很完美地在略早於預定期限前完成。

她以前採用的方法，像是製作索引卡來不斷地複習、經常與教授碰面討論「以確保她是在正確的軌道上」、梳理每一次的簡報並確保一切都很精鍊完美後才傳給夥伴，以及練習每一次的口頭報告直到她完美地記住所有內容等，這些工具對她現在的處境都已不再實用。很顯然地，如果克里斯蒂娜還想要持續提升，就需要一些新的工具。**這是我經常見到的情況：當我們成功達到里程碑之後，通常會再被賦予更複雜的任務，而我們的舊工具最終會需要翻新，以便維持可行性。**

在私人生活方面，克里斯蒂娜的男友最近和她分手了。她無法停止想念他，好像她的腦袋卡在某處動彈不得。在分手後很想念對方是很正常的，但克里斯蒂娜的腦袋真的是運轉過度了。她覺得自己很失敗，好像他的離開必定意味著她有什麼問題，而事實上，或許在這次分手中，她確實需要瞭解到關於自己的一些事情。然而，她無法分辨是否應該停止責怪自己並且把男友的離開看成是對方的問題，或是能從中學習到關於自己的一些有幫助的事情。是否她在情感上太有距離感？是否她的強迫症傾向逼走了他？她的內在對話從不停歇！

即使這次分手主要是前男友的承諾恐懼症所致，而不是克里斯蒂娜的問題，但她仍想要知道，自己如何更早看到這些問題，好讓自己在回到約會過程時不會再犯相同的「錯誤」。她經常回顧這段感情，疑惑著自己是否應該要聯繫他，或許她應該要這麼做，又或許這麼做會看起來太心急了，但從另一方面來看，或許她真的有些話需要說……這種狀況持續了一個月，讓可憐的克里斯蒂娜睡都睡不好，她無法放手，也無法再給這段感情一次機會。

這是「分析癱瘓」，克里斯蒂娜對這種狀態再清楚不過了。

適合克里斯蒂娜的起步點

・三階段呼吸法

三階段呼吸法對克里斯蒂娜來說非常有穩定的力量。透過感受呼吸在身體內的流動，她也讓自己沉浸在「此時此刻」，而不是讓她的腦袋自動上演各種假設性的小劇場，像是要不要打電話給前男友、要不要主動約見面，諸如此類沒完沒了。透過放慢呼吸，她也放慢了思緒。當然，克里斯蒂娜會有想把三階段呼吸法做到完美的傾向，而這在一開始是沒問題的，這種渴望做到完美的心態，實際上是推促她不斷練習的動力。三階段呼吸法也會引導她不帶批判地練習觀察自己，這能幫助她認知到自己的完美主義傾向並進行管理。

・心智清單

克里斯蒂娜與她那強韌出眾的心智能力之間，有一種「愛恨交織」的關係。她有能力像雷射光一樣聚焦，這種認知能力是一種天賦，也是一種詛咒，要視情況而定。舉例來說，當克里斯蒂娜在念法律系時，她的心智韌性是一種助力，讓她可以把每個案件研讀到滾瓜爛熟，而且她在準備律師資格考試時，那種狂熱的程度也讓考試看起來好像很簡單似的。

然而，當涉及要控制突發的想打電話或傳訊息給前男友的衝動時，這種心智韌性反而成了她的弱點。儘管她到最後仍覺得在這個時間點最好先不要聯繫對方，但她有時會覺得，想要打電話給對方的衝動讓她完全無力招架，腦袋裡反覆回想著鮮明的快樂回憶，結果只是讓她更想念他，或者讓她像著魔般擔心不聯繫他的決定是不是個錯誤。

身為諮商心理師，我會協助克里斯蒂娜評估聯繫她的前男友是不是個好主意（有時聯繫對方是好事）。然而，一旦克里斯蒂娜對於不打電話的選擇感到確定，而且只想要堅守那個選擇時，那麼心智清單會有幫助，就算她的腦袋開始變得像「咬著骨頭的小狗」，無法不聚焦在打電話給他的這個想法上。

基本上，當克里斯蒂娜理解到自己陷入反覆思索，而不是真正投入在有生產力的思考上，此時心智清單的技巧能夠協助她引導自己的思緒離開某個主題。這並不是萬靈丹，但確實能夠達到克里斯蒂娜的目的，也就是讓思緒不再固執地聚焦在那些壓力或懷舊時刻上。

・待辦清單附加情緒標示

這項技巧能在許多層面上帶給克里斯蒂娜平靜感。克里斯蒂娜原本就有製作清單的習慣，享受著清單所帶來的組織與計畫方面的明顯益處。在清單內加入情緒覺察以及自我照顧計畫，有助於克里斯蒂娜持續連結到為何要做這些清單事項的原因，這能帶來一種成就滿足感。而且這也有助於克里斯蒂娜自身的協調，因為她具有壓抑情緒「咬牙撐過」艱困情境的傾向。

把情緒擺在一旁並專注完成事情的這種能力，能在某種程度上提高生產力與身心健康，但克里斯蒂娜至少要覺察到這些被她忽視的情緒是什麼，好讓她能記得尋求所需的情感支持。否則，她很容易就會有燃燒殆盡的感覺，或者不知從何而來的難以言喻的焦慮感。就像馬拉松選手可能會策略性地決定「忍痛繼續跑」，但他們仍需要理解到那股疼痛，好在事後能夠追蹤處理，或者採取更好的方法，以便在比賽過程中把損傷降到最低。

「待辦清單附加情緒標示」也能幫助克里斯蒂娜注意到那些正面的時刻，並且慶祝這些驕傲、安全，甚至是喜悅的時刻，這些都是她在完成清單上的重要事項時可能體驗到的感受，例如完成幫母親找到並安排居家看護的急迫任務。當然，克里斯蒂娜對於母親需要居家看護一事不會太開心，但能夠「回報」並照顧這個犧牲自己而給克里斯蒂娜換來更好生活的女人，確實讓克里斯蒂娜有成就滿足感。「待辦清單附加情緒標示」讓克里斯蒂娜在執行清單時能與自己的情緒連結，並且引導她在必要時照顧好自己。

2 威廉：仔細檢視者

威廉是一名會計師，身高普通，身形精瘦，年紀三十多歲，頭髮梳理整齊，眼鏡總是格外乾淨，臉部表情總是透露著些許的緊繃，就算是在感覺很愉快時也是如此。威廉之所以總是帶著這種緊張的神情，是因為他有點杞人憂天。不論他是在度假或在超市購物，總是會仔細審視並尋找可能的「問題」，像是關於飯店的負面網路評價、蔬果區不乾淨的跡象，或者注意到結帳隊伍中有個沒人看管的小孩，並疑惑那個小孩的監護人在哪裡。

我們多少都會做這類的事，但對威廉來說，這是他的生活方式。有時，他給人的印象是很悲觀，甚至有點勢利眼，因為他似乎在任何事上都能找到「問題」，而且經常拒絕那些沒能通過檢視的人事物。

威廉對於自己有時候會「過度挑剔」感到困窘，但另一方面，他也因為自己大多數的謹慎決定確實都會帶來好結果而感到自豪。他相信，自己的人生大致上都能一帆風順，有部分是因為自己在投入任何事情或關係之前，都會先一絲不苟地仔細檢視。

在某些方面，或許確實如此。而他也理解到一種諷刺的情況，也就是當他在尋找可能的問題時，這種做法也變成了一種問題，但整體來說，這種生活方式帶來的助益高於風險，至少一直到最近之前都是這樣。

由於威廉對於較不重要的議題也會仔細思考，對較大的議題當然會更加審慎地思考，舉例來說，他想要離開現在在大型會計師事務所的工作，找一家較小型的公司擔任內聘會計師。由於他擁有非常亮眼的資歷，人力資源公司原本非常熱切地想要幫他撮合，但他對於每一項可能的工作機會都非常挑剔，以至於人力公司後來也放棄通知他新的工作機會。威廉因為極為挑剔而出名，卻也把自己困在角落裡，因為人力公司厭倦了所有的提案都被他挑剔到體無完膚。

在私人生活方面，威廉很想要遇到對的女人，可以成家安定下來。然而，你可能也猜到了，他很難找到能夠通過檢視的人。她必須要擁有高學歷、聰明、有健康的身材、長髮、與威廉相差兩歲以內、跟家人很親近、善於打理家裡但也不過度揮霍；她必須要有工作，但不能因為工作而影響到生活；她必須喜歡品酒，但不能喝太多；她必須夠世故，但不能太拘謹；她必須有健康的飲食習慣，但不能對吃東西太神經質……這些條件可以持續列下去。

此外，威廉也會檢視自己。每當他真的遇到可以接受的人，就會開始從心智和身體上審視關於自己的一切，看看自己是否有任何「問題」會讓自己被這個完美的約會對象給拒絕。如果在她的照片中，一起拍合照的男士的身高比威廉略高一些，也會讓威廉感到擔憂；或者，如果她在自我介紹中寫到自己剛搬到這個城市，威廉就會擔心她可能還沒準備好投入交往關係；或者，如果她在自我介紹中用了一些威廉不會使用的特定俚語，威廉就會擔心這是否意味著兩人的差異太大。

即使只是要準備出門約會，這件事也會耗費好幾個小時，因為他擔心自己是否穿得太慎重、太休閒，或者就是純粹「看起來不對勁」。單身人士難免會有一些這種思緒上的拉扯，而且在某種程度上，約會前的仔細檢查確實有助於我們展現出自己最好的一面，但威廉卻把這一點做到了極致。

諷刺的是，他為了打造出天作之合的完美配對，所造成的這些認知超載的情況，通常會給他帶來反效果，讓他看起來很緊張、沒自信，或者極度冷淡，這讓女士們很難和他有所連結。

對威廉來說，最讓他感到挫折沮喪的是，有時候他知道自己「在做這些事」（帶著神經質和適得其反的態度在批評自己與他人，或者極度擔心到了荒謬的程度）。然而，讓人意外的是，他會因為自己的這些行為而批評自己，或者擔心自己是否擔心過頭了。這就像一面鏡子一直在反射另一面鏡子，永無止境，而威廉就困在其中。

適合威廉的起步點

・三階段呼吸法

威廉使用三階段呼吸法來讓自己放慢腳步，減少對自己的批評，以及批評他人的傾向。透過學習以中性且不做反應的態度來觀察自己的呼吸，他提升了感受自己與他人的能力，減少嚴厲的檢視，這會形成較輕鬆的態度。而這個方法也會確實引導他「接受」周遭的空間，創造很棒的人際連結，而不是持續地檢視和評估，讓他被困在無效的圓筒倉中。

此外，這個方法能讓他聚焦在其他事物上，而不是讓腦袋自動陷入擔憂的循環中。隨著威廉學習觀察自己，他也學習到辨識自己是否正在跳進腦袋的「兔子洞」裡，像是在超市採購生鮮食品時，反覆思索這家超市潛在的衛生問題。學習聚焦在三階段呼吸上，讓他能夠辨別自己是否偏離了正軌，並且冷靜地把自己重新導回當下，而不是去批評自己，或者因為偏離正軌而過度反應。

・控制區

威廉發覺控制區是很好的工具，能協助他決定要聚焦什麼和放掉什麼。舉例來說，他最近遇到一個自己很喜歡的女士，讓他為之神魂顛倒。由於他展現關心的方式，是有點強迫症地檢視自己和所安排的約會計畫，確保不會出任何「差錯」（通常只是小瑕疵，但在他的想像中會變得很巨大），威廉會花很多時間和精力擔心一些他無法控制的事情。他也會懷疑自己到了全然沒有安全感的程度，他需要有某種界限，來界定該聚焦哪些事物與「放掉」哪些事物。

控制區能夠循序漸進地評估他所考量的事物，判定這些是不是在他的控制內可以採取行動的事項（例如選擇一家有好評價且氣氛浪漫的餐廳），或者純粹只是「生命常態」，是他必須學習接受的（例如他的身高是一百七十三公分，而她可能偏好較高的男人），這個方法對他來說很棒，因為讓他能將心智能量聚焦在適當且有生產力的事項上，而不是聚焦在那些耗費精力又有毀滅性的事項上。

・固定的擔憂時間

威廉喜愛有組織架構的事物，這可以讓他感到安全。實際上，他也喜歡擔憂，而且覺得擔憂可以帶給他慰藉，讓他比較不會遇到出其不意的問題，此外，由於他會感到擔憂，也經常證明了他是那種總是在注意潛在問題的人。就威廉看來，擔心太多總是好過在人生中跌跌撞撞且一直遭遇意料之外的事情。

這個處事方式，在年輕時的威廉身上還行得通，因為學習批判性的思考以及對問題有所預期，是一種需要花許多年的時間才能發展成熟的技能，而他大約在二十五歲之前，還一直處在這種未雨綢繆思考技能的「學習曲線」中。然而，威廉現在三十多歲了，在這項技巧上幾乎已經熟練到爐火純青的地步，成為他在認知層面上「自然而然」的習慣，完全無法「關掉」。他在超市排隊結帳時，腦袋就會在突然間開始審視所有東西，從房屋保險的條款，到回想自己是否已經完成報稅，有時候甚至還會思考自己的身後計畫。這可能有點失控了，但他並不想只是告訴自己別去想這些事情，因為這些確實是值得思考的問題……但是，總會有更好的時間和地點來做這件事，而不是在超市排隊結帳時，對吧？

「擔憂時間」技巧能夠協助威廉根據自身的擔憂設下界限與架構，好讓他不再感覺自己被困在「擔心太多」和「全然忽視」的二元選擇之間。他條列出了自己需要擔心的所有重要事情，而且隨時可以再增加更多項目（他把這份列表存放在智慧型手機裡）。每週二晚上，在預定的一段時間裡，他會專注思考這份列表中的事項。這能協助他持續追蹤這些該擔憂的事項，而不是反過來讓這些擔憂持續主宰他的生活。

・心智地圖

威廉的心智非常專注於細節。他有能力聚焦在任何主題上，這種能力是非常驚人的，在許多情境中，這可能是一種天賦（他能以極快的速度在同事的報告中找到錯誤，這讓他的同事們既欽佩又氣餒）。

然而，他的專注聚焦有時候會成了一種缺乏遠見的情況，讓他見樹不見林。舉例來說，當他在找工作，考量要應徵的公司時，可能真的會花好幾個小時不停地分析關於每家公司地理位置的各種因素：公司的總部是否位於他居住的城市？如果不是，他之後有沒有可能會被要求轉調？轉調過程會不會花很多錢？那邊的社交環境如何？那個城市的氣候如何？犯罪率如何？是否有好醫院？

威廉光是在這個面向就能讓「心智齒輪轉不停」，因而忽視了其他重要的資訊，例如那家公司的薪資更高，可能會抵銷轉調的成本，或者增加的收入可以讓他住在該城市犯罪率較低的好社區。

心智地圖能夠引導威廉把所有不同的元素都寫到紙上，讓他能夠實際「連結」各個因素，整合自己所有的思緒，得出一個全面的觀點，而不是在腦中同時緊抓住每一項因素不放。這項技巧能幫助他獲得洞見，並且找出解決方案，而這些都是「只靠他自己的心智」不可能做到的，因為他具有把每項因素都思考得非常深入的傾向。

3 葛雷格：笑著承受一切

葛雷格是個典型的銷售員，雖然已經四十歲，但仍保有孩子氣的魅力，以及隨和的自信，這些特質能幫助他「推動進展」（他最常掛在嘴上的描述）達成交易，並且有效地帶領銷售團隊。他會避免太過探索情緒和個人的脆弱面。相反地，他的觀點一直都是保持活躍、保持微笑，或者有如他所說的「繼續舞動」，這個方法通常會給他帶來不錯的成果。

然而，近來葛雷格發現自己面對到一些意料之外的困難。舉例來說，他的銷售團隊有一些慣例，像是團隊成員每週一會在會議室坐下來，一一報告各自的近況。這種週一早晨的近況報告，葛雷格已經做過上千次了，但近來他卻發現，快輪到自己報告時，他會手心冒汗，腦袋一片空白。同樣地，他最近去跟客戶開會時，發現自己突然間覺得很不自在，而且情況嚴重到他甚至無法專注聆聽客戶在說什麼。

葛雷格通常都能「咬緊牙關」地度過所有的情境，但是他感到很擔心，因為這些「小崩潰」或「迷你恐慌發作」的情況真的不太正常。對葛雷格來說，他能打電話來向我尋求協助，已經是跨出了一大步，因為他通常認為諮商治療是「別人才需要的東西」。但是，葛雷格知道自己不想要被最近那些「干擾」他的事情給擊敗。

在私人生活方面，葛雷格最近剛剛離婚，而且對於要再次投入約會感到很興奮。他不是在找認真交往的關係，但他確實喜歡跟那些有吸引力、事業有成，而且跟他一樣隨和（他通常是如此！）的女性約會。葛雷格最近在朋友的烤肉聚會上，跟一位有吸引力的女士聊天時，也發生了類似的「迷你恐慌發作」，他突然間感覺自己又回到中學時的緊張模樣，是情況不太好的那種。

最讓他感到挫折的是，這次的恐慌發作似乎完全是無來由的：前一刻一切感覺都很正常，下一刻他就突然呼吸困難、全身冒汗、默默說著自己是個「失敗者」，而且感覺沒辦法回到正常的狀態。他只好唐突地結束當下的調情對話，獨自跑去廁所裡冷靜下來。這一切讓他覺得自己很可悲，而且他對於不知道這種情況什麼時候會再發生，感到害怕。

之後，葛雷格開始連參加大型會議或派對都有困難，因為他擔心這種小事件會再發生。他懷疑自己可能處在一種心理上「自己嚇自己」的狀態，因為對這類小事件的恐懼使得他極度緊張，造成他覺得更有可能出現這些狀況；只要想到有大活動即將到來，他就會開始想到這些狀況，然而，他卻又無力停止思考這些事情，因為他實在太擔心這些狀況會再次發生了。

美國前總統羅斯福（Franklin D. Roosevelt）有句名言：「我們唯一需要恐懼的，

是恐懼本身。」這句話清楚地說明了葛雷格的處境。葛雷格甚至去看醫師，確定自己的身體是百分之百健康的，而醫師也確認了，葛雷格的狀況顯然和壓力有關。醫師告訴葛雷格，「放輕鬆就好了」。好像他真的知道該怎麼放輕鬆似的！

當葛雷格在向我描述他的情況時，他帶著只可意會的語調，融合了非常自豪與極為羞愧的情緒，好幾次提到他的親朋好友都不知道他在接受心理諮商。他因為把自己的困境隱藏得很好而感到自豪，但同時也把這種掙扎困境視為嚴重的弱點。

我經常發現，那些在生理上出現焦慮症狀的案主，都會有種個人原則，認為最好把自己的問題隱藏起來不讓人看到，甚至會盡可能試著把這些問題排除在自己的意識之外。他們通常認為，如果不這麼做，別人就會覺得自己很軟弱或依賴。（事實上，找出並討論自身的需求，有助於提升韌性與社交關係。）這些案主有時候在「裝作沒事」的策略上變得爐火純青，也削弱了自己對於壓力源的覺察力。

拒絕覺察壓力源，感覺起來像是個很方便的妙計，但最後這些焦慮情緒可能會以「令人震驚」的形式爆發，就像葛雷格的情況一樣（而這也類似於無視價格而恣意花錢時感覺很棒，但在收到信用卡帳單時就讓人崩潰了）。

若要能成長，葛雷格就必須學習面對這些令人震驚的事件，同時也要學習調整自己的個人原則，承認那些讓自己看起來軟弱的問題，並且跟他人分享這些問題。這讓葛雷格能在這些問題開始造成無來由的恐慌感之前，就先行處理好這些問題。諷刺的是，**遮擋了對壓力源的覺察力，正是造成葛雷格經歷恐慌的原因**，這就好比是刻意地忽視過熱的電器用品，假裝什麼事都沒有，直到這個電器突然起火燃燒。

適合葛雷格的起步點

・三階段呼吸法

三階段呼吸法能在兩大方面協助葛雷格。首先，這個方法能幫助他學習控制自己的呼吸，好讓他在這些「迷你恐慌發作」中重新站穩腳步。再者，這個方法能幫助他辨識、標記並面對那些他先前一直很努力忽視的想法與情緒。[4]

葛雷格在「咬緊牙關硬闖」的策略上非常熟練，不讓任何事物打擊到自己，因此也開始與自身的敏感性脫鉤，所以那些想法和情緒會以「迷你恐慌發作」的形式爆發，但他卻不知其來自何處。他以為這些恐慌發作是憑空冒出來的，但事實是，這些狀況都和他生命中那些他不願意去思考的事情有關聯。他以為，忽視惱人的事情會讓生活更輕鬆一些，情況確實也是如此，直到他開始忽視那些真的需要他留意的事情。

三階段呼吸法教導我們不帶批判地去觀察自身的體驗。葛雷格對某類想法與感覺的批判，導致他害怕這些想法與感覺，但學著去理解到一個人會有這些想法和感覺是很自然的，並且學習用非反射性的方式去處理它們，能讓葛雷格有意識地面對這些議題，而不是純粹地隔絕開來，反倒使得這些部分逐漸惡化，最後以「令人震驚」的恐慌事件爆發在他身上。

・定錨陳述

葛雷格發現定錨陳述是一根救命稻草——真的算是救了他一命。當他的「令人震驚的事件」出現時，他有時候真的覺得自己是心臟病發作了，或者有其他嚴重的身體疾病。當然，這是很嚇人的情況，也讓他幾乎不可能在銷售會議或社交場合中有「正常的表現」。最糟糕的是，這些令人震驚的事件讓他越驚恐，事件本身感覺起來也就變得越劇烈；他的恐懼態度實際上制約了他，讓他對這些事件感到更恐懼，驚恐程度遠高於當他能平靜面對時（舉例來說，如果你把暫時性的麻痺視為嚴重身體問題的跡象，那麼當你撞到手肘時就會覺得那是很可怕的經歷）。

透過預先擬定好的腳本，例如：「我已經看過醫師了，醫師也確認我沒事；這個情況在三分鐘後就會過去的。」葛雷格能夠讓那一刻過去，而不至於完全失控。透過在平靜理性的狀態下創造定錨陳述，葛雷格能夠在「令人震驚的事件」發生時，運用這些陳述讓自己重新恢復平靜狀態，而不至於亂了套。

・思維替換

當你的身體感覺陷入恐慌的漩渦中，當下可能只覺得：「喔，我的老天啊，我心臟病發作了！」這時，定錨陳述會有很大的助益，能幫助你重新站穩腳步。定錨陳述可以幫助你把身體的恐慌狀態，扭轉為平靜且以語言為依據的心智狀態。相對之下，思維替換則是用於當我們想要改變某種認知習慣時；由於我們經常體驗到這樣的認知習慣，它幾乎成了諮商心理師所稱的「自動思維」。

當我們理解到自己的自動思維並不正確也沒有幫助時，思維替換就是很有幫助的工具，能夠有條理地協助我們改變那些模式。葛雷格運用思維替換來打破「不能把我的問題告訴任何人」的信念，因為這個信念造成他壓抑自己所有的焦慮情緒，直到最後爆發出來。當有信任的朋友或家人問起葛雷格關於離婚的情況，他會推翻先前那種「必須說服他們，我百分之百很好」的自動思維，替換成「這時候敞開心胸是正確的事」的思維，即使葛雷格在這麼做時感到有些彆扭和不自然，還是對自己重複強調了好幾次，因為他知道，自己已經在諮商過程中評估過這樣的陳述，而且也接受了這句陳述是真實的。

在面臨壓力的當下，思維替換經常會讓人感覺不自然，但那是很正常的情況。採用思維替換的方法，重點就是要我們刻意打破舊有的模式，做些不一樣的事情，因為我們內在有一部分已經認知到這麼做是有幫助的。葛雷格在討論涉及個人脆弱面的議題時，成功地使用思維替換的策略來創造一種「新常態」，幫助他學習發展覺察力，並且透過分享來接受自身的脆弱面，同時因為慎選正確的人來敞開心胸，因而獲得這些人的支持。人們會把思維替換運用在許多不同的地方，但這項工具最有幫助的時刻，通常是當你有某種根深柢固的思維，而且你知道自己想要刻意且有方法地調整這些思維。

・待辦清單附加情緒標示

就跟許多說自己經歷了「突如其來」的「迷你恐慌發作」的那些案主一樣，葛雷格近期才承接了一些新的責任。他才剛剛離婚，需要適應獨自生活，同時也要協調探望孩子的時間，探索與六歲女兒不穩定的新關係。由於他喜歡「輕鬆對待事情」，因此，當他現在的日常差事清單包含了計畫週六探訪女兒的行程，但女兒近來因為在學著面對父母突然分居的情況而有暴怒的傾向，這一切都讓葛雷格升起了恐懼或羞愧等情緒，但他又沒有真正去處理這些情緒。

同樣地，葛雷格的一些「簡單事務」，像是採購日用品等，現在也帶有一層新的情緒，因為這曾經是他妻子的工作，每次他自己去採買時，都會讓他想起離婚的事。透過創造一份日常差事清單，並且預留空間讓他能列舉出每項差事所引發的情緒感受，再加上健康的自我照顧步驟來管理這些情緒，不久後，葛雷格發現那些「令人震驚的事件」的發生頻率降低了，這可能是因為他已經開始積極地處理情緒，而不是以「咬牙硬闖」的方式，更不是完全忽視那些情緒。咬牙硬闖的方式，在某種程度上對葛雷格是有用的，但他也聰明地理解到，某些情況要透過有意識地覺察，才能更有效地處理。

不論你是像克里斯蒂娜那樣「有點強迫症」，或者像威廉那樣「有點杞人憂天」，或者像葛雷格那樣「壓抑過頭」，或者是這三者的組合，**這些因應緊張能量的方法，都有相關的技巧能夠協助你建構能力來管理自己的緊張能量，提升身心健康，同時也讓你在個人與職業目標上更邁進一步。**

邁向成功之路

·對自己有耐心

本書中提供的技巧都很容易學習，只要你能對自己有耐心。儘管有些技巧對你來說可能是很直觀的，但請勿預期自己能夠立刻就精通每一項技巧。有些技巧可能對你來說極為容易，你自己可能還有更強化的做法，或者更個人化的執行方式。若是如此，請透過社交媒體或私人聯絡方式讓我知道，因為我真的很想知道！不過，有些技巧可能需要一些時間和練習，才會讓你真正自在地運用。

·相信自己，需要時對外求助

你應該（一般來說）總是要相信自己的判斷，知道什麼對你是最好的。如果你在閱讀本書時有任何疑慮，或者有任何地方讓你覺得怪怪的，你可以自由地取用書中對你有幫助的部分，忽視其他部分。當然，要記得這本書並不能用來替代實際的諮商治療。如果你覺得和心理師聊聊可能有幫助，有許多合格的心理師會很樂意協助你。如果你正在考慮專業協助，請閱讀第六章來引導你選擇心理師。高功能者通常有獨特的治療需求！

・**擁抱你的能量**

要記得，這本書的目標是要協助你駕馭自身的緊張能量，而不是要擺脫緊張能量。沒有焦慮感的人，或是沒有額外認知能量的人，通常沒能覺察到威脅、沒有目標，或沒有資源來處理威脅和目標。如果你發現自己變得很激動，或者有點緊張不安，別自動把這些感覺歸類為不好的。相反地，你應該要去面對心中造成這種感受的任何原因，然後再考量要使用哪種策略（或許會用到書中提到的工具！）來協助你在這個情況中前進。

如果你想不出是什麼原因引發那種感受，就嘗試運用三階段呼吸法、心智地圖或待辦清單附加情緒標示等工具來尋找線索。然而，如果你真的需要協助來學習如何讓自己冷靜，可以查看三階段呼吸法的不同變化版本（第二〇二頁提到的「緩慢拼字法」和第二〇三頁的「蟲蛹呼吸法」），試著運用「擔憂時間」技巧，而且務必要運動，或者找到其他健康的出口來消耗額外的能量。切記，當有需要時，你隨時都能向外尋求更多的援助！

關於書寫練習

如果你決定要嘗試本書中的任何工作清單或練習項目（我當然希望你願意嘗試！），我通常會建議先在紙上完成，或者至少以數位的方式完成（也就是要用你的手指輸入到手機或雲端文件裡）。**許多高功能者很習慣「在心智裡」做事情，而且覺得光是閱讀練習的步驟就讓他們收穫良多，不需要實際去做這些練習，因為他們覺得自己光是透過思考的過程就已經抓到練習的要領。**儘管你可能光是透過閱讀練習的過程，或者只是在腦中演練過幾個步驟，就能獲得重要的洞見或覺察，但是，在紙張上做練習，或者至少把你的回應輸入到手機裡，會強迫你聚焦更長的時間，練習的效果也會更深入，這是光用眼睛掃視書頁所達不到的程度。這也是為什麼讀書時手中握著筆的學生通常會獲得較佳的成績。

透過控制你的手去書寫或打字寫出你的想法，並且在書寫練習中選擇精確的字詞來表達自己，你通常能對相關資訊有更深度的處理，更甚於你只是花費幾分鐘閱讀一項練習，並且以概略而不明確的方式來思考，因為在那個過程中你並不需要做出明確的字詞選擇。更深度的處理會提升洞見、覺察、記憶，以及整體學習效果，而書寫就是你能達到此等程度的處理過程的方式。

此外，如果你透過手寫的方式，而且注意到手寫的字跡反映出你的情緒（例如，倉促且緊張的字跡，或者緩慢且謹慎的字跡），你同時也創造了更豐富的視覺紀錄，記下了你的心智運作和個人體驗。這也適用於你書寫時使用的材料（例如，書寫在餐廳的餐巾紙上，或者書寫在你放置床頭的專用筆記本內）。當你在一個月後的某天整理家裡或辦公桌抽屜時，偶然瞥見了那些書寫的內容，**就會勾起你一段很豐富的記憶，喚醒那些你當時做該練習時所激發的神經管道，進而激起更多關於你所學習到的這些資訊的記憶與脈絡**。

相較於純粹透過思考的方式來進行一項練習，沒有留下任何紀錄，上述這種記憶對你的學習以及回想過程都會更有價值。當我們放慢心智的運作，用書寫的方式記錄下來，通常能讓我們學習的過程更深入且豐盛，不過，這麼做需要花費較多的時間，而高功能者會因為需要多花時間而卻步，因為他們通常都很忙碌。

諷刺的是，多花一些時間專注聚焦，實際上是另一種隱藏的助益：多花一些時間在內容上，通常會提高你學習該內容的能力。**因此，如果你能花個五分鐘，或更多時間（或只是兩分鐘！），我會鼓勵你嘗試用紙筆或至少用智慧型手機來做練習**。我從高功能者那裡最常聽到的抱怨之一就是，他們感覺「被困在腦袋裡」。花些時間來書寫，會幫助你把思緒從腦袋裡抽出來，並且提升你對這些思緒的客觀性。

本書中描述的練習是刻意簡化的，好讓你能在任何紙張上做練習，但你也可以在網站上（www.NervousEnergyBook.com）找到線上版本。就算你手邊找不到沒用過的紙張，也不用擔心，大部分的練習也可以寫在餐巾紙上，或者寫在信封背面、用電子郵件寄給自己，或者在任何時間、地點以你最方便的方式做紀錄。

重點是要你幫自己一個忙，為自己邁向成功鋪路，因此，當需要進行練習時，務必花一些時間寫下你的回應，就像你在學習任何重要的事物，並且在私人與職業生涯中達到專精時會做的事情。

【附註】

1. 高功能者通常有興趣瞭解心理師評估性格的各項因素，其中包括一項稱為「認知需求」的因素。認知需求指的是一個人對於心智活動的需求。許多高功能者很享受心智活躍的狀態。重點在於，要讓你的心智保持在正軌上，以避免使用過多的心智能量在會帶來反效果的事物上，像是過度擔憂、過度的自我覺察等等；相反地，應該將心智能量用在策略性地解決問題、健康與滿足的關係、提升壓力管理，或者任何能真正帶給你最佳助益的事物。

2. 即使你不是在單親家庭長大，或者事業狀況也不同於克里斯蒂娜，但你仍可能對克里斯蒂娜的強迫症傾向很有同感。就本書的目的來看，克里斯蒂娜會發展出這些傾向的原因並不是那麼重要，重要的是，她確實發展出了這些傾向，而且需要加以管控。

3. 當然，並不是所有小孩都認為有個時時監督著自己的父母是一種「奢華享受」。但從克里斯蒂娜童年的角度來看，這樣的父母令人羨慕。

4. 三階段呼吸法究竟是如何協助人們更好地辨識、標記並面對自身的內在生活，這部分會在第七章講述三階段呼吸法時進一步討論；但就目前而言，只需知道麻州大學紀念醫療中心（Memorial Medical Center）有一整個計畫是致力於研究正念冥想的助益，其中，三階段呼吸法已顯示出能夠協助人們提升覺察意識，以及提升對自身思緒與情緒的控制力。

5 緊張能量的要素

自律、完美主義、正念

靈感是存在的，但在靈感來臨時，你必須恰巧在工作。

——巴勃羅．畢卡索（Pablo Picasso）

自律

你知道自律是一種有限的資源嗎？這意味著每個人在任何時間點只能針對一定數量的事情表現出自律，特別是如果他們想要把那些事情做好的話。舉例來說，要把華爾滋舞跳得好，就會需要自律（你必須訓誡自己的心智專注力、記住舞步、時時感受音樂韻律、留意舞伴的一舉一動，並且將身體維持在某個特定的姿態）。要把國歌唱好，也需要自律（你必須專注記住歌詞、覺察自己的音準、留意拍子的速度）。即使你能夠用很棒的音準唱國歌或者很優雅地跳著華爾滋，卻很難同時做這兩件事，而且當你同時進行時，在做這兩件事情的表現水準上，肯定會低於個別單獨進行時的表現。這種狀況也適用於其他具挑戰性的任務中所要展現的自律，例如試著學習本書中所描述的新認知技巧。

要瞭解自律該如何運用在你的學習上，一個簡單的方式就是要記得，在學習新的技巧並進行後續的練習時，會占用一大部分「認知馬力」來學習新的技巧與練習數次，因此請**對自己有耐心，而且要考慮在其他方面放過自己一馬，因為學習新事物會占用掉那些地方所需的自律。**舉例來說，如果你不常外食，那麼可以考慮帶著這本書、筆和記事本到一家餐廳去，好讓自己可以享受一餐美食，同時你也可以專注在閱讀和練習要學習的技巧。或者，如果你經常在外享受美食與暢飲，在用餐時學習對你來說並不是偶爾的放縱，但你發現自己渴望安靜的時光，那麼就試著挑一個平靜的環境，像是漂亮的公園或海灘，在那裡閱讀這本書或練習這些技巧。

這麼做的目的是要讓你在某個方面稍微放縱自己一下，以便提高你在另一件事情上的自律程度，能專注在學習新事物。透過放鬆某方面的自律，即使只是很短暫的時間，也能讓我們為其他方面的事物創造出「迴旋的空間」。

有些人會擔心，如果他們在某些方面給予自己策略性的迴旋空間，好讓自己能夠磨練特定的成長技巧，結果可能會讓他們「失控」，而不是確實遵循策略。儘管對自己負責，並且把你釋放的自律性確實使用在聚焦新目標，這些都很重要，但也別太擔心那種「失控」的情況，除非你以前曾經有過成癮或誇張的行為。**一般來說，有目標地給予自己一些彈性的運用空間，不會變成你的「毀滅之路」；學習本書中的技巧，會協助你將思緒組織得更好，並且以有效益的方式運用情緒，最終將會提高你的專注**

力和自律性。

學習新技巧一開始需要投入的時間與精力，可以類比成你剛開始加入健身房並規律健身時，感覺似乎會「失去」一些時間，儘管在你的學習曲線中需要投入更多，但最終會獲得時間與效率（以及樂趣！），因為你會有個健康的身體，更強壯、更敏捷，而且更能滿足自身的需求。投資於提升自己的心智敏捷度也有同樣的效果。**學習新的方式來管理你的思緒與情緒，起初會需要一些努力，但這個過程是很有趣的，因為你會更瞭解自己的心智，而且最後的回報也很大。**

學習新的技巧、引領新的觀點，以及嘗試新的練習，都需要投入適度的專心與注意力。這意味著，你學習新技巧的能力，能夠因為你給自己一些暫時的「呼吸空間」而受益，放鬆對部分事項的自律，將協助你達成學習新技巧的目標，而這些技巧最終會提升你去達成那些暫停事項的能力，強化你的整體技能！

我如何運用對自律的理解來達成學術成就

當我還是個可憐的研究生，正在攻讀博士學位時，一大壓力來源當然就是我的論文。當時，這是我畢生面臨的最複雜的事情。

在好幾年的期間裡，我必須設計一份原創的研究範本，經由我的論文委員會以及大學的研究審核理事會核准，然後實際去執行這項研究，親自召募人員進行資料收集。過程中，由我將數百名大學生分成每次十五人的小組，再執行冗長的一系列心理測試。接下來，我必須分析大量的資料（由於我的數學不好，因此這對我來說格外困難）。在此同時，我必須撰寫一百多頁關於整個調查過程的專題論文，展現淵博的知識，這完全超越我曾經有過的任何表現，接著就要準備進行口頭報告。

最後，我必須經歷一個「為論文辯護」的過程，論文委員會會在你的研究口頭報告期間或之後刻意詢問一些很有挑戰性的問題，以確定你真的有資格成為博士。在這個過程中，我也必須和論文委員會經歷感覺似乎是永無止境的回饋、重新分析、改寫及潤飾。

光是要把所有教授聚集在一起開會，通常就是一項壯舉，更別說要讓他們一致同意哪些（經常很分歧的）想法應該納入下一次的內容調整中。

儘管我很榮幸有機會接受這些受人尊敬的教授指導，來進行心理學研究，但我也得承認，這個持續數年的龐大企畫確實讓我卻步。要完成這樣的論文，並且從知名臨床心理學博士學程中畢業，整個過程可能要花碩士後兩年到四年的時間。我在學長姊身上觀察到的是，會花多少時間主要看我能多快擬定提案草稿送交委員會，然後溫和但堅定地持續提醒委員們核准其中一些部分或者給我明確的回饋，把他們的回饋納入修改的草稿中，再繼續追著催促他們閱讀新的草稿並給予更多回饋。

我在經濟上也承擔著沉重的時間壓力，我的論文過程花越多時間，就會越晚拿到博士學位，而越晚拿到博士學位，我真正開始有實質收入的時間就會越往後延（臨床心理學的博士生津貼是出名的微薄）。我沒有積蓄，也沒有父母的支援，而且助學貸款還在不斷增加，還居住在物價驚人但又無比神聖的曼哈頓島，因此我選擇了一間女性分租屋的單人房，努力不讓自己被經濟壓力給淹沒。

這些情境創造一種壓力感，讓我竭盡所能地處理論文（以及催促我的委員們！），同時還要來回地鐵各轉三次車前往我全職工作的醫院，完成這部分的臨床訓練要求。（這大概跟以前祖母告訴你的，她小時候上學都要光著腳在雪地裡走三英里的山路才能到學校一樣，但我只是想要讓你瞭解，在那些年裡，我真的像是生活在「戰壕裡」！）可以想像，管理我的自律性是關鍵的任務。

由於我瞭解到自律是一種有限的資源，因此找到了有趣又有效率，而且最終證實是財務健全的解決方案：我和自己達成了協議，只要是在處理論文時，就允許我去任何地方享受想要的美食。我有數不清的時間是帶著筆記型電腦在豪華的高級餐廳度過，這些都是我平常絕對不會允許自己踏進去的地方，畢竟研究生的預算有限，而且我本身也很注意飲食控制。

我最愛的其中一個地方，是位於紐約頂級飯店紐約瑰麗酒店（Carlyle）內的一家極度高雅的餐廳。我在享受墮落的美食大餐後（這家餐廳的老古巴人雞尾酒依舊是我有生以來喝過最棒的！），通常會簽一張一百美元的支票，用助學貸款資金來支付餐費。唯一的「條件」是，我必須在過程中打開筆記型電腦、點開論文檔案，而且雙手放在鍵盤上，除非我剛好要拿起酒杯啜飲老古巴人雞尾酒，或者拿起叉子享受令人銷魂的美食，否則我的手都是要黏在鍵盤上的。而且我每次到餐廳後，一定要先打開筆記型電腦、連上無線網路，並且點開論文檔案後，才允許自己點餐和飲料。

儘管我使用的策略一開始看起來很像是在亂花錢，而且是用助學貸款來支付紐約超奢華（超昂貴）餐廳的餐點，光是這種想法可能就會讓所有的會計師嚇到心臟病發，但這在個人和專業方面都非常有幫助。

透過允許我自己策略性地在某些方面「放鬆」，我能夠找到能量在其他方面更「努力工作」。我以博士學程所要求的最低年限完成論文畢業（最低年限為大學畢業後五年，這系所的最低年限較長是因為我們需要完成數千小時受指導的臨床實習工作）。完成學位後，也會大大提升了我的收入能力，因此，與其繼續在博士學程內多受苦一、兩年，靠著津貼過活，並且強迫自己在孤單的單人房裡試著撰寫論文，刻苦地喝開水和吃泡麵，相較之下，我使用的策略最終證實反而是更省錢的（我考慮了一分鐘，就決定前往瑰麗酒店了）。

總之，我想你可以說我是在吃吃喝喝之間完成論文的！

關於完美主義的二三事

許多高功能者都因完美主義而受苦，原因有幾個：

1. 他們習慣了能夠快速學習新事物，而且只要付出努力，都能有相當好的表現。他們能直觀地覺察到，這種情況與自己相對較高的智力和驅動力有關。這樣的脈絡可能會讓他們把犯錯視為自己還不夠努力的跡象，或者把犯錯視為對自身聰明能幹定位的威脅。

2. 他們發現，若是把目標放在月亮，自己至少都能射到星星（抱歉用了這種陳腔濫調的比喻，但這個說法確實很貼切，讓我情不自禁想要用它！），因此他們把目標放在完美，做為至少能有良好表現的方法。

3. 他們發覺，批判性地檢視自己的表現，有助於改善其結果，因此，他們會習慣性地審視錯誤。這在某種程度上是有幫助的，因為這等同於高度盡責的態度，[1]但是，如果做得太過頭，可能會使得這個人認為自己不應該犯任何錯誤，或者對於犯錯有極為負面的感受，以至於影響到他們的投入程度。這種心態不但對學習沒有幫助，反而會阻礙了學習的過程。

如果你和許多高功能者一樣，透過「稍加鞭策自己」來達到不少的成功（好啦，你們有些人可能是「非常、非常嚴厲地鞭策自己」！）雖然「願意且有能力誠實地檢視自己」是有價值的態度，能讓你找出問題並覺察到想要體驗的部分，然而，請幫幫自己一個忙，要留意太過頭的情況，否則，健康的自律可能會變成受完美主義所引發的自責。[2]

簡要說明

自責基本上就是鞭撻自己，而且嚴重到讓人難以找到持續投入學習過程的喜悅與動機。**自律**以及想要做出最佳表現的渴望都是很棒的，但如果這轉化成了自責，那麼你的學習動機、能力及能量都會受挫。

後面這張表能夠協助你瞭解「健康的自律」與「完美主義引發的自責」兩者之間的差異。

想像一下這個情境：你試著要遵循新的減糖飲食，因為你注意到攝取過多的糖分會引發情緒劇烈起伏、能量低落，還有腰圍變大。你大約執行了七十二個小時，剛才小小的「作弊」一下，在好友的生日派對上吃了一個杯子蛋糕。你已經開始感受到攝取糖分後的興奮感，也確定自己很快就會進入能量低落的無力狀態。

健康的自律與完美主義者的自責

健康的自律

好的，那個杯子蛋糕肯定是個錯誤。但我為自己感到自豪，因為我有意願也有能力在吃了一個杯子蛋糕後認知到這一點，好讓我能夠迅速地回到正軌上。我大概會打電話給朋友，聊聊這件事，或許我們會一起大笑，然後我會繼續前進。

我試著要完全戒掉糖分攝取的原因，是因為我通常在糖分攝取方面會有一點（好啦，是很嚴重的）不知節制，所以我想，不意外的是，我需要學習著，即使在好友生日派對這類情緒高亢的場合，也要設法克制自己的渴望。我在想，是否有一部分的我認為，參與吃蛋糕是展現我很重視這活動的方式，或者，有一部分的我純粹只是想要放縱一下，所以才用「禮貌捧場」當作藉口？是不是有什麼方法可以讓我下次能夠優雅地回絕杯子蛋糕，而且不至於讓朋友覺得我沒有參與感？或者，在我知道自己會面臨額外誘惑的場合裡，可以為自己準備一些減糖的零食？

完美主義引發的自責

我真是白癡，才開始戒糖計畫沒幾天，就破戒吃了杯子蛋糕。我注定要失敗了。我最好別把這件事告訴任何人，這真的太丟了臉，太愚蠢了。

很顯然，我剛剛一看到甜食就興奮過度了，根本像個蠢蛋一樣。我覺得自己像頭噁心的豬，信誓旦旦地承諾自己說要戒糖，但一碰到真正的誘惑，我就淪陷了。真是個失敗者。

健康的自律

我要坐下來檢視導致這次破戒的原因，以便更清楚我的觸發因素，為下次做好準備。這次事件發生在我空腹參加生日派對的情況下，我知道這就是注定失敗的安排，但我被工作給綁住了，而且也錯誤地認為自己這次能夠臨場發揮。我當然無法承諾不再被工作綁住，而且也不想要為了避免不小心吃了杯子蛋糕，就把工作上重要的事情先擺在一邊。那我能怎麼做呢？或許我應該開始在包包裡隨身攜帶蛋白營養棒或綜合堅果，以便應付沒時間好好吃頓飯的「緊急情況」。我想，我現在就要在包包裡放一些，好讓我可以結束這一回合的事件，繼續前進。

完美主義引發的自責

我的老天啊，我愚蠢地一整天都沒吃東西，當然會破戒，又回到舊有習慣去了。我真是個白癡。到底哪個人會覺得自己在整天沒吃東西的情況下，還能慎選食物？我在這條路上走過不下數百次了，卻一直犯相同的錯誤。我是可以多蠢啊？！

許多人都覺察到他們的完美主義經常會導致自責的情況，卻不敢面對這個問題，因為他們認為自己的完美主義對人生很有幫助。他們害怕著，如果要降低完美主義的程度，就要連健康的自律都拋棄，因此，這種擔憂讓他們變成了自滿的笨蛋。當你在看對照表時，我希望你能瞭解到，**目的並不是要把自責的想法替換成盲目樂天派的癡**

心妄想，像是「我能完全肯定自己下次一定會做對，即使我徹底搞砸了，其實也沒什麼大不了的」或者「現在的我就是一百分了，完全不需要做任何改變」。做得正確的話，良好的自律能夠直接且有效地處置你所面臨的困難，而且是以能夠促進動力與投入程度的方式來處理。[3]

有個小訣竅能夠協助你在自責與自律的天平上，保持在正確的那一方：當你嘗試使用本書的工具來改變自己的舊有行為或認知習慣，但在過程中發現自己再次出現這些習慣時，別在心中撻伐自己的犯錯或破戒。相反地，**要在那個當下恭喜自己覺察到破戒的情況，也讚揚自己願意修補這項錯誤，接著練習一項技巧來協助你改善情況。**透過將你對犯錯的覺察視為正面的事情（相較於沒有覺察，這確實很正面），你會賦予自己力量，而能以務實且健康的態度來處理這項錯誤。

關於自我對話的另一項基本原則就是，**對你自己說話的方式，要跟你對好友交談一樣，開誠布公地針對她處理阻礙的方式提出看法**。你會使用誠實且圓融的語調。在你學習將一些新技巧應用於舊有的認知或情緒習慣時，試著也用同樣的禮貌與尊重對待自己，在態度堅定的同時，也帶著公正與同理之心，甚至可以有點樂趣！當人們在學習新事物來改變舊習慣時，這麼做通常可以獲得最佳的結果。

若想避免完美主義的陷阱，同時維持你的高度盡責態度以及對成功的驅動力，要記得，**關鍵就在於「練習」**。如果你覺得嘗試過一、兩次就能立即精通所有這些技巧，那就太不切實際了（甚至太過浮誇！）。當然，這確實會在某些情況中發生，你可能在某些技巧上突然頓悟或開竅，但即使是在這樣的情況下，還是要瞭解到，當面臨壓力時，你有可能又陷入舊有的習慣。習慣性的反應和行為，實際上是大腦節省能量並迅速行動的方式，而我們的目標是要學習新的認知習慣，這在一開始是需要投入時間、精力，並且對自己有耐心的。

因此，在你努力培養新的習慣時，假如發現自己又出現完美主義引發的自責情況，記得要**恭喜自己在破戒或掙扎的時刻仍保持覺察，然後轉移回到正軌上**。否則，你可能會讓自己失去改變的動力，或者使得發覺錯誤的過程變得非常不舒服，導致你會去遮擋住這樣的覺察力。目標是要**在誠實覺察以及同理支持之間找到平衡，誠實地覺察造成你疏忽的原因，並加上你在面對好友請求誠懇回饋時會展現的同理支持**。這才是構成完美的真正元素，才能帶來正面且持久的改變。

成就需求

諮商心理師會研究許多性格因素，而其中一項與高功能者密切相關的因素稱作

「成就需求」（need for achievement; Murray, 1938）。就像字面上的意思，這項因素評估的是一個人達成成就的驅動力。有些人非常在意成就，有些人則全然不在意。高功能者通常很在意成就，但有時會在意過頭，結果成了自己的阻礙。

諷刺的是，一個人對於成就的需求越高，那麼他或她在完成複雜目標時則更有可能遇到困難，至少當我們拿高度成就需求的人和中度成就需求的人做比較時是如此。（成就需求很低的人通常不太會有什麼成就，這一點並不讓人意外。）研究顯示，這是因為成就需求較高的人，可能會非常執著於外在的認可或內在對成就的享受程度，以至於變得抗拒需要花較多時間投入較多努力的企畫，因為這些企畫會延遲了成就帶來的滿足感。

但是，「努力解決問題」是我們能讓整體技能實質成長的途徑。這也是為什麼這些因應緊張能量的方法會鼓勵你要對自己有耐心。與其期待有速成的成果，倒不如放慢腳步來練習技巧，並且帶著好奇心來看待自身的小缺陷，而不是嚴厲地對待。有時要學習擁抱困難（並不是說要在困境中感到自滿，而是要願意在面對挑戰時給予自己一些彈性的空間）。這不僅會讓生活中的壓力少一些，也能在複雜的目標上取得更大的成功。

處於掙扎困境中，並不需要感到恐慌，但我也得承認，對於掙扎困境感到不自在是很正常的，而且事實上是很健康的！不自在的感覺是推促我們學著解決問題源頭的動力。因此，我們不需要拒絕掙扎困境，或者假裝掙扎困境並不會造成不快。我們不需要對此感到自滿，但也不需要害怕承認這種情況的存在。

部分高功能者會刻意對不完美、錯誤或掙扎困境的情況提高警覺性，藉此達成許多事情。他們故意這麼做，是因為相信著，對小問題刻意過度反應，能夠防患未然，從根源剷除發展成更大問題的可能性。這在一定程度上是有效的，但在跨過某個限度後，這項策略反而會讓人失去動能，造成反效果。（你有沒有試過在學習新事物時，讓一個極度負面的人一直在你旁邊碎念一些嚴厲刺耳的話？）因此，在你努力處理新事物時，盡可能保持諒解但又專注的態度，包括你在學習本書的技巧時也是。只要我們真正保持開放，有時候，經驗和練習確實是最好的老師。

正念在這些方法中扮演的角色

這些因應緊張能量的方法包含了九項技巧，都是我的案主確實發現很實用且有幫助的工具。你可以自由地瀏覽本書，並且從你覺得最合適的，或者某個「吸引你注意」的工具開始練習，但我要鼓勵你至少一定要閱讀三階段呼吸法的部分。事實上，除非有其他任何一項技巧在大聲呼喚著你（如果真是這樣，你可以從那些技巧開始！），否則，我建議你從三階段呼吸法開始。

這項技巧會列在所有技巧的開頭是有原因的：它能培養正念的技巧，協助你瞭解本書中的其他技巧在哪個時候對你最有幫助。

什麼是正念技巧？為什麼正念技巧這麼重要（除了能協助你從本書中挑選最有幫助的技巧之外）？我很高興你會這樣問！我想和你多分享一些這方面的資訊，協助你瞭解為什麼我會如此熱愛正念，不論是在私領域或職業上都是，對於像你這樣的高功能者，正念是很合適的基礎工具。

我與正念的邂逅

我要先和你分享一些自己在正念技巧方面的經驗，因為高功能者通常會對一個人的背景和資歷感到好奇，特別是要向這個人學習技巧的情況下。我身為諮商心理師的資歷很好掌握，因為心理學是一門有高度規範的職業，但是一個人在正念技巧方面的知識水準就很難衡量了，特別是對一個相關背景沒有特別深厚的人來說。

正念知識的取得，有部分是透過記憶事實與技巧，但要透過練習這些技巧並運用於日常生活中的經驗，才能讓這項知識開花結果。[4]因此，讓我來告訴你，我如何與正念技巧和瑜伽發展出深厚的關係，而這一切其實都發生在我成為諮商心理師之前。

現在才認識我的人，通常會覺得我有著一帆風順的人生，但實際上我遭遇過一些重大的挑戰。我認為，這些挑戰都是我成長的基礎，讓我能夠在機會來臨時擁抱正念技巧。我在十七歲時開始學習正念技巧，並剛開始接觸瑜伽。我當時的生活相當混亂，因為我在十五歲就搬出父母家，而在十六歲時，法庭宣告我是脫離父母獨立生活的未成年人。這意味著我在法律上已經被認定是成年人，必須自食其力，而那是我升高三前的暑假。我肯定很需要正念技巧。

經過幾年的混亂後，我來到一家相當簡陋的阿斯坦加瑜伽（Ashtanga yoga）工作室，這個門派極為重視正念冥想。在參與第一堂課後不久，我就參加了瑜伽修行，學習如何運用瑜伽和冥想來找到所需的專注力，以便能看見（和改變）我在混亂青少年生活中所扮演的角色。我持續學習正念技巧，也持續練習瑜伽與冥想，甚至在二十多歲時成為瑜伽老師，我那時根本不知道自己日後會成為臨床諮商心理師。

後來，我進入哥倫比亞大學（Columbia University）跟隨德高望重的羅伯特・坦辛・瑟曼博士（Dr. Robert Tenzin Thurman）繼續學習正念技巧，這名牛津學者是第一位皈依為藏傳佛教僧侶的美國人，之後在我的博士研究中，我也協助進行正念在心理學中扮演的角色之研究。我現在還是正念技巧的學生，也永遠都會認定自己是個「學生」。事實上，佛教中的第一門課就是：「初心」是最理想的心態，是我們都要培養的。因此，我確實瞭解到自己在這個重要領域還有許多要學習的地方。[5]

我在二十多歲時，就成為合格的瑜伽老師，並在大班課擔任其他老師的助教，我很敬仰這些老師，也透過這種方式來培養我的教學技巧，但我主要還是擔任一對一教學的老師。這種一對一的瑜伽課是有點昂貴的（坦白說，那也是我做這種教學的部分原因，因為我需要讓生活收支平衡）。或許因為學費高昂的緣故，我的學生大部分都是高功能的曼哈頓居民，過著忙碌的生活，有著高要求的事業。

就跟許多紐約客一樣，這些學生有著不尋常的高昂驅動力與自律能力，渴望有策略地運用自己的時間，這大概也是為什麼他們會聘請私人教練進行一對一的瑜伽課。他們經常請我設計量身打造的瑜伽和冥想課程，協助他們提升專注力或平靜心靈，或者同時達成這兩種效果。

我很快就理解到，在協助這些出色的學生達成個人目標的過程中，我為他們帶來的最具影響力的改變是在心理層面，而不是在身體上。起初，我還有點震驚地發覺，他們對正念冥想的反應非常正面，但我很快就明白，**他們很喜歡能夠一窺自己的意識，以及自己對自身或生活的反應。擁有正念所帶來的概觀，能讓他們得到慰藉，也能夠更好地管理自己。**

擔任瑜伽老師，並在私人課程中教導正念技巧的經驗，對我本身的正念技巧來說，是個很棒的成長機會。我們通常在嘗試教導別人時，會對一個主題有更深度的學習。（我在事業初期擔任兼職教授時，面對聰明的心理系大學生提問時，再次發現了教學相長這件事，但過程是有點痛苦的，那又是另一個故事了！）

教導正念技巧，以及其他形式的冥想和瑜伽，都讓我瞭解到，能夠提供工具給他人，進而在他們的人生中創造實質且長久的改變，是多麼令人滿足的事情。這些經驗正是刺激我去取得臨床心理學博士學位的原因，目的是學習更多關於心智的運作方式，以便更有效率地協助有想法且有驅動力的人們，因為這些人都是願意為了成長而流點汗的人（比喻付出努力或真的流汗）。

身為臨床心理學的研究生，我很驚喜地發現，這個領域的心理學把正念技巧也納入為有助於解決問題、建立關係、管理壓力、舒緩焦慮等各種狀況的工具。我很開心能看到正念冥想被普遍認可為具有心理治療方面的助益，畢竟這是我在真正投入心理諮商專業之前，就已經知道且熱愛的技巧，然而，我也注意到，「正念」這個詞似乎變成了一種流行語，甚至是許多人會隨意脫口而出的用詞，包括我的同業人員也是，而且很多時候還是很讓人困惑或不正確的用法。

因此，我真的很感激有這個機會來澄清並分享我對正念技巧的觀點，以及它要如何與本書提到的心理學技巧配合運用。**如果你已經對正念技巧有基礎的瞭解，本書將能善用你的技能，甚至加以擴展；但如果你對於正念技巧完全不瞭解，也可能透過本書培養出一些相關技能，特別是當你在學習三階段呼吸法時。**

臨床心理學領域會擁抱正念技巧有許多原因，而其中三大原因是：正念技巧能夠舒緩壓力、協助人們做出更好的決定，以及協助人們享受更令人滿足的關係連結。高功能者通常會對這三項助益感到興奮。我個人身為正念技巧的狂熱愛好者，同時又是一位臨床諮商心理師，使得我特別熱衷於想要分享更多關於這項寶貴技巧的資訊。

什麼是正念？（它就是後設認知）

簡單來說，正念就是思考著自己的想法與感覺，但不被「困在」任何想法或感覺內。我稍後會更進一步談論它的助益，現在你只需要瞭解到，**正念技巧能協助你對自己日常生活中的想法、感覺和外部影響因素，保持覺察與洞悉能力**。這類的覺察意識能協助你理解哪些策略對於管理壓力、達成目標和執行自我照顧最有幫助。良好的正念練習也會改善你**以文字語言表達自身覺察意識**的能力。

正念概念根源於佛教傳統，但身為一名諮商心理師與瑜伽老師，我發現到在正念和療癒過程的關聯性中，有個關鍵的元素是它會建構一種諮商心理師所稱的「後設認知」（metacognition）的能力。高功能者通常很重視認知，在我的經驗裡，他們通常會對後設認知感到很興奮（我自己也是，當我在心理學課堂上第一次學習到這個詞的時候，我可以發誓自己的眼睛肯定在閃閃發光）。原文中的 meta 源自於希臘文，意思是「更高的、超越的」。（既然我們提到了希臘文語源學，我想再來分享另一個有趣的語源知識：psychology〔心理學〕源自希臘文的 psychē，意思是「靈魂」。）

後設認知是對於你自身思考過程的覺察，而正念本質上就融合在這項定義裡，所以後設認知會包含在下列關於正念技巧的助益與範例裡。瞭解正念與後設認知之間的關聯性，或許對那些認為正念技巧是「新世紀無稽之談」的人有幫助，而如果你對後設認知感興趣，那麼你可能會想要探索正念技巧。[6] 如果你已經投入了正念練習，那麼你也會喜歡學習瞭解後設認知，因為正念與後設認知之間有許多相同之處。

什麼是後設認知？

「後設認知」是正念技巧教導我們的部分內容，基本上就是「思考著關於思考」或是思緒的「粗略概觀」。在我擔任諮商心理師與身為諮商治療案主的經驗裡，它的效益等同於心理師觀察案主一段時間並看出廣泛的模式，然後協助案主也看見這些模式。每當你透過專注的正念練習來觀察自己（或者允許心理師在療程中觀察你），都會得出關於你的心智狀態的「快照」。**你得到越多快照，就越能區分模式，也會變得越能夠在實際生活中注意到這些模式並加以管理。**如果我們只是被每個思緒「牽著走」，卻從沒注意到自己的思考模式，或者從未去瞭解這些思緒的脈絡，那麼我們就很容易迷失，看不到全貌。

舉例來說，如果你的腦袋裡冒出了辭職或分手的想法，而你理解到這是自己第一次有這樣的想法，或是你理解到這類想法經常在自己的「腦袋深處」悄悄地浮現，這次終於浮到檯面上了，這兩種狀況的脈絡是非常不同的。

有能力輕鬆且自發地區別不同的脈絡，而不是完全被這些想法牽著走，有助於你考量如何管理這些想法。**後設認知和正念技巧都是在幫助我們做這件事，好讓我們能夠帶著覺察來探索思緒的全貌。**

正念技巧的六項助益

在我的經驗中，高功能者熱衷於瞭解每項作為所帶來的意義和助益，因此，我要在此列出一些正念技巧的助益。如果你覺得這些助益很不錯，請切勿跳過第二部第七章的三階段呼吸法，同時可以考慮嘗試該章節後段所列出來的一些「進階」技巧。

1 有助於放鬆

當人們第一次練習正念技巧時，通常會說這項練習讓人很放鬆。確實如此，有時部分原因只是這項技巧能幫助你深度呼吸或者滋養自己。光是放慢步調來專注於自身，通常就能有舒緩焦慮、沮喪與不安的效果，這是因為，能夠知道並感覺到我們的苦惱會得到關照而不是被壓抑或忽略，就能帶給我們慰藉。這很類似於人們有時候會覺得不具挑戰性的諮商過程很愉快或令人放鬆，原因就是知道有個體貼又關心的人注意到了你的想法與需求，這種感覺是很棒的。

但更好的消息是，正念技巧的幫助可不只有放鬆而已。當你需要超級「聚焦」或自覺時，絕對也可以運用正念技巧。然而，如果你不常練習，你與正念的第一層接觸大概會是很純粹且美好的感覺，這是因為，與一個不帶批判且全心全意關注你的人在一起（在此狀態下，這個人就是你自己），是個非常撫慰人心且令人放鬆的事情。

2 你能學會將內在的體驗轉化為文字語言

觀察自己，並且把你的觀察轉化為語文表達，有助於你和他人更好的溝通。能夠知道並描述你的內在體驗，讓你更有機會擁有良好的關係連結、更圓融地處理衝突，以及讓你的需求獲得滿足，而這些都可以協助降低壓力，並且提升你的生產力與身心健康。正念觀察協助人們舒緩壓力的一個方式是，它會提升他們將觀察轉化為語文表達的能力。

將感覺或當下的狀態轉化為語文表達，能協助我們提升覺察的敏銳度，並且將抽象的事物（想法與感覺）轉化為有組織的系統（語言）。幾十年來，諮商心理師一直都知道，**學習用語言來標示想法和感覺，不僅僅有慰藉的效果，也能賦予人們力量，讓人們更客觀，也更主動面對挑戰，更能提升與他人溝通的能力。**如我們所知，有能力「說出你的想法」或「找到正確的用詞」來說出感覺，是生命中巨大的優勢。正念技巧很關鍵的一部分就是，它會引導你將觀察轉化為以事實為根據且不帶批判的客觀語言。

3 瞭解自己的基準狀態，並避免失控

你會瞭解自己的「基準狀態」，知道關於自己的策略性知識，並避免「意外的失控」，即使失控情況發生，你也能把情況控制得更好。

透過練習正念技巧，像是三階段呼吸法或該章節後段描述的其他變化形式，即使在你沒有特別感受壓力的時候，你也會發展出對自身「基準狀態」的敏銳覺察力。這有助於讓你提早覺察到自己是否感覺疲憊、壓力、憤怒、孤單，或其他的脆弱狀態；在這些狀態下擁有關於自己這個層面的重要脈絡資訊，是非常有幫助的。

乍看之下，你似乎不需要協助才能知道自己是否處於疲憊、壓力，或剛才提到的其他狀態，但思考一下，你是否曾經突然發現自己一整天都還沒有吃東西，而且已經餓壞了，或者你是否曾經意外地聽到自己在對某人發飆，才突然理解到你實際上承受了很大的壓力？這些狀態總是有方法悄悄地突襲高功能者，因為我們有時太擅長於克服小阻礙，專注聚焦在手上的任務，直到這些「小事情」開始變得非常惱人，才會注意到。

為了能完整享受正念技巧所帶來的助益，並且盡早偵測到壓力與發出警訊，重點在於，即使在我們沒有壓力的時候，也要練習正念技巧來觀察心智狀態。**當我們在**

「平常」的狀態練習觀察自己，就會漸漸對自身的基準狀態有敏銳的理解。然後我們就更能覺察到偏離正常模式的狀態，也更能理解壓力源，並且以平靜、有策略且不帶批判的方式，回應這個壓力源。即使只是每天練習正念技巧幾分鐘，當我們越擅長觀察與「研究」自己，就越能注意並預期壓力源，並能有效地處理那股壓力，而不是處於被動的反應而被壓力搞得焦慮不安。

為了展現「知道自身基準狀態」的助益，我想分享一個故事，看看正念技巧在日常生活中是如何拯救我的。

我的芹菜風暴

我獨自一人在廚房裡切著芹菜，準備招待坐在客廳裡的訪客。突然間，我發覺自己正以非常狂亂的方式在切菜，就好像有一隊芹菜鑑賞家大軍剛剛來到我家裡，要求一大盤堆成山的完美芹菜，而且「馬上」就要。[7]我的正念技巧讓我能夠跳出那個狀態，理解到我正感到狂亂，並把這個感受標示為「狂亂」。在理解到這一點之前，我甚至沒有覺察到自己的情緒狀態。就跟其他強烈情緒狀態出現時常有的情況一樣，我沒有自覺地去標示或注意到那種狀態，而是純粹在經歷它。

一旦我理解到自己的心智狀態，就能創造機會讓我退一步去自覺反思，並且對於自己為何會如此狂亂而感到好奇。換句話說，**正念技巧是協助我理解到自己正感到狂亂的關鍵，並且讓我開始瞭解到為什麼我會有這種感覺，而不是純粹繼續狂亂下去。**

在心理學裡，把我剛剛描述的這兩種層面的體驗，稱為「觀察自我」（the observing ego）和「經驗自我」（the experiencing ego）（Miller and Haggard, 1965）。「經驗自我」就是純粹「活在經歷中」的部分（在這個例子裡，就是像個瘋女人在切菜的我）。「觀察自我」是你本身支配一切的部分，會將你每一刻的體驗置入脈絡之中，辨別每一個時刻該放在相對於整個人生的哪個位置（這部分的我在說：「嘿，等一下，為什麼要以人類的極限速度切出世界上最完美的芹菜？為什麼這件事在這個當下突然變得那麼重要？」）。

擁有後設認知的技巧來觀察我正處於狂亂狀態，是很有幫助的，但正念觀察中的「不帶批判和非反射性」元素也非常有幫助。在瞭解到我的行為舉止就像是個芹菜怪胎後，**我不會再變得自我批評或扭捏不自在或試著要「阻止這個狀況」**，而是對自己「誇張的」狂亂狀態**變得很好奇**，並且迅速地洞悉到，我的狂亂狀態實際上是源自於我渴望給客人留下好印象，其中也受到了一些專業與社交因素的影響。自豪、忙碌、恐懼低人一等的感覺，或者純粹缺乏覺察，這些元素先前都不在我的心智意識裡，直到我瘋狂地切芹菜，才終於透過正念技巧提點我有這些狀況。

這個過程讓我能夠找出自我安撫的方法，並且制定有生產力的策略，而不是把所有的壓力全都發洩在可憐的芹菜上。有能力辨別並回應這些狀況，而不至於陷入自我批判，正是正念技巧能夠帶來的眾多助益之一。後來，我好好地做了三階段呼吸，重新聚焦於我的緊張能量，想出一些專業與社交的話題來跟訪客們討論，因為我理解到這才是我真正的目標，而不是以超光速快手切出令人驚奇的芹菜。

4 你能抗拒衝動，並且更成功地打破習慣

我們都知道，相對於衝動的狀態，保持「走在前方」的態勢，會使得對抗衝動更為容易。就像是戒菸的人，當菸癮浮現時，應在當下先退一步回顧自己戒菸的原因，而不是等到都要點上菸了，才發覺自己在做什麼。不過，戒菸的例子是對錯分明的，有些問題模式則是很細微的，而正念技巧在這些情境中也非常有幫助。

下面是克里斯蒂娜的例子，她是前一章提到的律師，她運用正念覺察來打破自己很在意別人是否喜歡自己（同時也努力要讓別人喜歡她）的慣性執念，這種執念已經

嚴重到讓她會去追求那些她並不喜歡的男人。

打破克里斯蒂娜的「你喜歡我嗎？」的習慣

克里斯蒂娜知道自己有著根深柢固的討好他人的模式，也經常對自己感到很挫折，因為她發現自己會過度迎合別人，一直到了極端程度才理解到自己在這麼做。然後，她會對自己選擇要迎合的那個人感到生氣，因為他們「害她付出太多」。但她很快就發覺到，這個責任是在自己身上，是她要去注意到自己正在過度迎合，然後選擇不這麼做，而不是期待別人會在她付出太多時提醒她。

她的過度迎合模式通常顯現在約會生活中，她會使出渾身解數來贏得男人的關注，但又埋怨這些男人「不值得花這麼多心力」。理解到自己在這種自我挫敗模式中所扮演的角色，是很重要的一步，但要改變自己的模式是很困難的。「試著討好他人」對克里斯蒂娜來說是如此自然而然的事情，以至於她通常沒有注意到自己在做這件事，直到她發覺自己已經深陷於追逐男人的過程中，而且她根本不喜歡這個男人。

克里斯蒂娜的正念技巧，使得她理解到了，這種追求行為的早期階段通常是在約會後心智瘋狂地分析所引發的，心智的分析是想要確定約會對象有多喜歡她。這種狀態已經變成一種「心智的反射動作」，讓她在約會後便會分析整個晚上的約會過程，看看別人有多喜歡她，完全不顧自己是否真的喜歡對方。

這樣的領悟協助她創造一種新的約會後習慣，這個習慣是特別設計來有意識地攔截她的思緒，不讓她陷入自動聚焦於在意約會對象是否喜歡她。每當她和約會對象互相道別後，她就刻意強迫自己先寫下至少十句話，記錄自己有多喜歡這個男人（或多不喜歡！），然後才允許自己去考量對方對她的想法。

克里斯蒂娜知道，儘管自己特別執著於約會對象是否喜歡她，但她也習慣強迫性地思考自己是否被每個人喜歡，不僅是約會對象而已。正念觀察讓她能夠理解到，每當環境安靜下來，或者自己感到無聊時，就很容易有這樣的思緒。聚焦在自己是否被他人喜歡，是克里斯蒂娜的「特定」習慣，每當誘因出現時，她就會自動重現這種反應。這樣的領悟引導她，每當在生活中發現自己自動踏進「他們喜歡我嗎？」的無限循環時，就可以運用心智清單的技巧來因應。

正念技巧能幫助我們選擇有效的工具，來**對抗習慣性的衝動以及有問題的模式**，也能協助我們迅速地理解到，自己正處於容易偏離正軌的心理狀態，好讓我們能夠防患於未然。

5 你能看清「問題模式」的實際本質

定期花些時間不帶批判地觀察自己的思緒，有助於我們覺察自己的思考過程，並且瞭解到我們想要如何架構或調整那些過程，就好比學生在幾天內把論文重新閱讀了好幾遍，最後理解到自己想要如何架構或調整論文。這個審視的過程幫助他注意到自己對這個主題的思維缺口，找出自身觀點中偏頗之處，並且找到更好的方式來表達自己，甚至在檢視自己的文章時，發覺對某項主題的不同思考方式。**花時間來觀察自己的思緒，提升了他的覺察力與清晰感。**

定期做正念練習也會有類似的效果，而這類似諮商治療的過程，也就是案主透過與心理師交談，並且說明或反思自己的內心過程，就能夠培養覺察力，進而發覺那些透過嘗試新方式就能讓自己獲益的地方。

這裡有個例子說明了花時間對自己做正念觀察，能夠協助你覺察到關於自身思考過程的情況，這些情況都是在缺乏觀察下可能會忽略的。而你在觀察過程所發覺的資訊，也能夠帶來助益。

葛雷格的有力反駁

先前提到的單身爸爸葛雷格，他注意到自己每次和前妻的新男友共處一室時，就有強烈的衝動想要讓對方出糗，可能是令人厭惡且語帶挑釁地吹捧自己的成就，或是很小家子氣地糾正對方的某些發音。他稱這些評論是「有力的反駁」，而且每次他發出這種評論，就會感到一種帶有罪惡感的愉悅。

要承認這件事，會讓葛雷格有些尷尬，甚至是對自己承認也是如此，因為他有時候是在女兒的面前做這種事。他知道自己這種心胸狹窄的行為，只會讓女兒更難跟父母維持良好的關係，卻發現自己經常落入這種自知不成熟且會帶來反效果的行為方式。

通常，沒有任何正念技巧的人很難理解到自己在做什麼，好比做出類似葛雷格的行為（他們只是深陷在自己的信念中，認為新男友是個惹人厭的白癡），而具有基本正念技巧或自我覺察技巧的人，可能會理解到，自己太苛刻了，但又會被困在羞愧或自我批判裡，使得他們無法處理這種行為模式，只是把這一切視為「正常」現象，「我當然不會喜歡前妻的新男友啊。」

但葛雷格有著深厚的正念技巧，促使他數度反思這類互動，並且帶著好奇的態度而非批判的方式，這種反思給予他更深入的洞察。他能夠敏銳地覺察自己的思緒如何運作，並且明確表達出，前妻和別的男人在一起，讓自己的自尊心受創。他也能夠理解到，透過聚焦在自己對新男友的不滿，他實際上是在掩飾自己因為離婚時的財務安排而對前妻感到憤怒的心情，特別是當他注意到了新男友顯然也因為葛雷格所支付的贍養費而受益時。最後，他也能夠承認並討論私密的恐懼（在他做正念觀察之前，他自己甚至都不知道這個祕密），他害怕新男友可能會篡奪自己的角色，成為他女兒生命中「最重要的男人」。

葛雷格透過正念技巧，清楚瞭解了他憤怒背後的根本原因，也協助他以有效益的方式處理自己的擔憂。他列出了更多的擔憂，並且理解到下一步較好的做法是進行控制區練習。這也促使他針對自尊心的課題列出了一些健康的思維替換，每當他發現自己在有新男友的場合開始思考「有力的反駁」時，或者需要和前妻針對贍養費進行還算有效的溝通時，他都可以運用這些替換思維。此外，這也幫助他運用一些有創意的方式，來確保自己在女兒的心裡能保有一席之地，即使她與母親同住，心中仍有他的地位。

如果葛雷格沒有練習正念技巧來不帶批判地觀察自己的思緒，很可能會因為一直衝動地想對前妻的新男友做些無效地攻擊，而讓自己也持續受苦。那些卑劣的批評不但不能帶來滿足感，反而有可能讓他覺得尷尬，因為他很痛苦地理解到，這樣的批評只會暴露了自己的不安全感。葛雷格為自己培養了一些正念技巧，是件好事！

6 你能夠輕鬆地知道要取用哪項工具

許多高功能案主都很渴望學習「一整套」技巧，讓他們能用來更好地管理自己的能量。然而，如果你不知道在什麼情況下要使用哪一項工具，那麼即使擁有世界上最華麗的一套工具，也是毫無用武之地。

舉例來說，有一項練習是設計來協助你「將帶來壓力的事情拋在腦後」，它對於「再進一步思考顯然無濟於事的情況」非常有幫助，例如，當你很苦惱是否應該調整某則已經傳送出去的訊息的措辭，但你也知道在那一則措辭不完美的訊息送出後，不管再怎麼澄清都不會帶來實質的幫助或任何正面的效果。然而，如果你把同樣的「將帶來壓力的事情拋在腦後」這個練習，用來逃避那些多加留意就能帶來幫助的情況上（例如，在你送出重要且敏感的文字訊息之前，先仔細考量自己的措辭），那麼這項工具就會帶來傷害。

在很多情況下，即使我們的內心知道哪些工具是最適合的，仍可能在苦惱的情境中忽視了這樣的覺察，而正念技巧在此時能夠帶來幫助。**正念技巧會訓練你先吸一口氣（這是比喻，也是真的吸氣）**，仔細檢視自己和所處的情境，看看哪種工具是真正最有幫助的，好讓你不至於被困住，而對引起你緊張焦慮或讓你感到不安全的事情，做出反射性的行為，同時這項工具也會把你的感覺納入考量。

關於這種情況，最簡單的例子就是當你撞到手肘（正式名稱是尺骨神經）、腳麻掉，或者手指神經最敏感的部位被紙割傷時。[8]這時，沒有正念技巧的人，會完全深陷在當下身體的刺痛感中，甚至可能因為這些疼痛感而恐慌。正念技巧能夠協助你，讓你對自己說：「沒錯，撞到手肘肯定是很強烈又不快的身體感受，但我透過覺察和經驗得知，這種感覺很快就會過去，而我能做個簡單的動作來讓疼痛感快點消退，也就是輕輕按摩我撞到的地方。」很顯然，你不會在這個過程中大聲地對自己說話，但在此例中，這就是你的部分內在覺察與後設認知。

像是撞到手肘這類身體相關的範例，顯然都是很簡單的例子，但「觀點就是力量」的原則，也適用於複雜的社交、情感、專業和認知的挑戰上。本書會以許多個人和專業人士的故事來闡述這個重點，特別是在三階段呼吸法的章節裡，為了節省版面，我在這裡就不再多提其他例子了。但請記得，**透過練習正念技巧來調節自己的呼吸，觀察自己的思緒和情緒，有助於讓你的自我觀察能力更加敏銳**，並幫助你做出很棒的決定，在任何情境中都能選出最合適的工具。

小結

能夠退一步去看見自己的內在體驗以及所處情境脈絡的整體樣貌，而且沒有演變成反射性的行為，這個能力是非常強大的，將能促進你的覺察力並提升策略能力。這麼做會有安撫效果和提振能量的效益。而這也是諮商心理師在為許多個案提供協助時不可或缺的一部分：仔細地觀察自身的模式。但是，當你被「困在」每一刻的思緒或情緒中，卻沒去思考這些思緒和情緒與自身各種傾向和模式之間的關聯性，就不可能做到自我觀察。

讓我用最後一個正念技巧的比喻來做總結。思考一下「點彩畫派」（pointillism）的繪畫風格，這種風格的畫作在近看時只會看到很多小點，但如果你後退一步，隔著一些距離來看那幅畫作，就會看到連貫的畫面。在正念技巧與後設認知裡，也有著類似的過程：與其被困住且身陷在某個時刻的「一點」內，我們能夠後退一步，看到更寬廣的脈絡。這能給予我們更好的洞察力，提升在日常生活中看見「全貌」的能力，並且有智慧地為每一種不同的情境選擇最有幫助的工具。

【附註】

1. 盡責的特質，與學業和專業成就有強烈的關聯性（Higgins, Peterson, Pihl, Lee, 2007）。
2. 許多高功能者都有完美主義的傾向，因為身為一名高成就者，會在人生中吸引正面的關注目光。在某種程度上，沉著洗鍊確實有助於你吸引朋友、戀情，以及其他正面的社交回應。然而，研究也顯示，太過苛求自己的人，會感受到願意接近他們的人減少，原因很有意思：當我們能夠感受到某人對自己太過嚴苛，通常也會擔心這些人對我們的態度會「太過火」。因此，如果你試著要以表現「完美」來當作取悅他人的方法，要記得，大多數人更喜歡有出色表現但也願意接受不完美的人，包括接受自己的不完美。
3. 當你在閱讀第十四章的思維替換技巧時，請記得這一點。
4. 正念源自於佛教。佛教的核心基礎包括佛寶、法寶和僧寶，也就是佛教經文以及當代佛教教義中所指的「佛教三寶」。佛寶，當然就是源自於佛陀；法寶是佛陀的教義（他所傳授的以事實為依據的教法）；而僧寶則是群體（以關係為基礎）。這也是為什麼在不瞭解一個人接觸正念的背景脈絡下，就很難掌握這個人對正念的真正理解程度。
5. 這意味著，如果你從未有過正念或冥想的經驗，實際上是處在閱讀這本書非常有利的狀態。當你在參考三階段呼吸法或正念技巧時，別因為自己缺乏經驗而卻步；「初心」是所有練習瑜伽與冥想的人都要努力追求的心態！

6. 如果你覺得正念技巧有些奇怪，甚至覺得很深奧難懂，請不要覺得自己必須對我所說的正念助益照單全收：麻州大學醫學院有一個中心致力於研究「為何正念練習對世界上大部分的人都有非常好的效果」。正如一名我最喜愛的臨床指導者（她向來以身為健康的懷疑論者而自豪）曾經說過：「我不需要『相信』正念。它並不是一種宗教。它是一種已經獲得驗證的科學。我們並不『相信』它，純粹只是學著瞭解它，並且建立起運用它的技巧。」

7. 「馬上」這個詞的原文 stat，是拉丁文 statim 的簡寫，意思是「立即」。在醫院裡，當有緊急醫療需求時，我們會說：我們需要某個東西，「馬上就要」；這個詞通常是用在生死關頭（或者用在時間極度緊迫）的情況裡。

8. 你可能注意到了，這些簡單的正念例子都提到身體的感受（手肘撞到、腳麻或被紙割傷）。這並不是巧合，在與身體和有形物質有關的情境中，正念技巧是最單純的。在傳統的正念訓練中，我們會從不帶批判地觀察有形物體開始練習（正念初學者通常會觀察他們的雙手、一顆葡萄乾，或者其他清楚可見的物體），也會觀察半實體（像是呼吸等），然後才會進一步透過觀察抽象的物體來進行正念練習，像是觀察思緒和情緒等。令人驚奇的是，這種正念技巧的學習進程（有形物體、呼吸之類的半實體，接著是思緒和情緒等抽象物）也是古老佛教學習過程的一部分；現代西方科學已經證實了這是提升正念技巧的有效方式。這也是為什麼我們會以三階段呼吸法做為第一項技巧，而且本書前半段所有的個案角色都有使用三階段呼吸法。這是個很棒的基本技巧，可以協助你知道要取用工具箱裡的哪一種工具。

6 高功能者尋求治療時的考量

在你閱讀的過程中，可能注意到，有時我會提及諮商治療是可能的選項。當然，我們並非總是需要諮商治療，但如果你正在考慮這件事，那麼我想要說，高功能者在選擇心理師時可能有著獨特的需求。心理師的智商及盡責特質等因素，可能很重要，而社會階級、教育或身體健康狀況等因素，也可能成為問題。有時，高功能者可能會非常挑剔，這其實是很棒的，畢竟案主的生活相對井然有序，而且只是想要尋求一些「微調」，或是處理生活中的一個難關，要為這樣的案主挑選心理師，必然要有特別的考量。

在有些情況中，高功能者可能有討好他人的傾向，特別是感覺脆弱，或者向任何所謂的專家或權威尋求協助時，他們認為只要有學歷從事心理諮商，就一定比他們擁有更多關於個人內在與人際關係的特殊知識。但這樣的認知未必總是正確的。

如果你是自願接受諮商治療的高功能者（而非因為訴訟或因精神疾病住院，被強制要求進行諮商治療），那麼，很重要的是要切記，這項決定完全由你所掌控，如果你覺得某位心理師和你不對盤，就應該再去找別的心理師。[1] 事實上，即使你很喜歡現在的心理師，我也會鼓勵大家多和不同的心理師接觸，特別是如果你是第一次接受諮商治療的話。[2]

身為一名諮商治療的案主，我可以跟你分享第一手的經驗：不論心理師牆上掛著的文憑怎麼說，並非所有心理師都是「夠格的」。身為一名高功能者，要學著相信自己的基本「嗅覺」，去感受某人是否可能有能力幫助你。以下是我個人的經驗，可以展現我想要表達的意思，並且有簡單的心理專業解釋，說明為何高功能者的直覺本能，實際上是在選擇心理師時很重要的資訊。

我尋求諮商治療的個人經驗

我在二十多歲時，找了雀兒喜（Chelsea）地區的一名心理師。雀兒喜是我最愛的紐約市街區，我在格拉梅西公園區（Gramercy Park）的女性分租屋租了一間單人房，而這名心理師就在我租屋處的附近。我才剛搬來不久，很年輕，為紐約驚歎不已（好啦，紐約現在依舊讓我驚歎，希望永遠都是！），而我肯定也有種傾向是，會更加敬重一名年紀較大且受過良好教育的紐約客所說的話。我想，我在某種程度上將這樣的人視為「權威人士」。

當時我因為很敏感的個人問題去尋求協助。這個問題的細節並不重要。現在的重點是，當時我極度脆弱，正在處理一個難以招架的問題，並自知需要協助。我不僅需要有具備專門知識的心理師，也需要一位能夠在基本層面上信任她的心理師，好讓我在諮商過程中自在地敞開心房，把我的問題告訴她，並且讓她教導我所需的技巧。

我來到她的辦公室做第一次諮商，帶著樂觀的期盼坐在等候區裡。我知道過程不會很輕鬆，而且也很清楚地理解到費用不會太便宜，但我仍熱切想要投入諮商中，徹底處理一直困擾我的問題。

由於我在青少年時期第一次尋求心理師協助時，有過非常正面的諮商關係，因此完全沒想過我和這位心理師可能不合適。當她打開諮商室的門之後，我立刻因眼前所看到的景象而感到震驚，但由於我有著中西部的禮節，再加上當時還年輕，比我自己認為的更缺乏經驗，而且還自動地將她視為權威人士，因此我收起了批評，試著無視眼前驚人的景象：她的辦公室充滿了數以百計的舊報紙，成堆地隨意疊放在整個辦公室裡（茶几上、地板上、書架上、書桌上，到處都是），而且她的牙齒是讓人不安的灰色（顏色就像暴風雨的烏雲，真的）。

我並不是說牙齒狀況不好就不可能是很棒的心理師，我也不是說有嚴重囤積症狀就不可能是很棒的心理師，但是，這樣的第一印象似乎會讓她的能力打了折扣，而且看起來她似乎也沒有意願照顧自己的身體和辦公室，況且，她顯然沒有考慮到，對於心靈脆弱而前來尋求專業協助的新案主來說，這種情景會給他們留下什麼印象。她並沒有提到自己的牙齒或辦公室的問題，沒有試著把這種情況正常化或說明為什麼會這樣，所以我無法分辨，她是沒有理解到這個情況，還是她根本不在意。

你可以想像，為什麼這一切情況會讓我很難認定她是可以「為我指引道路」的人，能協助我處理那些困擾著我的複雜且敏感的糾結。畢竟，我發自內心的第一印象是，我的功能運作比她好多了。她的牙齒狀況以及辦公室空間顯示出，她的功能運作遠不及一般世故的紐約專業人士在文化上的常態，畢竟她是能夠取得廢紙簍和牙齒保健等資源的人，而她沒有做出任何相關解釋，也顯示出她缺乏技巧或覺察力，能夠緩和這樣的第一印象（也沒有技巧和覺察力能在案主看到這些問題前，就先向案主說明這些情況）。

我需要有人能協助我提升自我照顧的能力，而根據我的初步印象，我不相信她可以協助我達成這個目標，所以我只是坐在那裡度過我們第一次的諮商，禮貌地回答一些基本的問題，支付了費用，之後就不再回來了。

不論我剛剛描述的那位心理師是否有技巧能夠協助我解決問題，其實都無關緊要，主要的原因是我沒有感受到足夠自然的融洽關係，讓我能對她敞開心房，並且吸收她可能分享的任何資訊。我去找了另一位心理師，我們幾乎是一拍即合，而她也帶給了我巨大的幫助。回顧這段往事，我也很感謝年輕時的自己，有夠高的功能性能夠遠離雀兒喜那位心理師。

心理專業上的解釋

在諮商治療的用語裡，雀兒喜那位心理師和我沒能形成所謂的「治療同盟」（therapeutic alliance; Zetzel, 1956）。研究顯示，對高功能者而言，相較於使用不同治療方式的影響，能否形成治療同盟反而是更有力的治療成效指標（例如 Martin, Garske, and Davis, 2000）。治療同盟對所有的諮商案主來說都很重要，但對高功能者來說尤其重要，因此我要特別解說。

用白話來說，治療同盟包含了心理師和案主有著相同的治療目標、對彼此透過諮商過程來達成這些目標的能力相互有信心，而且心理師與案主之間有著融洽的關係。我們稍後就會看到，這三個元素有許多重疊之處，但各有其重要性。我們來探索更深入一些，好讓你能真正瞭解。我可以向你保證，大多數好的心理師都知道「治療同盟」這個詞，因此，只要你覺得這對你的挑選過程有幫助，可以自由和任何想找的心理師討論這些資訊。

共同目標

這聽起來可能很明顯易懂，但你和心理師絕對必須要有共識，確認你的諮商目標是健康且合適的。舉例來說，高功能者可能會來諮商尋求管理壓力的技巧，因為他們的成就需求驅使他們在從事全職工作的同時，還要在研究所取得出色的成績，因此需要有方法來管理這種情況的額外需求。或者，他們可能尋求心理師來協助管理不可避免的拒絕情況，因為他們想要努力成為百老匯（Broadway）的明星。

這兩種情況的案主我都遇過，也遇過有類似情況的案主，這些案主之前找的心理師都拒絕在這些目標上協助他們。相反地，那些心理師堅持要協助這些案主培養「洞察力」，覺察自己需要「學習接受失敗」或者「放棄不合理的期待」。但這些案主並不需要學習降低自己不合理的期待，證據就是，後來他們確實都達成了這些目標，而且過著快樂、滿足的人生，他們將這些成就部分歸因於和我合作，因為我有意願且有能力與他們在這些目標上形成治療同盟。

儘管高功能者有時確實可能會跑在成就的「倉鼠轉輪」裡，似乎什麼事都不夠好，但很重要的是，心理師必須能夠協助案主避免這種隱藏的危險。同樣重要的是，心理師要看到案主的潛能，並且協助他們培養技巧來達到該潛能。從成就的客觀衡量來看，高功能者的成就潛能通常比較低功能者高出許多，因此高功能者要尋找能夠完全理解並支持其治療目標的心理師，也會更困難。因此，請務必清楚你的治療目標，並且確定你的心理師是真的「和你在同一條船上」。

我個人不會想要和那種把我的目標視為某種「問題」症狀的心理師合作，他們可能會說我想要達成「太多事情」。我當然想要心理師協助我，看見我是否對自己太苛求、是否在追逐對我無益的目標，而且我本身也曾遇到的一些情況是，需要向案主說明，從心理健康的角度來看，他們的目標並不合適，舉例來說，有一位案主的目標是想要「沒有焦慮」，但適當的焦慮其實是健康的狀態。

關鍵在於，心理師與案主要能夠透明公開地討論哪些是心理師或案主認為的「過度」情況，而且案主要瞭解心理師是否把他的目標歸類成有問題的。否則，你們等於是在同一條船上卻拿著船槳往不同的方向划，這對所有人來說都是適得其反的。因此，請務必確認你想要自己達成的，以及心理師想要你達成的，是相同的目標。

相互信任彼此有能力達成目標

還記得我說過「治療同盟的三個元素有很多重疊之處」嗎？是的，現在就來看這些重疊處。由於你和心理師需要有共識來認同你的目標是健康的，因此也可以合理地說，如果你的心理師不認為你的目標是合理的，就不會相信你有能力達成這些目標。就算這位心理師不相信你能達成目標，未必就意味著這個目標是無法達成的！那只意味著你需要另外尋找常和較高功能者合作的心理師。

同樣地，如果你評估認為你的心理師功能性可能比你低，那麼你可以（非常有理由地）質疑那位心理師是否配備必要的技巧、韌性、聰明才智、人情世故、自我覺察等特質，來協助你達成目標。

舉例來說，儘管你的心理師可能認同你想要提高自信、培養技巧，來有效應對複雜的社交和商務情境等等的目標，但心理師本身的事業卻很暗淡（網站很難用、辦公室很破舊、牆上掛著陳腔濫調的標語、諮詢回電都要等好幾天），或是心理師看起來並不擅長社交或者有些遲鈍（經常請你重述已經分享過的資訊、看起來有點邋遢、似乎「聽不懂」你說的話），那麼或許你應該要質疑這位心理師是否真的有能力協助你達成目標。

這種感覺就好像是去找大學招生顧問做諮詢，但那名顧問卻從沒上過大學。這時你一定會三思，對吧？並不是說所有的心理師都必須親自達成每個案主在追求的目標，但要是心理師能夠在工作、社交動態，或是與案主目標相關的一般領域中，展現出有重大成就的特質，將會很有幫助。

融洽的關係

很顯然地，如果你和心理師無法針對適當的目標達成共識，或者你不相信心理師有能力幫助你達成那些目標，你們就很難建立真切融洽的治療關係。我遇過許多新案主告訴我，他們之前的心理師「看起來人很好」，但感覺就是沒有技巧、動力或智慧，能夠幫助他們達成想要的複雜目標。

高功能者通常很聰明機靈，而且能夠迅速地評估一個人或一個空間。如果諮商過程讓你感覺像是在「遊戲間」，而且心理師雖然看起來人很好也很樂意助人，但感覺就是沒有必要的工具來協助你改善自己已有的技能，那麼，要你在那位心理師面前展現脆弱面，當然就很困難（甚至也不恰當）。

在其他案例中，心理師可能會透過批評案主的目標，來自我防衛或者掩蓋自身的不足感。例如，能力不足的心理師會說想要升官的案主是在「追逐成就」，或者在約會方面一直失敗的心理師，會說前來尋求協助以便找到理想丈夫的案主是「被外在的認可所制約」。除非你面臨的問題就是很難和他人形成融洽的關係，就連在日常生活中也是；或者，你本身就無法好好管理自己的基本生活，否則，如果你感覺和那位心理師沒有融洽的關係，請考慮到問題可能是出在心理師身上，而不是在你身上，然後繼續尋找合適的心理師。

對較低功能者來說，他們可能在日常飲食和住所方面就難以自食其力，或者很難維繫一小群健康的關係，那麼，光是有一位可靠且算友善的人能跟他們每週碰面，並且培養他們的基本自我照顧技能，就很可能有療癒的價值，在這種情況下，要形成融洽的關係通常很容易。這名案主有機會接觸到一個在智力、教育程度，或一般生活技能和社交技能方面，都比自己更強的人，便能夠向這位心理師的整體模範技能學習，也能學到心理師可能教導他的特定技巧。

相對之下，較高功能者自身就能滿足生活中的基本需求，而且，如果他們只是想要跟一位有同理心的人好好談心，通常有一些朋友可以聯絡。他們通常能夠向別人隱藏自己的掙扎困境（如果他們想要隱藏的話），因為即使是在面臨具有挑戰性的情況，他們還是有足夠的技能可以維持基本的生活運作。對他們來說，要敞開心房尋求諮商協助，比較是一種選擇，而非必須。

由於較高功能者在是否要敞開心房方面有較多的選擇空間，而且本身就已經擁有較為全面的社交與認知技巧，因此所關心的通常是哪個人是適合幫助他們的正確選擇，而且他們絕對有理由如此在意。高功能者所尋求的心理師，通常是擁有技巧和專業訓練而能夠為他們開啟更高功能程度的心理師，而且他們通常需要看見這樣的潛能，才能夠發展出融洽的治療關係。

這個故事的寓意是，即使心理師的外表、舉止或辦公室並沒有明顯的「較低功能」跡象，像是我在二十多歲時遇到的那位心理師那樣，但只要你不確定是否和這位心理師有強烈的融洽感與人際連結，或者你擔心這位心理師是否有意願且有能力支持你的目標，那麼你應該知道自己有權利多方比較。當然，如果你已經連續見過十位心理師，但他們全都感覺有些「不對盤」，那麼就有可能是你過度挑剔，或是不太容易信任他人。整體的概念就是，在多數例子裡，高功能者對一位心理師的直覺感受，是治療能否成功的重要前兆。

如果你一開始有正面的感覺，但這種感覺隨著時間慢慢消散，而且你開始覺得自己陷入停滯，或者心理師似乎迷失了焦點或出現失誤，或者有其他問題浮現，讓你開始質疑自己和這位心理師的合適性，那麼我鼓勵你在諮商中討論這件事。與新的心理師討論合適性，可能不是那麼重要（在這種情況裡你可能要試著再找別的心理師，不需要勉強彼此磨合），但是與一位你曾經有正面觀感的心理師討論合適性，則是觀察你和那位心理師是否能夠一同修正走向的絕佳機會。

透過坦率的討論來重新澄清你的治療目標，或者讓心理師調整引導你的方式，或者跟心理師一起重新審視那些讓你覺得不滿意的問題，其實是非常有啟發的。你甚至可能會發現，透過聆聽你所信任的心理師表達觀點，讓你理解到，關於你想要從諮商中達到的目標，你不自覺地給出了一些混淆的訊息。但是，如果你和這位心理師從來就沒有真正有過強勁的「治療同盟」，就不要投入太多時間和金錢（如果有投入的話）來討論彼此不合適的議題，直接去尋找其他心理師才是最聰明的做法。

總結來說：我有時會鼓勵讀者考慮進行諮商治療，但也會鼓勵你留意自己「內在天線」的訊號，它會告訴你，這個人是否真的適合協助你。文憑和證照都是必須的，但這些並不是良好治療關係的保證。**別忽視了自身本能直覺的重要性，這感覺能告訴你，自己和心理師是否有融洽的關係，以及自己對心理師的整體能力、聰明才智和責任感是否有信心。**[3]就算你覺得自己不夠資格去評估心理師的臨床諮商技巧，但請記得，他們的臨床諮商技巧，有部分也包含了他們協助你放鬆並敞開心房做分享的引導能力。

【附註】

1. 對於受到監禁或者非自願入院的人來說，他們應該有多少權利去「貨比三家」，是比較複雜的問題；但如果你只是出於自己的意願去選擇諮商治療，那麼，我會鼓勵你要挑剔（至少要有一點挑剔！）。

2. 另一方面，如果你已經看過了五、六個心理師，但全都覺得不適合，那麼你在與心理師形成同盟方面的挑戰，可能就是心理師所說的「症狀」，這代表或許你在形成融洽關係方面有困難。如果你覺得自己是這種情況，可以考慮在與下一位心理師第一次見面時就透露這件事；這可能有助於那位心理師協助你。但如果你覺得自己只是因為某種原因而無法找到合適的心理師，可以考慮詢問你信任的友人或家人，協助你找到某位心理師，或陪你一起參與第一次會面，看看有個不同的觀點是否有幫助。

如果你見過的每位心理師都引薦別的心理師給你，或者你純粹就是不喜歡他們，而且你也沒有信任的友人或家人，但很希望自己有信任的親友，那麼我會鼓勵你考慮辯證行為治療（Dialectical Behavioral Therapy/DBT），或者閱讀該療法的創立者瑪莎．林納涵博士（Dr. Marsha Linehan）的著作。對許多經歷了極度強烈情緒情境（包括那些有可信任親友）的人來說，辯證行為治療都是很棒的治療方式。我沒有辯證行為治療的認證，但我在攻讀學位的過程中曾研讀過該療法，而且在西奈山醫院（Mount Sinai Hospital）接受訓練時，也協助過辯證行為治療的臨床研究。我見證過，經由林納涵基金會認證的有經驗心理治療師執行治療時，這項療法確實能創造奇蹟。

當然，要是你曾經因為找不到好的心理師或缺乏其他事物而感到孤單或心煩意亂，甚至讓你想要傷害自己，那麼請撥打一一九或去最近的急診室求助！

3. 高功能者通常有較高程度的盡責特質。如果你覺得你的心理師很「懶散」（例如：遲到、似乎經常忘記你曾經分享過的事情、沒有跟進你的回家作業情況，或者經常忘記在諮商期間把手機關靜音），那麼你的心理師可能盡責程度低落，或者生活中正面臨其他問題，影響到他們的盡責程度。你值得擁有一位會專注傾聽、有組織且盡責的心理師。因此，如果你對於自己的心理師有些疑慮，請務必提出來，必要時也可以更換心理師。

PART 2
因應緊張能量的技巧

7 三階段呼吸法

用製造問題的思維方式去解決問題，這是行不通的。

——阿爾伯特．愛因斯坦（Albert Einstein）

關於三階段呼吸法，好消息是，你在使用這個方法時，基本上不可能會出錯。三階段呼吸法是個很棒的起點，**能讓你透過自我觀照與正念練習，進而穩定下來、打斷負面的內在對話、讓腦袋享受多一些氧氣，並且提升自我價值感**，同時也會獲得寶貴的資訊，知道下一步該運用哪些以認知行為做為基礎的技巧，或者其他自我照顧方式，來為當下的特定情境提供協助。[1]

這聽起來是不是很棒呢？那就繼續閱讀下去吧！

當你想要做下面這些事情時，可以使用三階段呼吸法：

・穩定自己

身為瑜伽教師，我很驚訝地發現，學生總是會告訴我說，在做完三階段呼吸後，他們感覺到非常「踏實」（grounded）。身為一名臨床諮商心理師，我的案主也會跟我說同樣的事情。**他們所說的「感覺踏實」究竟是什麼意思呢？關於這個問題，我所**

知道最簡單的回答方式是，它是雜亂的反義。在這個智慧型手機響個不停、二十四小時都在播報新聞，以及視訊會議、虛擬實境和社群媒體充斥的世界裡，讓我們很容易就與眼前具體有形的事物脫鉤，也更容易跟內在體驗到的細微認知和情緒脫鉤。相對地，我們會感覺雜亂、痲木、疲憊，或者「一塌糊塗」。三階段呼吸法會溫和地引導你以簡單、立即且專注當下的方式，為自己「調頻」。

・打斷負面的內在對話

你是否曾經注意過，自己被困在某種自我對話當中，而且你也質疑這種對話的內容不太健康（例如，對自己吹毛求疵，或者思考著最糟糕的情況，但這麼做不但沒能協助你做好準備，反而是把自己嚇得半死），然而，你又覺得自己無法停止這樣的自我對話？

在心理學上，這是所謂的「負面內在獨白」（negative internal monologue）。三階段呼吸法非常簡單，你只需要投入一些時間學習其步驟，便能駕輕就熟，但它也很複雜，需要你在實際做這些步驟時專注投入。它所需要的專注力正好是負面內在獨白的完美解方，透過讓你的腦袋聚焦在其他事物上，你便無法繼續負面內在獨白，或者，當你透過呼吸來專注引導自己時，至少也爭奪了一些負面內在獨白的空間。

即使你對三階段呼吸法已經很熟練了，執行時不再需要投入那麼多的認知能量，這項技巧還是能協助打斷負面內在獨白，因為在進行三階段呼吸法時，仍需要投入一些心智能量。隨著你持續練習其步驟並達到熟練的程度，也會提升你重新引導注意力與專注力到想要之處的能力，因為三階段呼吸法也是一種正念練習。

·給予心智多一些氧氣

三階段呼吸法會引導你深度地呼吸，將氧氣留在肺部一會兒，然後才吐氣。這會增加大腦與身體的氧氣量，協助改善整體機能，並且舒緩壓力。我相信你很清楚氧氣的助益，就不再多做說明，讓你親自去感受！

·透過自我照顧來提升自身的價值感

利用一個片刻來觀察且不帶批判地聚焦在自己身上，並且練習一項健康的習慣，來提升你的心智清晰度和自我意識，增強身體進行完整而健康的呼吸之能力，這麼做能夠向自己展示你很珍視自己。如果你在休息及感受到壓力時，都能練習三階段呼吸法，便是允許自己理解到管理壓力源時必須投入的能量，並且能從中恢復活力。這麼做也是在對自己展現，你願意「多付出一份心力」，針對具挑戰性的時刻，為自己提供能量儲備與放鬆技巧。

・練習正念技巧並獲得清晰感，知道接下來運用什麼技巧最有助益

我把最好的留在最後。三階段呼吸法實際上是一種正念練習。如果你有讀到正念技巧助益的段落，就會知道練習正念技巧是幫自己一個大忙，因為這項技巧能協助你在任何時刻都能對自己有個「粗略概觀」，以便確定自己實際的狀態。**一旦你對自己有了更多的洞察，就更知道要運用本書的哪項技巧或其他自我照顧方式，才會真正在當下給自己帶來最好的協助。**

舉例來說，你在做三階段呼吸時，理解到自己感覺很混亂，而這項覺察將引導你選擇不同的技巧來使用，可能是心智地圖或只是做更多的正念練習；或者是你在做三階段呼吸時，理解到自己因為工作量太大而感受到壓力的狀態，然後你就運用控制區的技巧。

當我帶領案主第一次做三階段呼吸時，他們通常會告訴我說這個方法「有效」，因為他們感覺很放鬆，內心很平靜。接著，我會向他們說明，放鬆只是一種附加的助益，我們在練習這項工具時，有時會有放鬆的感覺。**三階段呼吸法這項工具的優勢在**

於，它會帶來放鬆以及健康的助益，但主要作用是要提升正念狀態，並且成為一種「檢視工具」，協助你發覺哪些額外的工具可能對你有幫助。它也能夠協助你辨別在某些情況裡要避免使用哪一類的策略。

佛教與調息

梵語中的pranayama（調息）是一種呼吸的技巧，在西方稱作「呼吸療法」（breathwork）。梵語是古印度的佛教語言，在學術、神學和瑜伽的領域中，梵語都被視為是神聖的語言。pranayama一詞源自梵語的prana（氣），也就是「生命能量」的意思。佛教認為，透過調節呼吸，我們就能夠控制能量，進而改變生命（而西方科學也在驗證這一點）。

如何進行三階段呼吸法

我們先從一項聲明開始：我知道，像呼吸這麼簡單的事情卻有這麼多步驟，看起來很荒謬，但好消息是，一旦你瞭解了這些步驟，也嘗試幾遍後，這些步驟對你來說就真的會像呼吸那麼自然。請試著瞭解，要是把簡單的事情拆解成循序漸進的一系列小步驟，那麼就連「用刀叉把食物切成小塊，然後送進嘴裡吃掉」這麼平常的事情，看起來也會變得非常複雜。然而，就像使用刀叉或者進行簡單的呼吸練習一樣，我有信心這些步驟絕對都是你可以輕易上手的（只要稍加練習即可）。

如果你是偏向視覺學習的人（也就是直接展示給你看，會比閱讀步驟容易許多），那麼你可以上網站（www.NervousEnergyBook.com/breathe）觀看影片，透過影片帶領你一步一步進行這項很棒的練習。

步驟0：找出三階段呼吸的三個身體部位

我把這一步稱作「步驟0」，因為你不需要每次練習都進行這個步驟，但很重要的是，至少要把這個步驟做過一遍，好讓你確實知道身體的哪些部位是包含在三階段呼吸法裡。這些身體部位如下：

(1) **腹部**：把你的手放在腹部上，感受它在你吸氣時擴張，就像氣球充氣一樣。這是你在三階段呼吸法中會使用到的第一個部位。

(2) **中胸部位**：把你的雙手放在肋骨架的兩側，大約腋下十公分的地方。對女性來說，這位置大約是胸罩會覆蓋到的地方。當你吸氣時，你會感受到胸口擴張，而且雙手也會被略微向外推。這是你在三階段呼吸法中會使用到的第二個部位。

(3) **上胸部位**：把你的手放在鎖骨中央，也就是脖子正面的底部，或者是當你戴上貼合頸圍的項鍊時，項鍊墜子所在的位置。把你的手往下移動大約七至八公分，感受當你吸氣時，你的手會被往上推起。這是你在三階段呼吸法中會使用到的第三個部位。

步驟1：正常呼吸

別試著做任何事來改變你的呼吸。只要帶著非批判的態度（也就是中性且以事實為基礎的態度）來觀察你的呼吸。你的觀察可以很簡單，也應該要很簡單。舉例來說，當空氣接觸到你的鼻孔時，你可能會注意到空氣的溫度，或者注意到自己的呼吸有多深或多淺，或者注意到在每次吸氣和吐氣的過程中，你的衣服會與胸口和腹部接觸，然後又離開胸口和腹部。

停留在步驟一至少十秒鐘，要停留多久可以由你決定。另外提醒，當你面臨需要迅速「切入正題」的情況時，可以跳過這個步驟，就像在稍後的例子裡，我描述自己運用三階段呼吸法，來讓自己在全國電視臺上出了小錯誤後迅速穩定下來。

有個小訣竅可以協助你在這個步驟裡維持簡單且不帶批判的觀察態度，那就是想像一名報社記者請你說出五個關於你呼吸的事實觀察。（在我年幼時，報社記者經常說：「女士，只要說事實就好。」）因此，你只需要提供五個關於你的呼吸的事實，以便符合那名記者的請求。

步驟2：吐氣做準備

這個步驟協助你做好準備要吸氣到肚子，但在需要「即刻進入狀況」的時刻，這也是可以跳過的步驟。即使你只練習過幾次，但當你進入「自動模式」時，在每次正念吸氣之前，都會自然而然地吐氣。然而，即使你已經很老練了，可能也會發現，刻意地專注執行這個步驟，會帶給你樂趣、放鬆或提升覺察力。

步驟3：用腹部吸氣

這是正式上路的時刻！

(1)**腹部**：吸氣到腹部，感受腹部擴張，向外呈半球形鼓起。你可以把手掌放在肚臍上，確實感受吸氣鼓起的感覺（有時候，觸覺的回饋有助於提升覺察與放鬆）。

(2)**中胸部位**：持續同一次吸氣並向上充滿中胸部位，感受胸口向外橫向擴張。如果你喜歡觸覺的回饋感，也處在適當的環境裡，那麼在進行這個步驟前，可以把手輕輕放在肋骨架中上部位的兩側。隨著你在這部位吸氣時肋骨架擴張，會感受到些微的壓力把你的手輕輕向外推開。

(3)**上胸部位**：持續同一次呼吸並充滿上胸部位，感覺上胸向上抬起。你可以把手放在胸口或心臟部位上，彷彿你是在朗誦效忠宣誓，而在你的上胸因吸氣而鼓起時，你也會感受到你的手被向上推升。

試著留意這三階段的每個部位，在從腹部轉移至中胸，以及從中胸轉移至上胸之間，都稍作短暫停留。我稱這是在「分割」你的呼吸，或者「定位」每個部位。

步驟4：暫停

憋住氣一會兒，時間長短由你決定，確實去留意充滿氧氣時是什麼感受。這在冥想中通常稱作「吸氣頂端」。

步驟5：吐氣

先只吐出上胸的空氣，在吐氣過程中，留意到上胸垂直往下。接下來，持續吐氣，留意鼓起的肋骨架隨著吐氣略為縮小（如果你的手放在肋骨兩側，可以感受吐氣時肋骨會脫離你的手）。最後，繼續吐出腹部的空氣。當你感覺氣都吐完了，就把肚臍向內縮，好像你試著要塞進一條腰圍很緊的褲子裡，你可能會很驚訝地發現，這麼做會幫你從腹部吐出更多空氣。

步驟6：暫停

在你完成吐氣後，稍作暫停，留意「吐氣底部」是什麼感覺。

重複進行步驟三到步驟六，直到你決定要停止。試著盡可能去留意你在過程中體驗到的各種感覺。為了協助「提升」你的觀察力，以下是一些常見的觀察範例：

- 隨著每次吸氣和吐氣，空氣流過你的身體，你有什麼樣的感覺？
- 隨著你把專注力放在呼吸上，一開始會渴望吸得更深入。
- 當你在吸氣時，衣服變得緊繃，吐氣時則會變得寬鬆。
- 房間裡的空氣接觸你的鼻腔時，是什麼樣的溫度感覺？是乾燥還是潮濕？
- 有種不安全感，不知道自己是否「做得正確」。
- 放鬆的感覺。
- 因為願意花時間練習或學習自我照顧而感到自豪。
- 對自己或自己當下的狀態有更高的覺察力。
- 當你吸氣到中胸部位時，就感覺「已經充滿」空氣了。[2]

步驟7：觀察你的正常呼吸

最後，重複步驟一，純粹自然地呼吸，而不是刻意地吸入這三個部位，或者以任何方式控制你的呼吸。就如同步驟一，請挑戰自己，對自己自然、不刻意、無控制的呼吸，做出至少五項中性且以事實為根據的觀察。

在步驟七，這些以事實為根據的觀察可以包含你的呼吸跟進行步驟一時有什麼不同（例如：「我注意到，我的呼吸比幾分鐘前做今天第一次觀察時的自然呼吸狀況，更深了一些。」）做兩個標的的比較是很棒的方式，這可以提升我們的觀察力。在做三階段呼吸法的前後都觀察自己的呼吸狀況，透過比較這兩個「標的」（進行正式的三階段呼吸法之前與之後的自然呼吸狀態），能協助強化我們的中性自我觀察能力。

專業訣竅：重視以事實為依據的觀察

在進行三階段呼吸時所做的觀察必須以事實為根據，為什麼這如此重要？因為，三階段呼吸法的真正目標，是要協助提升我們的觀察力，以不帶批判的方式去注意自己的狀態，同時不會因為我們所觀察到的狀態而出現受打擊的反應。這種「後設覺察」（meta-awareness）是正念技巧的關鍵元素。

批判與反應實際上很有價值，但有時從批判與反應中退一步來觀察，也是很好的。這麼做會讓你更能覺察到批判與反應在自己和他人身上所扮演的角色，而且能在需要的時刻保持更敏銳的狀態。因此，在做這項練習時，請試著不帶批判（只要幾分鐘）去留意你的任何感受。

下面的對照表所呈現的範例是，當你注意到自己正以很淺的方式呼吸時，「讓思緒失控狂奔」以及「純粹記錄你的觀察」，這兩種反應之間的差別：

進行三階段呼吸法時的淺呼吸狀態

「失控的思緒」與「正念的觀察」

失控的思緒	正念的觀察
我還是呼吸得很淺；我已經練習過好幾次了，怎麼還會這樣呢？	我還是用很淺的方式在呼吸。

我很納悶，這種很淺的呼吸是否意味著我不夠專注？	淺呼吸在這當下對我的身體來說似乎感覺很自然。
我是不是真的每次都能夠深度的呼吸？	在這些淺呼吸下，我的胸口也很溫和地起伏，這樣細微的幅度感覺非常舒服。
嗯……我是不是真的應該每次都深度呼吸？	淺呼吸的感覺很類似於我坐著等待考績評估時的感受。
我真的適合做冥想和呼吸練習嗎？這對我會有效果嗎？	在我注意到呼吸很淺的狀況不久後，我現在留意到我的腹部似乎很渴望更深的呼吸，而且在我下一次吸氣時很自然地把氣拉進來。

在觀察呼吸等低風險狀態中，培養不帶批判的觀察技巧，能讓你變得更加穩定與客觀，有助於你在更具挑戰性的情況中練習自我覺察。

當你完成了步驟七，我會鼓勵你在紙上寫下自己的觀察，或者大聲地與另一個人分享（找個可以當你的「呼吸夥伴」的朋友，像是瑜伽老師、個人教練、物理治療師或諮商心理師，都是很棒的選擇）。**這會強化你的觀察技巧，並提升你表達自身體驗的能力**。這在佛教傳統中是非常重要的，佛教三寶中有一寶稱作「僧寶」，在梵文中的意思是「群體」。許多人說，他們嘗試過手機上的正念練習軟體，可是結果好壞參半；而我覺得，這些軟體會失敗，主要的原因之一就是，如果使用者完全只依賴軟體，軟體本身通常不會鼓勵你**把體驗轉化為文字表達，但這正是提升觀察技巧的關鍵，也能提升你與他人溝通該體驗的能力**。

正念練習會有效，部分是因為我們在確實練習了將觀察轉化為書寫或口語表達時，正念能夠協助我們瞭解並感覺到與自己和他人連結。

在正念的三階段呼吸過程中，不論你觀察到什麼，都請試著對自己保持不批判的態度。**重點不在於完美地執行三階段呼吸，而是要改善你的呼吸技巧，同時提升中性自我觀察的能力**。即使你發現自己忘記執行到哪一個階段，這仍舊是一個很棒的觀察，也是讓你練習不帶批判地自我覺察的機會，讓你溫和地把自己的焦點拉回來，然後再試一次。三階段呼吸法這項工具能夠協助你提升非批判性自我覺察的能力（包括在挑戰中執行非批判性覺察的能力），並且最終強化自我控制的能力。

如果在練習過程中，你注意到了自己在控制呼吸或維持專注方面遭遇困難，想像一下你在健身房中觀察到自己很難舉起某個重量的狀況，請試著以同樣的方式來處理呼吸練習中的觀察：健身者知道，唯有透過有挑戰性的重量訓練，才能夠強化他們的肌肉。因此，如果你發現自己正處於舒適圈的邊緣，甚至已經跨出了舒適圈，那可能表示你在挑戰自己方面做得很棒，而這通常是學習與成長的跳板。

超越自己：思緒與情緒的正念技巧

一旦你對於客觀且根據事實來觀察自己的呼吸感到自在，也比較熟練了，試著進行「附加」技巧。先前你在練習時，只專注在當下或前一次的呼吸，而現在，你要**練習以同樣的方式來觀察自己的思緒與情緒**。由於要觀察思緒和情緒這類抽象且無形的東西很有挑戰性，因此正念冥想通常會練習接下來這項技巧。

關於思緒與情緒的附加技巧：浮雲技巧

在你透過三階段呼吸法為正念練習做暖身之後，如果你的眼睛是睜開的，請閉上雙眼。在腦海的「視野」裡，看著一朵雲在天空中從左邊飄到右邊，直到飄出「視線」外；接著又來另一朵雲，從左邊飄到右邊，直到看不見，然後又來另一朵雲，一直這樣持續下去。現在，在你想像浮雲的同時，也留意你自身的思緒或情緒在腦海中飄過。將每個思緒和一朵浮雲連結。

這項練習的重點並不是要在你的思緒飄過時「擺脫」它們。重點在於留意到每個思緒很自然地飄過，然後自動地替換成另一個思緒，並且觀察這些思緒持續地流動，如此一來，你就不會對任何特定的思緒做出反應，或者因為任何特定的思緒而「深陷困惑之中」。

即使感覺上你好像一直重複出現相同的思緒，但請瞭解到，它在心理層面上是有差異的，每次好像出現重複的思緒時，其實會帶有些許不同的特質，因為現在它已經是重複的思緒，因此，跟你前一次體驗到類似的思緒時是不同的。它的重複出現，會帶來「這思緒是重複的」的新感受，而這樣的覺察就會把那思緒放入不同的脈絡裡。

舉例來說，當你第一次想到前任情人，可能會感覺很無害，而當你第三次想到前任情人時，可能會注意到這個思緒已經成為一種模式，讓他經常出現在你的腦海裡，而你也可能開始好奇為什麼會這樣，或者，你會注意到那些思緒都圍繞著那個人的某些面向。換句話說，你可能會開始出現關於這個重複思緒的想法。

還有一個例子就是：「哇，我一直聚焦在那個討人厭的同事身上，我會有這種狀況真有意思，畢竟我不認為自己想要聚焦在她身上，但是我的腦袋似乎經常會被她給拉走，至少在這次練習過程中是這樣的。」

在這種情況中的「訣竅」是，確保自己不要跟追隨那些思緒。關於「追隨你的思緒」的例子是：你沉浸在關於同事或前任情人的思緒裡，使得你開始有系統地試圖確定為什麼你會想著這個人；或者，你刻意在腦中重播你和那個人的互動，而不是純粹留意到他或她在你思緒裡；或者，你開始積極地試著要把那些想法排除在思緒之外。這一切都是所謂的對思緒做出反應。

與其去分析、發展、批判或拒絕任何一個思緒，你只需要專注在維持不做反應的狀態，聚焦在對自身意識流的中性觀察。舉例來說，你可能會注意到你的同事到最後會自然地飄出你的思緒，並且由更有深度的事物取而代之，然後你可能會發現，你一開始會專注思考一個討人厭的同事，實際上是在逃避某個感覺很難掌握的東西。務必確保自己也有理解到這些關於你的思緒的「後設思維」（metathoughts），然後將之與浮雲連結。

當你對於透過浮雲練習把思緒與腦中視覺連結在一起這件事感到自在時，接下來，看看你是否能開始把思緒分門別類，並且把這些類別與浮雲連結，而不是把個別思緒與浮雲連結。舉例來說：克里斯蒂娜留意到前男友的話短暫在腦中浮現，便把它歸類在「男友思緒」，接著，她想到提起訴訟的期限，並將之歸類在「工作思緒」，然後，她批判自己太常想到工作的事情，並且把這個想法歸類在「自我批判思緒」。

不對我們的思緒做出反應，並且採取額外的步驟將思緒分類，能夠協助強化我們的後設認知技巧。這些技巧是無價的，當我們需要額外擴展對自身的觀點，或者困在令人心煩意亂的情境中無法擺脫時，這些技巧便能帶來幫助。

如果你做了這項練習，並且發現大部分的思緒都落到某個類別裡，你可以把這個資訊看作是一種流動的觀察，或是某種指標，點出了你需要採取某類行動或自我照顧。舉例來說，威廉在思考是否為了潛在的工作而遷徙到新城市時，他做了這項練習，發現自己大部分的思緒都落入「潛在問題」的類別。這項觀察幫助他瞭解到，自己需要花一些時間特別考量潛在的益處，才能對那份工作機會做出真正平衡的評估。如果他沒有練習正念技巧，就會因為想到可能要遷徙這件事而做出反應，開始感到擔憂並卡在這一點上，然後，他就會花好幾個小時（甚至好幾天），在網路上搜尋該城市過去十年來的犯罪數據，而不是先讓腦袋退後一步，去理解到，自己對於可能需要遷徙這件事，整個焦點幾乎都放在潛在的問題上，到了完全無視於潛在益處這類重要資訊的地步。

三階段呼吸法不同於本書其他工具之處，是它幾乎適用於任何情境。它很少是唯一需要採取的步驟，但通常是最好的起步之處。

下面的範例顯示出，三階段呼吸法如何協助我連結正念觀察與保持好奇，而不是讓我去批判自己與他人。

運用三階段呼吸法將感受轉化為資訊

我坐在辦公室裡舒適的皮椅上，一名新案主則坐在另一張相同的皮椅上。我在接見新案主時，覺察意識總是特別高昂，一部分是因為在熟悉新個案時，需要確保自己有捕捉到所有的資訊。但我也承認，在面對新案主時，這種格外「上線」的感覺，可能也有部分是出自於心理學所說的「印象管理」（impression management），這個詞彙其實是用花俏的方式在表達：我們想要確保自己所呈現出來的感覺，是我們想要被看到和被認識的模樣。然而，在面對這名案主時，我發現自己感覺格外緊繃，而且很不自在。

我的正念訓練，對於精通心理諮商訓練裡的某個部分非常重要，也就是學會辨識當你在面對案主時，哪些元素是「正常的自己」，而且不論面對的是什麼案主，這些元素都會呈現出來，同時也要辨別哪些元素是被特定的案主激發的。[3] 因此，我的正念與心理諮商訓練，讓我以非批判的方式注意到，當面對這名案主時，我自身的不自在感高漲，超越了平常「面對新案主時的緊張感」。

我突然間對牆上的一道小刮痕感到一陣強烈的困窘，但其實我之前從來沒有注意過它，而在那一刻，我感覺那道刮痕使整個辦公室變得破舊不堪。我也觀察到自己對於鞋尖上似乎憑空出現的磨損痕跡，出現了類似的焦慮感，好似那個磨損痕跡使我的整個形象變得邋遢且不專業。接著，我注意到自己的語氣比平常更多了一些猶豫感。這並不是什麼嚴重的問題，因為我還是能完全專注在那名案主身上，而且我不認為自己呈現出膽怯的模樣，但留意到這些小小的「偏離反應」，正是我的心理諮商及正念訓練的一部分。

覺察到這些不安全感，確實有助於我更深層地評估這名案主。做法如下：與其慌亂地被捲入**反應模式**（例如：開始分心；腦中想著要修補牆面和找修鞋的師傅；把雙腳腳踝交叉，試著隱藏鞋子的磨損；試圖擠出更有自信的聲調；因為牆上的刮痕和鞋子上的磨損而開始自我批評；或者因為出現這種不理性的極度自我意識，而感覺愚蠢或批判自己），**我純粹讓自己的觀察以及伴隨而來的不安全感，存在於我的正念覺察裡，不對它們做出反應。我只是留意到這些事情正在發生的事實，並且讓這些狀況融入我的整體觀察中。**

這個整體的觀察描繪出，我突然對一些小事感覺到異常地不自在，但這些小事在我今天稍早接見不同的新案主時並沒有成為問題。我還不確定為什麼自己會有這樣的感覺，但我知道需要快速讓自己穩定下來，同時不去阻隔我對這些感覺的覺察。這些突然出現的不安全感，可能源自某種我還沒完全覺察到的背景脈絡。因此，我開始無聲無息地做著三階段呼吸，以平息我的緊張感，讓自己在正念覺察中穩定下來，聆聽著案主的故事。[4]

透過三階段呼吸法讓我在正念覺察中穩定下來，進而**對自己的不安全感感到好奇，而不是試著要去處理這些不安全感**。這個方法讓我能退後一步，理解到我的感受、案主所說的話，以及案主的細微行為舉止之間的潛在關聯。這能帶來很重要的洞見：他來尋求諮商治療的部分原因是他很孤單。他是個成功人士，就像影集《慾望城市》（*Sex and the City*）裡的大人物（Mr. Big）那樣的成功人士，他要有約會的女伴或者要讓身邊圍繞著奉承他的人，都不是問題。然而，他仍感到非常的孤單。隨著我們一同合作，我們瞭解到了，他對於遭到拒絕有著非常深沉的恐懼，而他處理這種恐懼的方式，通常都是假裝不在乎任何人或任何事物（有時甚至會說服自己，他真的不在乎），和他的約會對象、友人，甚至家人，進行著無意識且持續的「在你拒絕我之前讓我先拒絕你」的遊戲。

在治療的過程中，該案主和我最終瞭解到，這個防禦的外表反倒是很諷刺地創造了他原本想要解決的問題，他所有的防禦行為把他困在孤獨裡，因為他經常把別人推開。後來，他學會了對他人和自己展現真我（再者，他也找到了很棒的妻子！）。在後續的幾次諮商中發掘了他的不安全感，讓我對於第一次會面時所感受到的不安全感，有了全新且有相關資訊支持的脈絡觀點。

然而，我在第一次會面的最初感受到那一波不安全感時，還沒有認知到這是他帶來的影響：他有意無意地聚焦目光或其他的關注形式在他人的缺陷上，藉此來維持掌控與權力的感受，並且與他人保持距離。**若沒有三階段呼吸法讓我在正念中沉穩下來，我可能會讓自己深陷在對這種不安全感的反應中，而不是純粹以不帶批判且有所好奇的態度來注意這種感覺，那麼我將錯失了對這名案主與他人連結方式的關鍵洞察。**

我承認，在那次會面之後，我也去把鞋子和牆壁都修補好了！

為何練習三階段呼吸法是成功的關鍵？

要記得，三階段呼吸法實際上是一種冥想的形式，而且即使在練習冥想方面最有經驗的人，都會用「練習」冥想這樣的說法，這是有原因的。冥想，包括正念呼吸技巧在內，是一種你每次進行時都會感到些許不同的事情。每次的體驗，都會與你在練習冥想之前那段時間的感覺和經歷有關。學習去留意並瞭解這些差異，代表著很大的進展，因為這顯示出你正在提升自我覺察意識，不論每一次的個別體現是正面或負面的，關鍵只在於你注意到這件事。

如果你需要更多誘因，好讓你在沒有面對苦惱的狀態下也能練習三階段呼吸法，可以回想本書第一部討論到的正念練習益處，包括能夠更好地瞭解自己的「基準狀態」等。**透過在沒有特別感受壓力的時刻練習三階段呼吸法，等於是讓自己有機會更深刻地體會自身的基準狀態，並且學習留意到細微的差異如何影響你的認知、情緒與身體狀態。**

這項知識能帶給你寶貴的洞察力，得以洞悉自己並瞭解你回應世界的方式；這樣的洞見在你苦惱的時刻會是非常強大的工具。即使是在日常生活的平常狀態下，當你越能透過正念練習來瞭解自己的基準狀態，也就越能深刻地瞭解自己在面臨壓力時的內在感受變化。這會賦予你力量，讓你在面對焦慮、憂鬱、緊張、不安、疲憊、困惑，或者面對心理學宇宙中的任何「負面情緒」時，你會知道要選擇哪些工具來照顧自己。

在教授正念技巧的老師之間流傳著一句俗語，是關於在暴風雨中學習搭帳篷所帶來的危險：與其在暴風雨中才學習搭帳篷，我們應該要在風和日麗時練習如何搭帳篷，如此一來，我們才有可能在暴風雨中也把帳篷搭起來，而且不需要牽扯到太多的認知掙扎，得要在狂風暴雨的襲擊下試著記得搭帳篷的步驟。這項比喻的重點在於，**如果我們在日常練習的平靜時刻裡，建構起正念技巧，就能夠在「暴風雨」時倚賴這項已經發展良好的技巧**（而暴風雨時刻正是我們最需要這項技巧的時候）。

不要在「暴風雨時刻」才想起三階段呼吸法，別犯這種錯誤，這時你已無力招架，而且你還沒有把相關步驟練習到可以不加思索就自由運用的狀態。這些步驟很簡單，可以在很短的時間內學會（最多半小時，最快只要一分鐘）；而且可能需要幾天的練習，每天練習二到三分鐘，這樣少少的投資就可以讓這項技巧在壓力高漲的時刻成為救命稻草。以下是來自我生活中的真實案例。

讓三階段呼吸法變成熟練的救援技巧

這一開始是個很棒又令人興奮的契機，我接到了美國有線電視新聞網（CNN）的電話，需要我針對一則新聞發表評論。儘管要上全國電視網會讓人有點畏懼，但也讓我覺得很興奮且嚮往，而且這也代表著走出私人辦公室與這個世界連結的機會。我來到了攝影棚，渴望給人正面的印象，也渴望拍出一些很棒的片段，因此肯定是帶著壓力的。

上電視的挑戰之一就是，你的思考和發言速度都要很快，同時又要看起來很自然，像是一般的交談那樣。要很優雅地做到這件事，有時是很困難的，時至今日，我還在訓練這項技巧。

由於需要在電視上迅速且自然地表達自己，因此，在我的段落登場之前，我一直很認真地排練談話重點。我坐在攝影棚裡，這時節目的主持人和其他來賓討論著那則新聞。我試著保持專注地聆聽他們所說的每一句話，同時也持續提醒自己關於我的談話重點，好讓我隨時準備好展現活力，在主持人把焦點轉移到我身上時，我可以隨時加入談話中。我的緊張能量非常高漲，事後回想起來，我才注意到，當時在聆聽主持人談話時若能悄悄地做三階段呼吸，對我是很有幫助的，而不是只讓自己焦躁不安、過度亢奮地坐在那兒，反而讓我遭遇了上電視節目時最尷尬的情況。

當主持人把談話焦點轉移到我時，我的話講到一半，突然發覺我不太確定自己對某個字的發音是否正確。但我沒有做最好的猜測並繼續講下去，而是對這個單字變得非常不自在，導致自己一直試著用比較容易發音的同義詞來重新闡述我的重點。然而，我的努力卻帶來反效果，因為這麼做不但沒能讓我繼續闡述觀點，反而是一直卡在這個自己搞砸的句子上面。我知道自己需要做些什麼來從這種情況裡跳出來，但我既沒有在桌子底下偷偷捏自己一把，也沒有快速地做個深呼吸來穩定自己，而是很怪異地用力眨了左眼好一會兒。為什麼會這麼做？時至今日，我還是不知道原因。

事實上，在寫這本書的過程中，我覺得自己可能找到原因了：我當下的心理狀態就是，不願意容忍些許的不完美，因為我極度渴望這次在電視上亮相能給事業帶來最大的正面效果。很諷刺地，我的完美主義反而阻止了我去面對問題並加以修正；相反地，我一直被卡住，甚至身體也以焦躁不安的狀態呈現出壓力的影響，使得情況更加糟糕。當我做出了那個怪異的眨眼，真正理解到這個無法否認的問題時，便**立即運用正念的三階段呼吸做為救援的技巧**。請繼續看我是如何做的。

即使當我處在做出詭異眨眼的噩夢時刻裡，我依舊理解到自己在做什麼，也理解到我做的事在畫面上看起來會有多怪異，然而，我卻感覺無力停止它！這就是典型的**緊張能量失控情況**，再加上喝太多咖啡以及高漲的焦慮感，使得情況更加惡化，畢竟這是我第一次登上全國電視網。當這種情況發生時，我必須在極短的時間內做出一個決定：我可以徹底崩潰，在全國電視網上當場融化在尷尬之中，或者，我可以（想辦法）立刻恢復自己的沉著穩定。

我最後終於理解到這是做三階段呼吸最好的時機！或許有點過晚了，但在「眨眼災難」後，**我當下立即自動地迅速做了一個迷你版的三階段呼吸，這真的就是一根救命稻草**。我已經重看這次錄影許多次了，如果你仔細去看那個時刻的影像（我希望你永遠不會看到！），你可以看見我的胸口在一瞬間隨著三階段呼吸而流動，接著，我的狀態就全然改變了。

那個三階段呼吸快速給我的大腦一波氧氣的補充，拯救我免於更深陷在當下糟糕的情況中。這不僅**讓我的身體重新開機，擺脫恐慌的感受，也給我的心智帶來熟悉的慰藉，因為我知道這是「證實有效」的穩定技巧，而且這也喚醒了我更為正念的面向，可以選擇聚焦在向前推進，而不是深陷在當下情境裡**。

這個故事突顯出**練習三階段呼吸法的重要性**，唯有如此，我們才能在充滿壓力的情境中，想到要運用該技巧，而且在沒有認知資源能夠回想相關步驟的情況下，也能自然而然地執行該技巧。**如果我沒有把三階段呼吸法練習到幾乎可以自動進行的程度，在這種極度高壓且節奏迅速的情境中，它就不會是個可行的工具了**。

想像一下你可以多自動地綁鞋帶，在你生命的這個階段，大概完全不需要思考就能完成綁鞋帶的動作。但是，綁鞋帶實際上是個相當複雜的事情，需要不少的思考與努力，才能達到自動操作的狀態。同樣的原則也適用三階段呼吸法：它很簡單，**只需**

要一些練習，就會成為自然而然的動作，也會是你一生的好朋友。

排解疑難

1. 我似乎吸不到足夠的空氣

有意思的是，這可能意味著你完全做對了，而你需要的只是繼續練習。許多人習慣非常淺的呼吸，只用到上胸的部分。三階段呼吸法會迫使你運用到某些肌肉部位（也就是肋間肌肉）來促進更深的呼吸，並且有意識地控制你的主要呼吸肌肉（橫隔膜）。這在一開始可能會感覺很怪異或很困難。而這裡的關鍵詞是「肌肉」，也就是說，肌肉是可以被訓練的；事實上，肌肉必須要被訓練才能有最佳的功能表現。同樣地，在刻意的練習下，你的肺活量與效率也會提升。

肺活量、效率和肌肉控制能力的提升，在面臨壓力的時刻會很有幫助，因為我們在這種時刻通常會自動地進入更淺的呼吸模式，這是山頂洞人遺留下來的，對威脅的「戰鬥、逃跑，或僵住」反應（即使像措辭尖銳的電子郵件這樣的現代「威脅」，也可能引發這樣的反應）。在這些情境中，做幾次三階段呼吸可以在實際上及象徵性地協助我們「喘一口氣」，讓大腦沉浸在氧氣中，面對現今的壓力源做出更好的決定，並且協助我們在團體情境中更為放鬆。

2. 我只會覺得很想睡覺

這可能意味著幾件事，不論是哪一種情況，都顯示你應該繼續練習。你的反應可能暗示你的睡眠不足，在這種情況下，最好的解方就是讓三階段呼吸法引導你進入平靜的小睡，或者在就寢時間練習這項技巧。

另一種可能性就是你把想睡覺和內在深沉的平靜給搞混了，如果你不常體驗到深沉的內在平靜，就可能會出現類似恍惚的感覺；這是個非常特別的意識狀態，在這種狀態中，意識通常會經歷深沉的療癒與成長。如果你覺得可能是這種情況，我會鼓勵你繼續練習，並且允許自己進入有點「恍神」的狀態，然後再自然地回到完整的意識狀態，並且寫下或說出你在恍神狀態時，意識中浮現了什麼。在這樣的情況裡，想睡的感覺通常會隨著你的每一次練習而逐漸遞減，直到你的身體和心靈最終感覺已經「追趕上了」那種特殊狀態的深度停擺時刻。

另一種相關的可能性是，你純粹是從來沒有接觸過任何可以促使自己放鬆的工具，而你只是體驗到一種健康的渴望，想要「把玩」或探索極限，去瞭解這樣的技巧如何影響自己的身體與心靈。

也有可能是三階段呼吸法正在引導你覺察先前會刻意避開的想法或感覺，而你則透過睡意來阻擋進一步的覺察。如果你覺得有可能是這種情況，我會敦促你要切記，三階段呼吸法並沒有創造那些想法或感覺；它只是把這些想法和感覺帶到你的意識層面裡，好讓你決定如何處理它們，而不是純粹讓它們在意識的背景中醞釀。在這樣的情況裡，寫下或分享那些你認為自己持續壓抑的事項，通常會有幫助，如此一來，你能夠有心智意識的完整力量與資源來處理這些事項，然後繼續前進。

3. 很難記住整個步驟

恭喜你，你在這方面完全正常！幾乎沒有人在第一次接觸後就能夠輕鬆地記住所有的步驟，特別是當你真的讓自己完全聚焦在感受與觀察上，而不是聚焦在記憶步驟。你可能是對自己有完美要求的人，或者是傾向自我批判的人，或者對挫折的容忍度極低。不論是什麼情況，這是個很棒的機會，能讓你學習不帶批判地去面對不完美，因為你在學習的過程中，可能會經歷正常且可預期的輕微困難情況。

別擔心，我可以保證，只要你每天練習幾分鐘，經過幾天後，「透過三個階段吸氣，憋住一會兒，再透過三個階段吐氣」，這樣的概念就會深深地烙印在你的記憶裡。放自己一馬吧！要記得，你不只是在學這些步驟，也是在學習使用某些你可能從沒主動使用的肌肉，而且同時在使用從沒體驗過的方式，來刺激你的認知與情緒覺察意識。

若要在不需仔細回想或提醒步驟的情況下，進行一項新的任務，你需要在幾天內練習幾次，這是再正常不過的。練習自我疼惜的自律藝術，並且持續嘗試。很快地，這就會變成你的第二天性！

很顯然地，如果你感覺到嚴重的暈眩，或者有任何疾病上的擔憂，請務必諮詢醫師。切記本書開頭的聲明。除此之外，請給自己至少五次的機會，在三個不同的日子裡做練習，然後再詢問自己，是否你在學習新事物時的掙扎情況比其他人更嚴重。要記得：如果你需要或想要額外的協助（或者純粹想要觀看影片教學），可以到網站（www.NervousEnergyBook.com/breathe）觀看我示範三階段呼吸法的影片。除此之外，請保持耐心，給自己一些喘息的空間！

正念呼吸與放鬆，未必總是相伴而來

許多高功能者有時很難放慢腳步與放輕鬆，因此，我想要來討論一下正念、放鬆與呼吸的議題。如同第五章在「正念技巧的六項助益」中第一項所提到的，正念並不等於放鬆，儘管放鬆有時是正念技巧的助益之一。正念是關於提升你的自我覺察，這可能會包含放慢你的思緒，但放慢的用意是為了提升觀察力與覺察力，而不是純粹為了促進放鬆。

正念呼吸練習有時確實能夠帶來放鬆，因為這通常會讓你理解到，自己正在用一些片刻來自我關照，以及考量如何最好地滿足自己的需求。這個過程，再加上三階段呼吸所帶來的額外氧氣與身體控制，通常會創造一種撫慰感，讓許多人感到放鬆與平靜。但是，**人們有時透過正念三階段呼吸所感受到的放鬆效果，只是主要助益的副作用，而主要助益是要提升不做反應且不帶批判的自我觀察與自我覺察。**

請參考下面的例子，瞭解正念呼吸有時可以用在與「純粹放鬆和放下」完全無關的目的上。

三階段呼吸法如何協助你在職場競爭中勝出

克里斯蒂娜意外被列在一封電子郵件的副本收件人之中，而這封郵件揭露了一名同事在向管理層散播關於克里斯蒂娜難堪的假消息。那些假消息不僅散播關於克里斯蒂娜在某個近期案件的工作表現的負面錯誤訊息，同時還提及她的痛苦分手事件，甚至暗示她無心工作：「因為我知道她男友最近離開她了；或許這就是造成她在工作上分心的部分原因，她的注意力最近似乎都放在這件事情上。」

她和寫這封惡意誹謗信件的同事，都在同一份升職評量的名單中，因此，這看起來可能是那名同事為了提升自身勝率所做的努力，也就是摧毀克里斯蒂娜勝出的機率。這次升職伴隨而來的大幅調薪，就足以付清她母親剩餘的房屋貸款，藉此回報母親在克里斯蒂娜成長過程中所做的犧牲。換句話說，從克里斯蒂娜的工作成就感、健康的競爭感，以及想要回報母親的強烈渴望等各方面來看，這次的升職都極為重要。

當克里斯蒂娜看到那封電子郵件時，她的血液似乎同時沸騰與冷卻了。她的腦中迅速閃過對此情況的各種可能回應。身為一名高功能者且擁有強大的認知資源，克里斯蒂娜能夠在幾秒鐘之內就想到許多可能的反應方式，包括把信件轉寄給管理高層的一位盟友，同時把肇事者列在副本收件人之中，如此一來她可以同時澄清這個謊言，並且讓那名同事處於防守劣勢；或者她也可以直接走到那名同事的辦公桌前，大聲地詢問他關於那封郵件的事，在整個辦公室的同事面前揭發他，讓他蒙羞。

她也考慮過什麼都不說，而是立即回覆那些代替其他公司來挖角的獵人頭公司，因為她一想到自己分手的事情被大家注意到了，特別又是在工作場所中，感覺比在公共場所一絲不掛或者純粹逃到另一家公司去都還要糟糕。提到她分手的那部分內容，實在太讓人羞愧，使得她內在有一部分只想要永遠躲藏起來，而她內在的另一部分則想要打倒那個始作俑者，還有一部分的她則是聚焦在如何拯救自己的升職機會。所有這些部分都同時極度活躍，而且都想要她立即採取行動。

幸好，克里斯蒂娜有著正念的覺察，理解到自己極度地被觸發（這合情合理），而且她也理解到，**在做出任何進一步的行動之前，最有智慧的行動就是做幾次三階段呼吸**，在刻意透過腹部、中胸、上胸呼吸的前後，也沒忘記「觀察自己」的這個重要步驟，此時的重點**肯定不是要「放鬆與放下」，而是要仔細觀察自己，然後帶著具有完整資訊的觀點去採取行動。**

她注意到的第一件事情是，要吸氣到腹部異常地困難，而且她的皮膚變得如此炙熱，以至於吸進來的空氣感覺特別涼爽，而且，似乎有一小塊東西哽在喉嚨裡，就像那種快要哭了的感覺。她也注意到，自己有一點暈眩。多虧正念技巧，才讓克里斯蒂娜沒有因為觀察到這些狀況而變得驚恐，而是純粹把這些狀況納入覺察之中。花些時間以不做反應的方式去留意這些身體的感受，協助克里斯蒂娜退後一步，看清楚自己有多麼心煩意亂、多麼不知所措。

透過鳥瞰自己來理解到這個情況，而不只是深陷在心煩意亂和不知所措之中，能讓克里斯蒂娜理解到最好的下一步行動是什麼：也就是練習幾分鐘的正念覺察，觀察自己的思緒與情緒（運用本章稍早提到的「浮雲」技巧做為三階段呼吸法的附加工具），而不是只聚焦在正念呼吸上。這能讓她完整認知到自己被這封電子郵件觸發的所有部分，而這些被觸發的部分導致她會有這樣強烈的身體反應。

在做了三階段呼吸後，因為額外的氧氣以及放緩的呼吸，阻斷了她一開始所感受到的「戰鬥、逃跑，或僵住」反應，克里斯蒂娜更能夠讓自己慢下來，以不做反應的方式檢視自己。隨著她投入下一個步驟，也就是對自己的想法與感覺進行正念觀察，她注意到自己正在經歷憤怒、背叛和恐懼交雜的感受，甚至還因為假消息裡的難堪內容，以及這可能對升職目標的影響，讓她感到羞愧。她也注意到了，自己在讀信的過程中想起前男友的名字，使得她的悲傷和不安全感變得更強烈，而這讓她理解到了，就算沒有這齣職場鬧劇，光是提到他的名字，就會讓她產生這些感受。

有意思的是，她也觀察到自己對於那名同事有些嫉妒的感覺。那名同事似乎來自富裕的環境，而克里斯蒂娜總是覺得他的人生比自己的輕鬆許多。她理解到，這次的事件讓她想起小時候在遊樂場遊玩時，因為身上穿的是二手衣而遭到「有錢人家小孩」嘲笑，如今的事件也觸發了童年的自己，那個自己總是在擔心著剝奪與匱乏。

當克里斯蒂娜覺察到自己所有的反應以及「連帶反應」，就能夠辨別出最有智慧的下一步行動。她花了幾分鐘做定錨陳述，安撫自己說，她現在已經長大成人，非常安全，不再有遭到剝奪的危險，如此一來，不論她選擇對那封電子郵件做出什麼樣的回應，都不會被童年的舊有恐懼牽著走。

她也刻意將專注的焦點放在分手的原因上，好讓她對悲傷的感覺有更全面的理解，而且在處理同事的「卑鄙行為」的同時，不會被分手的悲傷給毀滅及壓垮。她知道，如果自己在管理層面前因為「與男友分手」的流言蜚語而落淚，可能會獲得一些同情，卻是很丟臉的情況。此外，哭泣可能也會損及升職的機會，因為這會間接印證了同事所說的克里斯蒂娜「狀況很糟」，表示她無法管理分手事件帶來的情緒。

她也能夠以客觀的角度來思考她的嫉妒感受，提醒自己，她實際上對於那名同事的私人生活一無所知；她理解到，或許他在私底下也有自己的困難，否則他不需要做出這麼不符合專業形象的卑劣行為。

這樣的洞見協助緩和了她的嫉妒感，並且讓她（最終）能夠跟管理層客觀地討論他的行為，不帶任何嫉妒的成分；她知道，如果自己帶有嫉妒的感覺，或者看起來和那名同事有私人恩怨，會削弱了自己抗議的正當性。

律師事務所的夥伴們非常欣賞她處理這件事的方式，最後她獲得了這次的升職；事實上，她現在是那名惡意造謠同事的主管，而她也在私底下承認，對於那名同事成為她的下屬這件事，她感到有點幸災樂禍。

克里斯蒂娜的例子顯示出，**儘管三階段呼吸法確實能讓人放鬆，但其助益並不侷限於你想要試著放鬆的時刻**。如果你練習三階段呼吸法，來培養不帶批判且以事實為依據地觀察自己的技巧，它就會在你需要**激發並整合心智資源時**帶給你幫助，而不只是協助你放鬆而已。

當你想要用呼吸法來「放鬆」時

如果你已經做過三階段呼吸法，而且理解到最好的下一步就是找到放鬆的方法，下面有兩個呼吸技巧是你可以嘗試的！

三階段呼吸法變化版：緩慢拼字法（S-L-O-W）

有個簡單的方式可以調整三階段呼吸法，使其更聚焦在放鬆感受的正念覺察上，而不是一般的正念「觀察工具」，其方法就是在做三階段呼吸法的過程中，以及來到「吸氣頂端」和「吐氣底部」時，默默地拼出「slow」（緩慢）這個單字。也就是，當你吸氣到腹部時，在心裡默默地說「S」；繼續吸氣到中胸，然後默默地說「L」；當你吸氣到上胸，默默地說「O」；當你在吸氣頂端暫時憋住氣時，默默地說「W」。當你從上胸吐氣時，默默地說「S」，接著從中胸吐氣時說「L」，從腹部吐氣時說「O」，最後在吐氣底部暫時憋住氣時說「W」。然後再從吸氣到腹部並說「S」開始。

這個簡單的變化會把三階段呼吸法調整成更能讓人放鬆的工具，而不只是正念工具；你可能會很意外地發現，單純把每一段呼吸連結到「緩慢」這個單字的每個字母，會帶來很大的認知挑戰，這件事需要你投入足夠的認知資源，能防止你的心智分心到別的思緒主題上，同時能讓你持續聚焦在放慢腳步，這一切都只需要簡單地重複身體與心智的連結暗示。

嘗試與正念全然無關的純粹放鬆呼吸法

若你想尋找一項純粹專注在放鬆的呼吸技巧，而不是要提升覺察意識，你可能會喜歡一種被我稱為「蟲蛹呼吸法」（Cocoon Breathing）的技巧。我會這樣稱呼它，是因為它是設計來創造一種平靜、私密的安全感，以及深沉的放鬆感，就好像你周遭有個保護層，把你和世界隔開來。

要練習此呼吸法時，最好要找一個安全的地方，好讓你能閉上眼睛進行，至少前幾次練習時要閉上眼睛。以下是該技巧的步驟：

步驟1：暖身

一開始先做一、兩次正念呼吸、三階段呼吸，或者其他任何呼吸法，通常會很有幫助，能讓你的身體增加氧氣量，同時也提升你對自身呼吸的覺察。

步驟2：放手

當你準備好要開始蟲蛹呼吸法，請停止做任何事來控制你的呼吸。不要數呼吸次數，不要試著刻意呼吸到某個身體部位，不要努力控制用鼻子呼吸或者用嘴巴呼吸，而且不要聚焦在「深度呼吸」上，除非你的身體就是很自然地在深呼吸。讓你的身體決定什麼時候呼吸，以及吸氣與呼氣要多深或多淺，讓身體以自己的步調進行。

步驟3：專注於吐氣

在不試著控制吐氣的情況下，純粹把你的專注焦點放在吐氣的感覺或者留意到吐氣的進行。我們在吐氣時，心跳速度會降低，是身體很自然的放緩機制（也就是所謂的副交感神經系統〔parasympathetic nervous system〕）。這也是為什麼我們會有「等待吐氣」和「別憋氣」這類的說法。我們天生就知道吐氣能帶來放鬆。

在你吐氣時閉上雙眼，如果感覺自在的話，就繼續閉著眼睛，但也要在下一次吐氣時，想像你的眼皮再次閉起，或者「在心智中閉上雙眼」。你會很驚訝地發現，這麼做會對你的身體和心靈發出放鬆的「雙重訊號」。

步驟4：讓你的心智與吐氣有更深的連結

隨著每一次吐氣，想像你的雙腳往下與地板連結。如果你是坐著，可以想像這連結是從腳踝或腳掌前緣往下延伸；或者是，隨著每一次吐氣，你也可以聚焦在感受沙發或椅子支撐著自己身體的重量，並從你的身體軀幹和背部開始。你甚至可以開始想像每一次吐氣是往下流過你的身體，進入你的雙腳、軀幹或背部，然後更往下地深入支撐著你身體的物體。

你也可能開始注意到，隨著每一次吐氣，你的下顎會放鬆一些，你的舌頭可能會更放鬆。你也可以讓自己注意到肩膀隨著每次吐氣逐漸放鬆下沉。

步驟5：享受你私密的內在庇護所

隨著每一次吐氣，再次想像你的雙眼閉上，就像步驟三那樣，儘管你一直閉著眼睛。當你如此重複幾次之後，再透過每一次吐氣，想像一扇窗戶的簾子被關上，創造隱密的空間。做幾次這種想像。隨著每次吐氣，想像窗簾被關上，或者想像你的眼睛再次閉上，或者想像你沉入安全且溫暖的蛹裡面。這是能讓你放鬆的私密內在庇護所。你可能會想要把拇指和食指摁在一起，「鎖定」你與這個放鬆庇護所的連結。你可能會發現，之後當你又把拇指和食指摁在一起時，會幫助你的身體在需要時「瞬間回歸」這個狀態。

睜開眼睛的變化版本

儘管蟲蛹呼吸法的步驟包含了把雙眼閉上，但必要時，你可以做一些調整，在睜開眼睛的狀態下進行。關鍵在於專注聚焦在你的吐氣上，並且透過引導你的意識去注意放鬆過程，以及留意吐氣過程如何創造內在的平靜，讓意識以簡單的方式來參與身體的放鬆過程。

【附註】

1. 三階段呼吸法是本書的第一項技巧，同時能做為其他所有技巧的起點。這個章節比其他章節稍長，也有著不同的格式，在其他章節中，我都會以一則臨床治療的故事開始。這個章節有非常多的資訊，都是很有幫助的。如果你感覺某一項技巧在召喚你，也可以隨時跳到那項技巧。

2. 如果你有這樣的感覺，請放心，這大概意味著你做了很完美的練習。如果你很難讓肺部吸飽氣，或者很難運用到全部三個部位來緩慢吸氣，那麼增加你的肺活量可能會有幫助（肺活量從三十五歲左右會開始降低，除非你有做心肺運動，並結合其他的強化方法，例如呼吸練習等），或者你也能夠透過學習控制你的呼吸速度而獲益，好讓你能享受緩慢、從容呼吸的好處。

   然而，如果你在呼吸練習的過程中，感到任何不適或暈眩，請務必諮詢醫師，確認你的身體狀況。許多案主都描述自己有「網路醫師網站成癮」（WebMD addiction）的情況，實際上若獲得實際醫師的確認會更有幫助，而且他們可能會把醫師的話融入自我對話裡，像是：「我的醫師說我很好，我只是（在練習過程中）感受到健康的成長之痛。」這有助於他們學習如何對不具傷害性（且有幫助）的身體挑戰不做出反應。儘管你可以從學習更深入、更緩慢的呼吸而實際獲益，但如果你有任何疑慮，認為自己有任何異狀，請務必諮詢醫師。

3. 諮商心理師被訓練要留意到這些反應，有部分是因為如此一來就可以試著瞭解，如果案主通常會誘發他人的某些情緒和反應，那麼他的人生會是什麼樣的情況。我們這麼做，有部分是要確保我們有必要的自我覺察，並且處理自身的偏見，同時也是為了其他治療的原因而需要這麼做。

4. 當你對三階段呼吸法有了一定的熟練度，就能在會議、約會，或者任何需要迅速穩定自己的情境中，執行這項技巧，而且也不會讓別人明顯注意到。這就像你可以「偷偷地」憋氣幾秒鐘，但別人不會立即注意到，你也可以在不加思索或不引人注意的情況下進行幾次「悄悄的」三階段呼吸法。

8 控制區

一開始的時候先做必須做的事，然後再做可能完成的事，
突然間，你會發現自己正在做不可能的事。

——亞西西的聖方濟（Francis of Assisi）

尚恩的臉龐帶著疲憊與憔悴來到我的辦公室。他是一家知名避險基金的分析師，而他肩膀上似乎扛著全世界的重擔。隨著我們進行交談，我得知尚恩運用了自己的分析師技能來研究獲得重要升職機會的機率。他用了好幾個小時仔細考量所有的事情，從他的西裝是否剪裁合身，到有傳聞說聘雇委員會青睞某些校友聯盟，可惜他並不屬於這些校友聯盟，再到擔憂自己良好但並不完美的工作表現。儘管仔細檢查某個問題的所有元素通常很有幫助，但尚恩發現自己一直在分析與再分析，到了自己只是在原地打轉地耗費精力的程度。

尚恩已經達到「分析癱瘓」的狀態，我的案主經常描述這種狀況，不論他們是否為專業分析師：他們非常投入在研究或分析一個情況，而且很難採取任何行動，因為他們被困在「假如」或「是的，但是」的思維裡，或者非常執著於問題裡他們無法控制的部分，使得他們在真正盡己所能地成功處理可控制的元素之前，就先覺得自己失

敗了。

先仔細且透徹地思考生命的難題後再採取行動，這種做法確實有很大的價值。有些很難克制衝動的案主，時常會希望自己有過度分析的症狀。然而，這件事有個臨界點，我們會知道自己困在了意識的倉鼠輪裡，需要的是採取實質的行動，而不是令人厭煩地繼續分析。尚恩需要尋求協助來把某些死結從「憂慮清單」中刪除，好讓他能釋放自己的能量，並且把自身的努力聚焦在爭取升職的面向上，這才是最有效的做法。控制區技巧[1]非常適合這類情況。

在諮商過程中，尚恩和我製作了一份列表，列出他已經對這次升職機會分析過的所有相關因素。除了前面已經提到的項目之外，尚恩的清單還包含了對於自己幾個月前在工作上犯下的嚴重錯誤而感到擔憂；希望自己目前的表現是在很突出的水準；覺察到自己在持續變動的避險基金法規知識中有一些缺口；對於傳聞中的嚴苛面試過程感到焦慮，該面試是由幾位資深主管一起進行，他們很自豪能夠透過聽起來很可怕的「壓力面試」中辨識並刷掉許多不合適的人選。

當我們完成了清單，下一步就是把清單區分成兩個部分：其一是尚恩可以控制的事項，其二是尚恩無法控制的事項。這些清單分別稱作「控制區」與「非控制區」。很顯然，在校友聯盟這一塊，尚恩沒辦法做些什麼，所以這個項目列在非控制區。同樣地，他無法改變過去，無法改正幾個月前犯的錯誤，因此這個項目也進入非控制區。在我們討論清單上的其他項目時，他也能夠找到自己可以採取的行動，來處理自身的擔憂：

- 儘管他沒有預算購買新西裝，但可以去找裁縫師把現有的西裝修改合身，並且至少買條新的領帶和袖扣，所以這個項目列在控制區裡。
- 他能夠請老闆評估他目前的表現，並且給尚恩一些建議，讓他知道可以加強哪些部分來改善，因此他對目前工作表現的擔憂也列入控制區裡。
- 他可以安排和朋友或講師進行模擬面試，來精進自身的面試技巧，好讓他為那場令人害怕的「壓力面試」做好準備。他也理解到，自己可以利用這些模擬面試，練習討論他在幾個月前所犯的嚴重錯誤。儘管他無法改變犯錯的事實，但至少能練習一套「轉圜」的說詞，一旦這個話題在面試中被提起了，他會知道如何回覆。因此，他把面試列在控制區裡。
- 他也找到了幾本書能夠協助填補自己在法規知識方面的缺口。很顯然這個項目也在控制區裡。

有意思的是，把相關項目放入非控制區的過程中，通常會激發一些想法，知道實際上自己可以對這些項目做些什麼。**或許，做出了「對於這件事沒有什麼可以做」的明確聲明，會對許多高功能者激起正面的心智挑戰，想看看是否事實上可以做些什麼，即使是很微小的舉動。**

在尚恩的例子裡，他理解到了，儘管無法改變自身校友聯盟的事實，但至少可以查一查領英（LinkedIn）網站，看看有沒有熟人是在受青睞的校友聯盟裡，而且可以幫他「說幾句好話」。這讓他把校友聯盟的項目從非控制區轉移到控制區。我們不一定得要完全解決一項問題，才能把它放到控制區裡，我們只需要知道自己能對那項問題做一些事，就可以了。

當尚恩可以看見哪些項目是真正屬於非控制區，也就是對他來說是「死巷」，不值得反覆思考，就可以輕鬆許多，選擇不再把心智專注力的光束聚焦在這些議題上，並且把光束移到該聚焦的地方，也就是他可以實際給自己帶來幫助的項目。

在正念冥想中，我們經常將「心智專注力」比喻成汽車的頭燈光束，我們把光束投向哪裡，就是我們會聚焦的地方。同樣的概念也適用於控制區：**一旦我們可以辨識把心智專注光束聚焦在哪裡是最有啟發性與生產力的，那麼我們的心智歷程就會感覺更「步上正軌」，事實上，當我們聚焦在可行動的計畫，也就是在正軌上了。**當尚恩不再對非控制區的項目做無謂的擔憂，他那憔悴的臉龐也開始轉變為展現專注與決心的神情。

能使用具邏輯性的步驟來處理控制區的項目，也強化了尚恩感受動力與能量的能力，因為他有了一條清楚的行動軌跡，能夠提升自己達成目標的機率。每當他對升職這件事感到焦慮時，只需要檢視自己的清單，並且著手進行找裁縫師、安排模擬面試等相關行動。**每次他完成了一項行動，就會感受到能量大增，也對自己的小成就感到驕傲。**此外，他也**透過有系統且主動地消除與目標相關的壓力源，降低了自己對升職這件事感受到的壓力。**控制區協助尚恩瞭解到，自己對於升職的焦慮，實際上是很**寶貴的能量來源，**而他只需要**為緊張能量賦予有生產力的目標，這股能量就可以產生對他有益的效果。**

若是聚焦在我們無法控制的事情上，通常會帶來無助與沮喪的感受，也會浪費許多心智的能量，這是有充分證據的事實（同時也是常識）。難怪在開始聚焦在控制區之前，尚恩看起來會如此憔悴！

我如何在事業上運用控制區的原則

你可能還記得本書第一章提到，我在開始執業時有許多緊張能量，而我克服這種情況的其中一個方法，就是列出一長串我可以做的事情來協助確保事業成功，每當我在辦公室裡但沒有案主時，就可以做這份清單上的事情。有一份清單列出了我可以協助建立自身事業的事項，不僅有助於提高我的生產力與效率，也避免我盯著空蕩蕩的辦公室看，並被擔憂的感受給淹沒了，畢竟在事業剛起步的階段，案主不會太多。換句話說，這份清單讓我聚焦在控制區上。

你是否曾遇過一種老闆，他總是會明確讓你知道你需要做什麼，以及為什麼你需要做那件事，但又不會時時刻刻緊盯著你？那就是控制區技巧帶給我的效果：它給我許多事情做，而且清楚知道為什麼我必須做這些事情，然而，它也給了我自由的空間，可以選擇在任何特定時刻做我最有意願做的事情類型。

當我想社交時，我會打電話給附近的醫師，看看我能不能去拜訪他們，討論我們如何互相引介案主。舉例來說，我和治療高血壓患者的知名心臟科醫師建立了好關係，而這些高血壓病患通常是需要學習壓力管理技巧的高功能者。在其他日子裡，當我比較不想社交時，就會靜靜地設計小冊子，以便之後拜訪其他引介來源時可以帶去（我那時候所有事情都是自己來）。控制區的美妙之處就是，它讓你聚焦在所有可以做的事情上，讓你幾乎沒有任何時間煩惱非控制區裡的事情。

我的控制區清單是否阻礙了我的覺察力？也就是說，儘管我做了最大的努力，有沒有可能這個私人執業成功的夢想並不會真的實現？它是否消去了我對於在創業道路上失敗可能造成財務重創的恐懼？當然沒有。

控制區並不會阻礙你對事實真相的覺察，**它的目的是要協助我們駕馭情緒與認知能力，投入能夠增加成功機率的努力**。把對於「做出最大的努力也無法讓事業成功」的恐懼放進非控制區裡，確實協助了我不被困在那份恐懼裡，這是非常有幫助的。**反覆思索那份恐懼並不會帶來任何有生產力的結果**，反而會造成浪費寶貴時間與能量的反效果。

控制區給了我一些事情去投入緊張能量，帶來具生產力和撫慰的效果。在我執業的初期，每當對失敗的恐懼跳出來時（那時，恐懼經常會跳出來，因為我的執業方式尚未被證實是可行的），**我會把恐懼出現時連帶提高的腎上腺素以及伴隨而來的能量，用於處理控制區的行動步驟，而不是用這股能量來點燃狂亂的擔憂，擔心那些我無法改變的事情**。我可以很自豪地說，這個方法很成功，以至於我的約診很快就增加到必須聘請其他心理師，才能消化那些因為我努力不懈而吸引來的案主量。事實上，我有開一門課程，教導心理師如何成功地建立私人執業。謝天謝地，還好有緊張能量！

如何運用控制區技巧

在你閱讀練習控制區技巧的步驟之前，我鼓勵你先拿出紙和筆！有形的紀錄可以讓你在壓力時刻有東西可以聚焦，否則你的心智可能會傾向把控制區裡所有的小項目（甚至可能還包括非控制區裡的項目），都結合成一個巨大且讓人卻步的包袱，而不是享受把壓力源拆解成可管理的小項目，並且伴隨清晰有幫助的步驟。

具組織性的清單能防止你在對每個小項目的焦慮與擔憂之間漫無目的地碰撞。由於每個元素通常與其他元素有所關聯，因此都很容易令你想起其他元素，不知不覺中，你就已經暈頭轉向了。在一張紙上列出所有的項目，會提升你的整體策略能力。此外，每當你從書面的行動清單中刪除一個項目，實際看見你的進展紀錄，你會感受到多巴胺增多的愉悅情緒（簡單來說，多巴胺是腦中自然產生的「感覺良好化學反應」），同時也會感受到自己有效掌控了最初促使你製作這份清單的擔憂狀態！

因此，請幫自己一個忙，在紙上完成控制區的練習，或者至少是打字在電子郵件裡寄給自己。這麼做只需要多花個幾分鐘，但長久下來會為你節省大量的時間及心智能量。願意的話，你也可以上網站（www.NervousEnergyBook.com）下載工作清單表格，但純粹用一張紙遵循著下面的指示進行練習，其實就足夠了！

步驟1：盤點

在步驟一時，只要在紙張最上方寫下整體的目標或議題，然後在下方盡可能列出關於該目標的所有相關元素。舉例來說，尚恩在紙張最上方寫下了「升職」，然後在標題下方列出了在面試時有良好表現、專精某些技巧等項目。

在這個步驟裡，別擔心要如何管理這些元素，或者試著決定這些元素會在控制區或非控制區。只需要盡可能列出最多的相關元素。別擔心是否某些元素看起來非常大或非常小。這裡的主要概念只是要盤點「你意識深處裡」的所有事物，以及明顯在意識層面裡的因素，也就是所有和你的目標或議題相關的元素。切記，沒有什麼元素是太大或太小而不能放進清單裡的。

步驟2：區分與克服

你的下一步就是把這些元素區分為兩份清單：控制區與非控制區。一個簡單的做法就是把筆記本紙張對折，把控制區的項目寫在紙張左邊，把非控制區的項目寫在紙張右邊。很重要的是，不要急著完成這個步驟。一次一個，仔細地考量清單上的每個項目，問自己，關於這個項目，是不是有什麼你可以做的事。

如果那個項目沒有什麼是你可以做的（例如，關於「約會對象是否喜歡你」這種整體性的擔憂，威廉在檢視自己的清單時，也承認自己不會再長高了），那麼這個項目就列入非控制區。如果你還能再做些什麼來舒緩擔憂（例如，尚恩認知到儘管他買不起新的面試西裝，至少可以請人把原有的西裝修改得更合身），那麼這個項目就列入控制區裡。

步驟3：主動進擊

當你區分好了清單中的所有元素，並分別歸類至控制區與非控制區之後，下一步就是要針對可控制的項目寫下你可以採取的明確行動。如果這些項目是在「可控制」

的區域裡，那麼在定義上就是你可以針對它做些什麼事。

請以清楚、可行動的描述，在控制區的每個項目旁邊寫下可以做的事。每當你感到焦慮或者渴望推進目標時，就製作一份控制區清單，選擇一個行動項目，並且把你的緊張能量投入其中！

變化版本

關於「根據自己的自然節奏、當下的心情和能量多寡，來聚焦在最適當的控制區任務上」這個做法，還有另一種替代方案，有些案主曾這麼做：在控制區選擇一、兩個他們認為優先順序最高的項目，或是最有急迫性的項目，著手處理這些任務，直到他們感覺精力消退了，然後再轉移到清單上的其他任務。假若任由你決定的話可能永遠都不會選擇某些關鍵的任務，或者你有某些非常重要的任務，需要投入幾乎無止盡的毅力時，上述的策略會很有幫助。

舉例來說，我協助過一個剛離婚的女子，她有兩個年幼的小孩，而她的離婚協議提供的財務支持很有限，只能讓她撐一陣子，之後就必須親自去工作賺錢。她的目標是要盡快成為一名成功的財務顧問。她知道自己可能會花好幾天的時間設計出最完美的宣傳冊子，卻忽略了要去接觸任何潛在的案主。因此，她決定了，每當有時間和精力來打造財務規畫事業時，就完全聚焦投入在控制區裡與賺錢最直接相關的項目，然後把製作完美的宣傳冊子等其他任務，作為「獎賞」，當她針對控制區裡與實際收入最直接相關的項目投入了最大的努力之後，就用其他任務來犒賞自己。

控制區工作表範例

你可以自由選擇使用空白紙張來完成這項練習，或者直接寫在書上，或者上網站（www.NervousEnergyBook.com）取用工作清單檔案，但是你真正需要的用具就只是一張白紙！

1. 你有什麼遠大的目標或一般的擔憂？
2. 這個目標或擔憂包含的所有元素有哪些？把這些元素寫下來，而不是只在內心思考。舉例來說，如果你的目標或擔憂是要申請進入工商管理碩士（MBA）學程，可能要列出研究生管理科入學考試（GMAT）分數、推薦信函、良好的面試技巧、開放名額的錄取率很低、申請截止日與工作上的期限相衝突之類的項目。如果你的目標是要擁有更健康的身體，可能會列出加入健身房、買運動服、找到喜歡的運動類型（或最不喜歡的運動類型）、挪出時間來做運動、獲得社交上的支持、改善飲食、為自己想要的健康程度設定一個目標時程、找到克服壓力的新方法，但不包括情緒性暴飲暴食。

3. 考量你所列出來的每個項目，填寫後面所附的空白表格。移動清單上的每個項目，將你無法控制的項目填入「非控制區」，而你有些能力改變的項目則列入「控制區」。請注意，後面的表格只是一個範本，欄位數量可以隨你的需要增加或減少。

4. 在表格裡的「針對控制區的行動」欄位，列出你可以採取的行動，以便為「控制區」的項目創造有利的結果。你可以盡可能填入最多的行動項目。

5. 每當你對自己的遠大目標或一般擔憂，感到憂慮或緊繃或卡住時（或只是想要採取行動），就根據這些行動項目採取行動。

非控制區	控制區	針對控制區的行動

排解疑難

1. 我的控制區裡所有項目都讓我有無力招架的感覺，而且我的非控制區是空白的！

如果你的控制區非常龐大，但非控制區裡幾乎沒有項目，也不用擔心。有些人因為看到控制區裡有很多項目而感到擔心，因為這些任務讓他們心生畏懼。如果你有這種情況，讓我換個方式來描述：**你可以做許多事來促進目標的達成，實際上是一件好事。**

你的控制區裡眾多的行動項目，提供了運用時間的各種選擇，而且這些選項都會協助你感覺獲得力量和生產力，因為它們都是預先篩選過的活動，是明確挑選出來協助你向目標邁進的活動。我用來協助自己提升業務與品牌形象的行動清單，基本上仍沒有結束，而且我也喜歡有這麼長的行動清單。相較於這種被潛在的構想與行動包圍的情況，「覺得無力幫助自己」會讓人更加焦慮。

試著挑選清單上那個看起來最不讓人害怕或最有趣的項目，看看能否透過這個項目協助你啟動。如果你還是覺得控制區列表讓人無力招架，可以考慮本書第九章的待辦清單附加情緒標示技巧；或者，你可以請心理師或教練一起檢視這份清單，並且看看加入一些自我照顧計畫是否會有幫助。

根據控制區行動清單內容，你可以將某些事情分配給他人。舉例來說，尚恩給他的助理一份名單，上面是所有他想要尋求協助來進行模擬面試的人，他請助理草擬電子郵件內容，寄給這些人尋求協助。儘管只是在「行政事務負擔」上小小的緩解，也對他很有幫助，因為他有時候會因為一些「小事」而卡住，這些小事包括撰寫相對簡單但帶有情緒的各種主題的電子郵件。[2] 即使你沒有助理，還是能夠請朋友協助你，或者在某些任務上和你交換。有需要時請求協助，是很高功能的做法！

2. 我的控制區內的項目很少，但非控制區很龐大。

如果你完成了這項練習，發現你的非控制區很龐大，而且擔心控制區裡沒有足夠的材料讓你能有效地達成目標，那麼我建議你考慮詢問信任的友人或心理師，請他們一起檢視這份清單。

有時候，只需要找一個具有解決問題的能力、有創意心智，或者支持你的人，跟他們一起腦力激盪，就可以刺激想法，將非控制區的項目轉移到控制區。

然而，如果你已經用盡了各種可能的方法盡責地檢視一項議題，並且瞭解到它真的超出你的控制之外，那麼這個洞見就能協助你釋放專注力，轉而去聚焦在你可以更有效控制的議題上。如果你聚焦在其他事物上時，該議題的重要性仍不容忽視，而你依然理解到自己終究對它無能為力，那麼這也是個寶貴的洞見；因此，請記得深呼吸，並且感謝自己開始面對這個困境。

你可以把控制區工作清單拿給信任的友人或心理師檢視，並且獲得情感上的支持，讓對方安撫你在某些對你很重要的事情上感到無能為力的處境。如果你能清楚認知到自己在處理某項議題上的能力限制，會讓你有種解放感或健康地去依附；或者，它可能刺激你去學習因應技巧或擴大你在困難處境中的支持網絡。

3. 我似乎沒辦法把非控制區裡的項目「排除在腦海之外」。

要知道，「把某事情排除你的腦海之外」，與策略性地選擇不去聚焦在那件事情上，兩者之間有著很大的差別。我們的目標是後者，並不是要阻隔對事實的覺察，只是要避免去聚焦在某些事實上，因為對於這些事，沒有什麼是我們可以做的。

很重要的是要認知到，刻意選擇不去聚焦在無法控制的事情上，以及純粹採取「否認」的態度，這兩者有很大的差別。當我們採取否認態度時，會阻斷自己去覺察造成苦惱的事情，進而把那份覺察排除在心智意識之外，鎖進無意識的層面裡。阻斷對事實的覺察可能會帶來反效果，不僅會剝奪了我們去處理這件事所引發的情緒，也會剝奪了它可能帶給我們的資訊。

舉例來說，儘管尚恩無法修正自己在過去所犯的錯誤，但理解到自己對這件事的失望心情，對他是非常有幫助的。這會促使他去瞭解導致那次犯錯的因素，進而協助他降低重蹈覆徹的可能性。用這種方式接受事實，能讓他真心地原諒自己並繼續前進。儘管他想要原諒自己，但目標並不是要忘記。記住那次的錯誤，不僅能協助他避免重蹈覆徹，同時也是向主管展現出他完全瞭解那次的錯誤，而且準備好負起責任面對每次這一錯誤被提及或討論的時刻。如果他展現否認的態度，試著裝作那次錯誤「沒什麼大不了的」，而且他「一點都不苦惱」，就有可能面臨以下的風險：看起來很傲慢、再犯相同的錯誤、隱藏他不太能理解的懊悔或自我批評感受，或者把氣出在別人身上，對別人犯的錯進行無謂的批評。

同樣地，如果威廉試著裝作他的身高不可能是影響約會的因素，而不是去面對「他的身高對某些女性來說可能是個問題，但這不是他能控制的事情」這個事實，那麼他就有可能會面臨以下的風險：認為女伴拒絕他是因為個性的原因，而不是因為身高的偏好，或者他可能會發現自己很緊張且沒安全感，卻不瞭解是什麼原因。

好消息是，把某件事情放進非控制區裡，自然會防止我們否認它：我們已經用白紙黑字把它寫下來了，確實承認它的存在。透過面對現實，有所覺察，但又不過度聚焦，**我們會獲得覺察的益處，也不會讓這件事變成包袱**。

如果你發現自己在反覆思索非控制區裡的事項，而不是純粹對它們有正念的覺察，可以嘗試下面的解方：

● 請一位信任的友人、導師或心理師（任何看起來最適合相關議題的人），一起檢視你的非控制區，確定你對於清單中的項目真的沒有什麼可以做的了。有時候，我們的腦袋會一直想要再次檢視那份清單，是因為我們有種無意識的認知，認為只要我們再次用有生產力和具創意的方式思考它，或許還能夠做些什麼。

- 那一股想要去思考清單上項目的衝動，可能是你在創造美好的控制區清單前所養成的舊有認知習慣，而你要接受這股衝動。當長期坐姿不良的人決定要把腰桿挺直、把胸口挺起來，一開始肯定會感覺很奇怪；他或她可能很自然就會呈現舊姿勢，必須經常選擇採用新的行為（坐直、胸口挺起）直到這變成「新的常態」。

這也是為什麼有一份手寫的、有形存在的控制區行動清單是很重要的：在有壓力或脆弱的時刻，當你不自覺地反覆思索自己無法控制的事情時，試著把目光聚焦在控制區的項目上，並且開始著手行動。或者，你可以嘗試心智清單技巧（請見下一章）。練習三階段呼吸法與其他正念技巧，也能協助人們更能控制自己選擇聚焦心智專注力的地方，即使是在面對要去關注非控制區那些令人分心或「沒有結果」的項目上的強烈衝動之時。

- 關於列在非控制區的項目，你可能需要情感上的支持。舉例來說，談論過去的錯誤，並且接受引導進入有效檢討該錯誤和自我寬恕的過程，對尚恩來說是有幫助的。根據這件事情進行角色扮演的對話，也會對尚恩有幫助，能讓他為工作場合中那次錯誤被拿出來討論的情況做好準備。

另一個例子是，在治療過程中，挑戰自己對於身高這個不可改變的事實，所抱持的一些扭曲且不正確的想法，例如相信自己是因為身高的緣故，才會在約會時遭遇挑戰，而且無法做任何補救；去挑戰這些想法，對威廉是有幫助的。相對於只是把相關擔憂認定為「難以招架的」，並且把它推到無意識的層面裡，若能實際面對並處理這些信念，才會協助他接受以下的事實：儘管有些女士可能對他的身高有意見，但也有許多女士一點都不在意（還有一些身材嬌小的女性甚至偏好身高和她們較接近的男性！）。

如果你覺得「被困住了」，無法放掉非控制區裡的某個項目，那可能是一種訊號，顯示出你在處理這件事情上需要一些支持。如果是這種情況，請感謝自己經歷檢視非控制區的過程，才讓你獲得寶貴的洞察，知道自己在接受某些項目時是需要一些支持的。

【附註】

1. 我並不是在說，尚恩的其他面向，例如他的自我價值議題，或者有強烈的渴望想要對他的「疑心病」父親證明自己的能力等等，是無關緊要或者不是治療的重點。本書的技巧並不能用來取代心理諮商治療，也沒有所謂「一體適用」的技巧。然而，某些技巧通常會對大部分的案主有普遍可靠的效果，因此值得介紹給大家，並概括描述這些技巧對哪一類的人或情境會有幫助。如果你覺得自己需要更針對個人情況與背景的協助方式，或者你無法透過這些技巧達到想要的效果，請務必尋求專業人士的協助！

2. 如果你沒有助理，而且所有這些需要完成的工作讓你感到氣餒（這就是我剛開始執業時，預算極少而面臨的情況），那麼你需要做的就是一步一腳印地慢慢取得進展。如果適當的話，你可以考慮尋求朋友的幫忙，或許也可以再次閱讀本書中關於自律的部分，找到方法讓這些工作不那麼有壓力。然後，恭喜你有了依靠自己的能力！但你也要考慮聘請一位助理。思考一下，「行政助理」可以協助執行事務，而在你已經花工夫製作了超級清晰的行動清單後，有個助理會很有幫助。拜網際網路之賜，現在聘請助理可能比你想像的便宜許多。請見我的部落格（www.USPHJobs.com）獲得進一步的細節。

9 心智清單

告訴我你關注什麼，我就能說出你是什麼樣的人。

——何塞．奧特加．加塞特（José Ortega Y Gasset）

史蒂芬是個有才華、奮發向上又很成功的企業家，還有個頑強的心智。他給人的感覺是很友善隨和，但認識他的每個人都知道，他充滿著活力。這也是他能夠這麼成功的部分原因：他在家中的地下室創業，五年內就發展成營收八位數的百萬美元等級事業。他經常開玩笑地說，他會這麼成功，有一部分原因就是因為「放棄並不在我的基因裡」。

我必須認同，他是個格外專注聚焦且堅持不懈的人。一旦他把目標放在某個構想上，他的意識就像是雷射光一樣聚焦在那個目標上，他的能量似乎擁有自己的驅動力，使得他要維持專注力看起來似乎輕而易舉。一旦他的心智聚焦在某個東西上，他就成了俗話中那隻「緊咬著骨頭的狗」，而這也是他的自豪之處。儘管他的這種心智特質在許多情況中是一種優勢，但在其他情況中卻是一種累贅。

即使你不像史蒂芬那樣總是有個頑強的心智，但大概遇過這種情況，也就是你的認知與情緒能量似乎跟某個人或情境連結，而且幾乎是自動且不受控制，甚至是有點

「強迫症」的連結。這種情況可能非常有利——如果它讓你自然地深入思考一項議題或挑戰，而且你的能量能帶來所期望的結果且感覺有建設性。而同樣的堅韌特質也可能很不利——如果它讓你的意識一直在追蹤某個你想「擱置著不管」的議題，像是分手，或在你腦中反覆重演的尷尬事件，或是你什麼也不能做，只能等待的某種職場情況，然而你卻很執著地想著這些事情，到了似乎在「原地打轉」的程度。

在史蒂芬的例子裡，當他預定兩週後要跟非常重要的投資人開會時，就無法停止思考這件事情，這時，他的心智韌性就成了一種累贅，而非資產。在某種程度上，這種韌性在一開始是有幫助的：他對該會議的專注聚焦，會刺激他非常徹底仔細地準備會議。他已經做了一切的努力，從整理並排練推銷簡報內容；到研究他與投資者之間的業務連結，好讓同事向投資者「碰巧提到」關於他的正面事蹟；再到親自與會議場地的私人俱樂部主管碰面，以便特別對該主管再三強調，這是極為重要的會議，一切都必須完美無瑕。（我很擔心史蒂芬可能給那位可憐的主管帶來了創傷；我不是在開玩笑。）

「醫師，妳必須要幫幫我。」他說：「感覺好像我的所有心思都只投入在這次該死的會議上。這已經嚴重到我很擔心要是再不停止思考這個會議，就會做出一些愚蠢的事情，像是再次寄電子郵件給對方，說我有多期待這次的會議，就只因為感覺做點什麼都比暫時把會議這件事擺在一旁來得好。我知道在這個時間點，再做更多的事情都是太過頭了，我會看起來很急著討好、很神經質，或者是更糟糕的情況。但我似乎沒辦法不去想這件事。我越是叫自己不要想，就越會去想！我都快讓自己發狂了，但我越努力想要停止，情況似乎就越嚴重。這種感覺就像是有人告訴你不要想像一頭粉紅色的大象，結果你的腦子裡就只會充滿著粉紅色的大象。我的堅持不懈一直都是我最大的資產，但現在感覺整個失控，反過來對我不利了。我該怎麼辦？」

在我繼續說下去之前，我要先說明，協助史蒂芬解析與管理自己對這次會議的執著行為，我們採用的方式並非只有心智清單。我們在許多層面上探索這件事情，包括個人過往經歷相關的細微議題。但我不會在這裡詳述那個部分，因為實際上對他最有幫助的技巧，以及在其他案例中高功能者對某事出色的專注聚焦能力已經達到反效果或不舒服的程度時，心智清單技巧都是最有幫助的。以下是史蒂芬和我如何成功地運用心智清單技巧的過程。

我向史蒂芬說明，人類的心智通常會養成習慣來節省能量，藉此提升可用的頻寬。**這種提升效率的過程通常對我們很幫助，除非我們心智中的舊習慣已經變得不再有效益了**。在史蒂芬的例子裡，他已經發展出了思考這次會議的習慣，而且已經到了自動運作的程度。這次會議成了他的心智清單上「必做」的主題，而且是唯一的項目。此外，他也留意到，當我們試著告訴自己不要去想某件事，通常會不經意地強化了思考那件事情的習慣，因為我們實際上需要想著它，才能讓我們「記得」不要去想它，這是個進退兩難的情況。

對於這個難題，簡單又優雅的解決方式就是刻意創造新的心智清單，列出新鮮刺激、有生產力，或者誘人的主題，當你開始自動轉入不想要思考的議題時，可以用新的清單來吸引你的注意力。我建議你在清單上至少列出五個主題，而且要涵蓋生活的各個不同領域。清單中的各個項目會使用到的認知能量，也需要有各種不同的程度：如果你坐在電腦前有一個小時的時間要打發，可以透過清單上較豐富的主題項目來滿足你；如果你只是在商店裡排隊等結帳，則可以透過清單上較輕鬆的主題項目消磨時間。一旦你的「思考怪獸」出擊時，你的清單要能夠隨時隨地掩護你。在史蒂芬的例子裡，他的新心智清單包含下面的項目。

史蒂芬的心智清單

1. 思考要買給妻子與孩子的生日和假日禮物，把對這些禮物的相關想法寫下來，瀏覽網路並在線上下單。（史蒂芬通常在特殊節日時會忘記要事先構思好送給親人的禮物，他很想要改變這一點。）

2. 研究非洲狩獵之旅的公司和旅行社，計畫這趟長久以來的「夢想旅程」。他一直想要參加非洲狩獵之旅，但從來沒時間去研究（直到現在）。

3. 戴耳機把音樂開得很大聲，好讓他除了音樂之外沒辦法想別的事情，如果附近有跑步機，而且他也有力氣的話，可以在跑步時做這件事。當然，跑步機不是隨處都有，但他至少可以大聲地聽音樂，就算只是在通勤的過程中。[1]

4. 寫表揚信給表現最好的員工們，或者至少在腦中構思，當他有空寫信時，要把哪些工作的好表現納入信件內容裡。（史蒂芬很重視透過個人的賞識表揚，提升員工的忠誠與投入程度，此外，這也讓他個人感覺很好。）

5. 查看競爭對手的網站（史蒂芬天生有很強烈的競爭性，總是有興趣去監視競爭對手的一舉一動）；這麼做可能激發一些想法，讓他列出自己的網站要改變的地方，或者要提供什麼新業務，好讓自己的業務在市場上保持競爭力。

每當史蒂芬的心智開始自動聚焦在投資人會議的主題上時，他就會查看這份清單，轉而聚焦在上面的項目。這很容易嗎？實際上，有時確實很容易。他很意外地發現，當他被困在投資人會議的議題上時，只需要一些「之前沒想到的」好的替代主題，就能轉移他的焦點。有時候，轉移焦點可能會稍微困難一些，但還是會比他沒有為自己準備這份替代清單時容易許多。有時候，他會試著迅速地在腦中回想心智清單上的五個項目；透過這麼做，就可以給他帶來足夠的心智挑戰，把他的注意力從思考投資人會議中轉移開來。

儘管心智清單技巧看似很簡單，但我得承認它不如表面上簡單。要讓這項技巧發揮作用，有個關鍵的步驟是非常重要的：你必須把清單寫下來，並且隨身攜帶，如此一來，當舊有的誘人主題又在勾引你的時候，你才能隨時取用這個支持的資源。儘管當你在理性心智狀態下，平靜且有創意地列出吸引人的新主題時，這份清單可能看起來很簡單、很直接，又容易記憶，但是要留意，當「思考怪物」出擊時，你可能很難記得這份清單內容，更別說要轉移焦點了。因此，務必要把它寫下來或至少用聰明的縮寫字來把它烙印在記憶裡。

舉例來說，史蒂芬把他的清單縮寫成「GAME C」（G代表gifts／禮物；A代表Africa／非洲；M代表Music／音樂；E代表Employees／員工；C代表Changes／改變），同時，在他腦中，「GAME C」也代表著「改變遊戲規則的人」（game-changer）。史蒂芬並沒有困在一些技術性的問題上，糾結著「GAME C」是否能稱為縮寫字，只覺得這是組織清單的簡單又激勵人心的方式。把內容組織好，也讓史蒂芬有信心能在需要卻無法查看寫下清單的那張紙時，也能記得清單內容。

有一份有形的清單可以使用，能夠控制你的焦點，只需要把眼睛的視線轉移到清單上，就成了必要時刻的救命稻草。我常把這件事比喻成，先做好美味、誘人的健康點心放在冰箱裡，好讓你在工作一整天之後，腦子疲憊、感覺又很緊繃的時候，不至於會胡亂地進食。在那些時刻裡，我們不會想到健康的食物，就算我們很願意吃這類食物；不過，要是有人幫我們準備好簡單的健康點心，我們不用做什麼就能放輕鬆地享用。同樣的狀況也適用在我們對「思想飲食」的選擇：**當我們事先在清單上列出吸引人的主題，那麼在脆弱的時刻轉移焦點到那份清單上，會容易許多，否則，當我們的心智強烈渴望反覆思索某個我們知道最好別去碰的主題時，臨時要尋找替代的主題會困難許多。**

如果因為你的記憶力通常很好，你的高功能心智想要嘗試把新的心智清單全都「記在腦中」，那麼，請遷就我，還是要把你的清單寫下來。拜託。未來的自己會感謝你的！

其他適合使用心智清單的情況，包括了當你試著避免在分手後不斷想起前任情人，或者試著不要過度思考第一次約會的事情。有一些案主是在送出工商管理碩士申請書後，或者是在**突然間沒辦法做更多事情來達成**一項**目標的情況**下，使用心智清單技巧。經過好幾個月投入大量認知與情緒能量於該項申請、論文、推薦信，以及清除所有申請阻礙之後，許多人在申請過程結束時，很難在瞬間把所有狀態「關掉」，這是可以理解的情況。**心智清單可以協助他們慢慢進入改變過程，改掉那個曾經很有幫助的自發性習慣**（也就是把休息的時間拿來想申請的事情，還有如何改善），這些習慣已經失去實用性，因為申請書送出去了，除了等待之外，你什麼也不能做。基本上，只要你理解到自己想要打破一個習慣，不再聚焦在私人生活或職業生涯中的某個主題，那麼就可以考慮使用心智清單技巧。

很重要的是，不要使用心智清單技巧來讓自己從真正需要你聚焦的主題上分心。舉例來說，當克里斯蒂娜發現有個同事正在積極破壞她的升職機會時，使用心智清單作為第一道防線來避開她的不舒服感受，就是個很糟糕的做法：儘管面對這種破壞性行為是很痛苦的，但忽視這個問題並把焦點轉向其他事物，只為了避開不舒服的感受，會讓情況更加糟糕。克里斯蒂娜需要的是去面對處理該情況。

一旦克里斯蒂娜成功向管理層反映，處理好這個問題之後，她就能隨心所欲地使用心智清單，來協助「重設」之前發展出來的認知習慣（也就是聚焦在造謠者以及如何處理該情況上）。她一連好幾天都經常聚焦在那個破壞性事件上，藉此達成一個健康的目標，也就是完整地考量對該問題最好的回應方式。聚焦在破壞性事件，實際上帶給她很多愉悅的感受；這是因為，思考具建設性的方式來處理這問題，會激起自豪的感受，畢竟她有意願也有能力捍衛自己的界限，而且她的專注聚焦也有助於帶來處理該情況的新想法。然而，一旦她採取了行動，並且與管理層會面過後，她知道自己不需要再繼續聚焦在這個議題上，繼續反覆思考它已經沒有建設性，直到這個時間點，心智清單才成了適當的技巧，每當她似乎又「自動」想起該同事的破壞性事件，就可以運用心智清單的技巧。

如何運用心智清單技巧

我們的目標是要創造至少有五個誘人項目的清單，每當某個「死巷主題」進入你的腦中，你就可以轉移注意力到清單上的項目。如果持續關注一個主題並沒有實質的幫助時，該主題也就成了「死巷」，繼續關注的話甚至有可能帶來問題。常見的例子包括：想著前任情人；想著某個工作面試，但你已經詢問過後續結果，已經沒什麼你可以做的事了；想著過去的爭吵，但繼續檢視這件事已經毫無意義；想著尷尬的事件，讓它不斷在你腦海裡重播；強迫性的擔憂健康，但你已經找過醫師檢查確定你沒有問題，或者**任何你可能理解到自己很容易過度思考到給自己帶來損害的主題**。

有些人喜歡把這份清單存在手機裡，因為他們一定會隨身攜帶手機。還有人喜歡把清單寫在紙上，放在皮夾或包包裡隨身攜帶。我個人偏好看到自己手寫的文字。手寫是非常有溫度的，有時看著親手寫的心智清單，會把你連結回到寫這份清單時那種平靜且清晰的狀態，而冷酷的數位字體比較不容易有這樣的連結。然而，我也很清楚每個人都不同，現在有些人使用手機會感覺更「自在」，因此把清單放在手機上對他們來說更合適。

你可以選擇最適合你的紀錄方式，但務必要有一份記錄下來的清單，而不是純粹只記在腦中。把目標定在至少在清單上寫出五個項目，好讓你有更多樣的選項。這個概念是要讓清單充滿有趣、好玩或有生產力的主題，這樣一來，當舊習慣在召喚你時，轉移焦點就成了一種樂趣。你也可參考網站（www.NervousEnergyBook.com）有相關工作清單可以刺激你的構想。

排解疑難

1. **專注聚焦在我的新心智清單上，感覺很不自然。**

這很正常。如果聚焦在這些項目上很自然，你就不需要這份清單了，因為你早就會自動聚焦在這些事情上了。做這項練習是因為你想要發展新的習慣。好消息是，如果你堅持下去，思考心智清單上的主題就會變成你的「新常態」認知習慣，而思考你想要忘掉的舊主題反而會變得陌生。

然而，如果你真的有很大的困難，請務必確認你對於舊主題真的沒什麼可以做的了。如果你的意識抗拒轉移焦點，有可能是因為，關於你想要忘掉的舊主題，還有一些事是你需要做的。此外，也要確認你盡可能創造了真正誘人的主題清單做為你的選項，這會讓轉移焦點的過程變得容易些。

2. **我想不到足夠的項目列入這份心智清單。**

這證明了你真的需要做這項練習。如果在平靜且理性的心智狀態下，你還是很難想出取代死巷主題的替換項目，這代表你可能不願意對那個舊主題放手。你的生活中可能缺少其他可聚焦的領域。你可以詢問朋友、家人或心理師，請他們協助你想出一些有效益的主題。或者，檢查你的行事曆，留意即將到來的行程，看看能否激發一些想法，或許生活中即將發生的事件可能會需要一些計畫或心智上的準備。

如果你的行事曆真的一片空白，或者你想不到任何可以協助你做這份清單的人，那麼，或許你可以把「認識新朋友」放在清單的第一條！另一個很適合放進清單裡的項目是三階段呼吸法，或者其他任何呼吸法，或者你想要練習的冥想技巧等。

【附註】

1. 儘管這一項不是史蒂芬能用來取代「思考」關於會議的事情，但戴著耳機大聲聽音樂，可以強迫腦中獨白的焦點從習慣性地思考會議的事情，轉移到他所播放的歌曲歌詞上。有意思的是，協助嚴重的思覺失調症患者停止腦中聲音的「老派」方法，就是請他們唱歌。人類的心智幾乎不可能同時執行兩串不同的語言流，因此，當我們想要改變腦中的音軌時，有歌詞朗朗上口的曲子就非常有幫助。

10 待辦清單附加情緒標示

人類的行為有三個主要源頭：欲望、情感與知識。

——柏拉圖（Plato）

莎拉是一名心臟胸腔外科研究醫師。大家都知道，要成為心臟胸腔外科研究醫師的道路肯定不輕鬆。她必須經過十年嚴格的醫學教育，在這個高度專精領域的各項訓練過程中，也要通過多次競爭激烈的申請過程，這一切都顯示出，莎拉能夠做到大部分人從來無法想像的事情（真的，只要試著想像你的日常工作是要故意打開某人的胸骨，切開他的心臟，把心臟修理好，然後把切口縫合起來）。我得承認，我會選擇心理學而不是精神病學，而且選擇把執業限定在低風險的高功能者，有部分原因是，如果我需要面對出差錯就可能造成病人死亡這件事，會非常糾結掙扎。

除了完成這些極為艱難的學業與專業挑戰之外，她在過程中還遭遇了母親因酒駕者肇事而車禍身亡的打擊。即使是在那個極度脆弱的時刻裡，莎拉也不允許自己在學業上有所鬆懈，因為這麼做會打亂她花了多年安排好的進程，而且若要花時間哀悼，暫停整個心臟胸腔外科的訓練，只能在一年後隨著下一屆恢復培訓，她在財務上也負擔不起。（即使她休息的時間不到一年，也無法重新加入原本同一屆的同儕，因為他們已經超前太多，因此唯一實際的選項只有休息一整年，或者不休息而繼續走下去。）然而，即使她可以找到方法解決休息一整年的財務支出，她也知道，休息這麼長的時間可能會造成她喪失一些在心臟胸腔外科手術上訓練出來的精巧手法，若是在休息一整年之後還期望可以在外科手術訓練上「無縫接軌」，是很不切實際的。

或許，最重要的是，她知道母親對她的成就感到極度驕傲，也不會想以任何方式或型態成為女兒危及自身事業的原因。因此，莎拉硬挺著度過二十四小時醫院值班的訓練排程，同時盡自己所能處理哀傷的情緒。那是在我遇見她的幾年之前，而我仍舊無法參透她是怎麼做到的。我想要說的是，莎拉比許多人都還要堅強，即使是最高功能的人，可能也很難真正理解她的韌性。

莎拉會來找我，是因為她鋼鐵般的意志開始損耗了。她即將要完成研究醫師（fellowship）階段的最後一年，之後就可以成為菁英外科醫師，不再是任人指使的研究醫師，所以生活會輕鬆許多。在醫界，特別是高度競爭的領域裡，研究醫師會經歷一個相當於做苦力的過程。由於資深外科醫師已經苦過來了，通常會把最吃力不討好的差事交給研究醫師去處理，而且不會給予任何有建設性的回饋建議。

帶領莎拉的主治醫師是出了名的壞脾氣。醫院有一種眾所皆知的生態就是，越知名的外科醫師，越覺得自己有權力霸道地對待訓練中的研究醫師，感覺就像「軟技能」與手術技能成反比似的。（你是否聽過這個笑話：「上帝與心臟胸腔外科醫師的差別是什麼？」答案是：「上帝不會認為自己是心臟胸腔外科醫師。」這是醫院裡很常聽到的笑話，會有這樣的笑話是有原因的。）

我記得自己還是研究生時，在精神科急診室與住院部門接受訓練，是由資深內科醫師與諮商心理師帶領，當時也曾經感受過前面提到的那種氛圍。我可以想像，心臟胸腔外科醫師和其研究醫師之間的關係，感覺會像是「打了類固醇」的強化版。

如果莎拉面臨的挑戰只是這些問題的話，不會來找我。她一直以來都能夠強悍地挺過來，生命中的各種挑戰都沒打倒她，而且她也一直成功地引導自己的人生。困擾莎拉的因素是三歲的兒子。（她在懷孕的過程中仍舊持續著醫師訓練的工作！她一直工作到分娩時，也因為這件事而自豪。這女人根本是個戰士。）更明確地說，她的孩子的新習慣會撥動她的心弦，這是她從未感受過的。當她經歷了辛苦的二十四小時醫院值班，短暫休息後又要再度出門上班時，他會雙手抱著她的腳踝，哀求著說：「媽咪，留下來，我的心也需要幫忙！」

或許因為母親的天性，要和孩子道別本來就不容易；或許孩子的父親並沒有在場提供支持，也使得這個情況更加艱難；或許因為她是把孩子留給婆婆照顧，而婆婆則是以「幫助」之名默默地在打擊莎拉，使得一切都更加困難……又或者，自己的母親才剛過世沒多久，因此也使得她和孩子道別時會感覺格外痛苦。莎拉並不知道為什麼自己會這麼痛苦，因為她沒有去處理這些感覺，也沒考量過這些因素。事實上，我是在非常深入地仔細詢問之後，才知道莎拉的這些憂慮，也是當她告訴我關於這些痛苦道別的故事之後，真的連結到她所感受的痛苦，才開始崩潰大哭。

在那一刻之前，我認為莎拉相信她只需要「再堅強一點」就可以了，但她卻不知道為什麼自己很難做到。後來，她會瞭解到，學著承認自己的痛苦，實際上會賦予力量讓她去處理這些痛苦，而她也會因此變得更有能力達成所有的目標，包括對於「自己身為一個母親，能感到更有信心」的目標。

莎拉第一次到我的辦公室時，只知道自己平常鋼鐵般的意志似乎在逐漸衰弱中，而她想要尋求協助來恢復以往的狀態。她值班的時間很長，而且在休息的時間裡也有大量的工作要做，以便為研究醫師結業準備好最後的報告。莎拉面臨工作壓力、喪母的悲傷，以及眾多其他的因素（婆婆和她一起居住在紐約市一間狹小的公寓裡，幫忙照顧孩子，而莎拉的丈夫則在另一個州居住和工作，除了研究醫師訓練這一年之外，他們是一起住在該州的），因此讓莎拉承受了巨大的情緒重擔。

儘管有這些驚人的壓力源，但莎拉來到我的辦公室時，只是說她對自己的「懶散」感到挫折。她訴說著，自己很難有自律去打掃公寓或準備期終報告，認為這就是

「懶散」的證據。莎拉來尋求協助，是因為她認為自己有問題，需要學習如何將情緒推到一邊去，並且將事情完成。**諷刺的是，如果莎拉想要把事情完成，實際上需要的是和自己的情緒連結**。這個概念對高功能者來說通常是很生疏的，他們可能是透過將自身的情緒擺在一旁，進而達成了許多成就。

莎拉很擅長把自己的感受擺在一邊，這麼做基本上就是外科醫師的工作要求（頭幾次切開他人身體時，通常會需要一些高階的處理情緒技能，我相信你可以想像得到的）。和許多高功能者一樣，莎拉非常擅長把自己的情緒擱置，以至於已經忘記要如何釋放並處理這些情緒，進而積壓了許多沒能獲得處理的情緒潛伏在意識深處，不在她能立即覺察到的範圍內，並且在她嘗試進行待辦事項時，這些潛伏的情緒會以「缺乏動力」和「枯竭感」浮現在她有意識的感受中。

在心理學裡，我們有時候會把這種「將感受放在一邊，去完成事情」的做法，稱為「區隔化」（compartmentalization）。當我們在面對實際上或譬喻上不容許情緒介入的情境時，有區隔化的能力是非常有幫助的。不論你是在切割病患的身體，或是在處理董事會議危機時，有些時刻最好「不要展現內心感受」，而且不要因為個人的情緒反應而偏離正軌。但這些把自身情緒擺在一邊的時刻，也必須伴隨重新連結情緒的時刻，否則，這些情緒可能會惡化，並且以更糟糕的方式爆發，或者可能呈現出低落麻木的感覺、缺乏成就感、拖延症等等。

隨著莎拉和我檢視那份她缺乏能量去完成的待辦清單時，我請她談談與每個項目相關的情緒感受。她看著我，好像我是在講外星話一樣。「沒什麼感覺，我只是需要做這些事情。」她這樣說明，好像我是個小孩一樣。我請她遷就我一下，所以我們一起檢視她的待辦清單，談論每個項目及其所激起的感受。

案主莎拉的待辦清單附加情緒標示揭露了什麼

待辦項目之一

「完成我的最終報告。」莎拉的待辦清單上第一件事情，是要完成研究醫師的期終報告。許多外科研究醫師最後都要做一份期終報告，由於這是在結訓前的最後一次報告，感覺像是某種通過的儀式。莎拉不確定原因，但每次她想到這件事，胃部就有種很沉重的感覺，而且她似乎感受到一種意外難以克服的拖延症（這發生在莎拉這樣的女人身上，格外讓人意外，因為她對於任何需要完成的事情，通常都沒有任何艱難掙扎的情況。）直到目前為止，主要的感覺一直都是對於自己的「拖泥帶水」，遲遲沒能把報告準備好，覺得很惱怒。

我請莎拉談談這份報告，以及它在個人層面上對她的意義。她開始以一種勉強的平靜語調回答這個問題，彷彿她是被要求對一名完全有能力的成人說明如何綁鞋帶。「嗯，很顯然地，這份報告代表著我要結束外科研究醫師的訓練了，而這在個人層面上對我的意義是……」她的聲音似乎一時哽在喉嚨裡，然後語調就變柔軟了。她的眼睛泛起淚光，靜靜地說：「這意味著，我將要完成所有的事情，完成所有的訓練，而我知道我的……我的……我的母親在這一刻會非常驕傲，但她卻無法看到了。」

莎拉承擔著不可思議的工作量，再加上初為人母，有個年幼的小孩，而且和婆婆一同居住在狹小的空間裡，還要忍受長時間與丈夫相隔兩地，因此她完全沒有時間來處理為何期終報告會給她帶來如此沉重的感受。當我們連結了這份期終報告對她激起的感受（極度真摯且痛苦，但也全然可以理解的感受），莎拉至少能夠更好地瞭解自己，並且停止責怪自己「懶散」。這種全新的洞見讓我們能夠設定計畫，協助莎拉在完成研究醫師訓練的過程中，也能夠悼念母親、表達敬意。

即使是很簡單的一個舉動，像是在報告最後放上一張投影片來向母親致意，展現母親協助自己達到此成就所扮演的重要角色，就能夠協助莎拉提振能量與覺察，而不是喪失能量與覺察，同時也讓她表達出一個簡單的事實：這份報告所代表的不可思議的里程碑，是她極度渴望和母親一同分享的。

除了認知到她想要在報告中以某種方式向母親致意之外，莎拉也瞭解到了，在準備這份報告的過程中，如果她想起母親，則需要給自己更多的空間，靜靜地反思與自我照顧，而不是把這些感覺推到一邊去，讓自己呈現痲木無感的狀態。雖然準備報告的過程，不會因為莎拉這麼做之後就變得簡單，但我可以說，莎拉確實重拾了她在準備報告上的專注與動能，而且在實際報告時也表現得非常好。此外，她說，在分享最後一張投影片向母親致意，感謝她對自己的事業成就的貢獻時，在情感層面上非常有滿足感。

待辦項目之二

「打掃我的公寓。」提到這一點，似乎讓莎拉有點尷尬。但由於我詢問她，她所指的擔心自己的能量和專注力下滑是什麼意思，便討論到她在處理家事上有困難。其實，我對於莎拉還要自己打掃家裡，感到非常意外。她可是心臟胸腔外科研究醫師，同時還有個年幼的小孩要照顧，更別說她丈夫是一名非常成功的律師。此外，莎拉的婆婆也跟莎拉同住，在研究醫師訓練最困難的最後一年協助支持莎拉。莎拉接受了在紐約市進行研究醫師訓練，是因為能在頂尖醫院的世界級外科醫師旗下培訓，是個絕佳的機會，能夠提升她這輩子的收入能力……所以，為什麼打掃家裡會是個問題呢？我盡可能溫柔地詢問。

「說實話，我真的不知道。要是我可以決定的話，我會直接請人來打掃。但我婆婆說她不喜歡有陌生人進來公寓。」莎拉回答道。

「好的，既然她沒有其他工作，而她待在這裡的原因就是要在外科醫師訓練最後階段的極端挑戰中支持妳，而且妳同時要做初為人母的調適，還要面對與丈夫暫時分隔兩地的情況，她卻拒絕妳提議的聘請專業清潔服務，那麼，她不想自己打掃公寓，是不是有什麼原因？」我回覆道。

「老實說，這是個很好的問題。」莎拉回答道：「我想，感覺上她待在這裡是在幫我們一個大忙，因此我不想要再請她做更多的事情。我對於做家事並沒有什麼問題，也不想給人嬌生慣養的感覺。我分享這件事，只是因為妳問我，我的待辦清單上哪些事情似乎在拖累我，或者純粹就是無法完成。」

我還是有點驚訝，這位婆婆應該是來這裡支持這個剛起步的家庭，但她竟然會認為，最好的支持方式是要求莎拉自己做所有的打掃工作。我也很震驚，莎拉竟然會認為，辛苦值班二十四小時後，想要聘請打掃人員來減輕自己的重擔，並且讓自己有些時間來準備期終報告，會被認定是嬌生慣養。但我沒說什麼，只是問了更多的問題。

「莎拉，妳能不能告訴我，當妳思考家事時，在個人層面上，妳會想到什麼？」

莎拉再度眼泛淚光，說道：「最糟的部分是，雖然我人在家裡，卻無法真的專注在兒子身上。他的年紀還太小，我用清潔劑刷浴室時，他不能待在浴室裡陪我，而且他喜歡玩廚房裡的東西，所以當我真的工作得很累的時候，最好的方式似乎是完全專注在獨自迅速完成打掃，或許稍晚再花一些時間和他獨處，抱抱他或唸書給他聽，然後哄他睡覺。但老實說，到了那時候，我已經非常累了，我也很擔心他會覺得我陪他的時間都是事後才想到的，並沒有排在清單的最前面。」

我平靜地問：「在妳打掃廚房和浴室的時候，妳的兒子在哪裡？」

「他跟我婆婆在一起。」她帶著惱怒與悲傷的語氣回答道：「而且，老實說，這讓我很火大，因為在我工作時，她已經陪他一整天，而我很想念他！為什麼她不能讓我在這些時候陪陪他？我感覺很糟糕，在工作二十四小時後還要關上門打掃，沒辦法看到他，而她則是坐在那裡，陪他有說有笑地玩遊戲，或者安撫他那天的壞情緒，或者是做其他事情，表現得好像是在幫我個大忙似的，我則是獨自一人在另一個房間裡打掃。」

我肯定地點點頭，然後告訴莎拉，這些感覺很合情合理。

「我必須說，把這些事告訴妳，感覺真的很好。」她繼續說：「在這之前，我沒有真的這樣想過。把這件事大聲說出來，而且在我可以停下來思考這件事時，理解到它聽起來是什麼感覺，真的很有幫助。我瞭解到，我並不是因為懶惰而想要逃避做家事，而是我從他媽的[1]心臟胸腔外科工作下班後，想在我的『休息時間』陪伴兒子，況且，我從事這份工作，就是為了能夠賺很多錢來支應家庭，可能有一天也會照顧到她！她似乎沒注意到為什麼這對我來說很重要，這讓我很生氣。但是，平心而論，我想我真的沒怎麼討論到這件事。不知怎麼的，一直到現在之前，我所有的感覺對我來說一直都不是很清晰。而且，實際上，在我們談論這件事的過程中，我理解到自己有多希望丈夫能在這裡看到我所經歷的一切，成為我可以倚靠的肩膀。我認為他甚至也不知道關於打掃家裡的整件事。」

莎拉在向我描述這個悲慘的情況時，她的聲音傳達出憤怒伴隨悲傷的感覺。難怪她不想要做家事！**這並不是懶惰或嬌生慣養的問題，而是她的待辦清單與情緒脫鉤的問題。**

莎拉待辦清單中的打掃家裡項目，與更深沉的情緒脫鉤，使得莎拉無法洞悉這件事，並且提振信心來採取修正的行為，處理無法陪伴兒子的問題，同時也讓莎拉順應婆婆的偏好，自己親手做所有的家事，但這樣的安排與婆婆看似要在艱難時刻為這個家庭提供支持的目標背道而馳。

當莎拉完整理解了自己為何不想把陪伴兒子的寶貴稀少時間花費在家事上，就有力量請丈夫和她一同與婆婆溝通清楚，雖然他們很感激婆婆想要幫忙，但需要她也瞭解到，目前她對打掃家裡的情況並沒有幫助，而且必須要改變。

當這對年輕夫妻清楚且老實地說明原委之後，莎拉的婆婆很能諒解，而且莎拉的丈夫非常感激能夠瞭解這個情況，好讓他能夠「加入救援」，協助停止他母親的古怪認知。相隔兩地對他來說也很困難，他很渴望能夠提供更多支持，只是莎拉從來沒讓他知道可以怎麼支持他們。可以說，在談過之後，「打掃家裡」已經不在莎拉的待辦清單上！

待辦項目之三

「上健身房。」我不是內科醫師，但我的臨床執照也包含進行一般評估診斷的資格，可以判定一個人的身高與體重比例是否適當，並且根據這個人的外觀，針對他的自我照顧做出評估。莎拉是個迷人的女性，顯然有在照顧自己的身材。她看起來很像是在纖瘦的體型上額外背負了二十磅（約九公斤）左右的重量，此外，她的工作壓力也很大。所以，我可以瞭解為什麼她想要上健身房，當作照顧自己身體及舒緩壓力的方式。我請她談談在想到實際上要去做這個項目時，會有什麼樣的感覺浮現。

「我不想一直重複說同樣的話，但是，這個問題有一部分是因為，我婆婆有時會給我兒子吃一些我和丈夫都不想要給他吃的食物，而且是在我們不會發現的時候，因此，當我可以選擇陪在他身邊卻沒有這麼做的話，會有很糟糕的感覺。我去醫院工作時，當然沒辦法待在家裡，不過，上健身房則是我選擇把兒子丟給婆婆照顧，就算我知道婆婆會餵兒子吃一些對他不好的食物。老實說，我不知道為什麼我會這麼小題大作，就是像餅乾這樣的小東西，但我們不想要他現在就開始吃。」她說道。

「而且，」她繼續說：「我真的不想要聽起來像是在抱怨一樣，因為我可以參與這裡的研究醫師訓練，確實非常幸運，但老實說，除了她的問題之外，有時候我就是感覺整個人都枯竭了，很難有自律去健身房或參加一堂瑜伽課。瑜伽課一直都是唯一對我有幫助的活動，但是，因為我排的班非常奇怪，又總是在變動，很難配合平常的上課時間，而且這必須在線上登記上課，而我就是……」

莎拉停了下來，舉起雙手，手掌與手腕向外，看起來是結合了要把車子攔下來和投降的手勢，還做了誇張的聳肩和搖頭，似乎是在說：「我不知道該怎麼辦。」她在做這個手勢的過程中，眼神是往下看的，似乎顯示出挫敗，卻也聚焦在自己的腹部和大腿上。這時，她嘆了一口氣，把手放下來，抓住她的大腿，而且非常沮喪地看著自己的肚子。

「實際上，我很喜歡運動。」她隔了一會兒之後說道，聲音聽起來好像試著在說服我相信她是什麼樣的人。「我在上大學之前一直持續在上芭蕾課，即使是在大學時期，我也是有時間就會去上課。我真的很喜歡和身體有連結的感覺。我可是醫師啊！我的一切都和身體有關，我真的很想要去健身房，一直有上健身房的習慣，而且會去上瑜伽課，我很愛瑜伽課，但現在真的很難保持這樣的習慣，因為我的班表經常在變動，最近是我第一次覺得自己真的做不到，感覺就像是我碰到的撞牆期之類的。」

關於待辦清單上的這個項目，莎拉所理解到的情緒是，自己需要注意兒子吃了哪些食物，對於自己身為母親卻沒辦法更積極參與他的飲食安排而感到沒安全感；對於自己對婆婆不知感激而有種羞愧感；要是她提起關於糖分攝取的議題，又害怕會與婆婆發生衝突；對於自己無法遵循固定的團體健身課程時間表而感到無力；以及如果缺乏運動的情況持續下去，害怕自己會變得肥胖。

當我們解開了這些情緒之後，莎拉也能夠看到，最有建設性的做法就是再次請丈夫和她一起與婆婆談談，向婆婆說明，儘管他們很感激她願意幫忙，但如果能夠有一套清楚且大家都認定可靠的規則，是最有幫助的（對小孩也是最好的！），而且由父母來制定飲食規則，對小孩是最健康的做法。

他們也說明了，如果新的專業清潔人員計畫以及遵循無糖分攝取的規則，對於婆婆來說太過麻煩，需要重新考慮她想要「幫忙」的決定，那麼他們絕對會諒解，也想要讓她知道，他們很感激她想要幫忙的渴望。

我得老實說，根據莎拉的回報，這並不是個輕鬆的對話。婆婆第一次很快就接受了關於家事的溝通，但她卻對第二次的「家庭溝通」發怒了。她開始感覺「自己的做事方式」不被接受，是因為她的方式和莎拉不同（也和莎拉丈夫的做事方式不同，因為他希望由莎拉和他自己來主導兒子的規範，而不是由母親來創造她自己的規則。）莎拉和丈夫必須認同婆婆的看法是對的：在某些方面，她的做事方式，像是給他們的兒子攝取糖分這件事，莎拉並不認同。

她丈夫同意莎拉的看法，但由於他沒有當場看到吃完的餅乾包裝袋，也沒有實際面對小孩請求說：「奶奶都會給我吃，為什麼現在不能吃？」因此並不清楚這件事情的急迫性。而這就是莎拉的一部分重擔，她需要面對處理這一切，但丈夫無法在場（而且她自己的母親也不在場，無法與婆婆制衡）。再次強調，她丈夫很渴望站出來提供支持，只要莎拉能夠讓他知道她的困難之處。

儘管進行了一些困難的對話，但莎拉最後確實讓婆婆真的尊重莎拉是「一家之主」這件事，並且負起責任地實現自己搬過來住是希望支持莎拉這個工作忙碌的新手媽媽，尊重莎拉管教兒子的規則。莎拉也從我這裡學到一招：聘請私人教練每週一次在健身房帶她運動。身為一名線性思考者，莎拉能夠理解到，相較於醫院的工作和情感枯竭所造成的肥胖，長期下來這樣做的花費比較少，如果她不能找到支援，肯定會朝著肥胖的方向邁進。

你可能會注意到，解決上健身房問題的方式，跟解決打掃家裡問題的方式有些類似（與婆婆之間的界線、丈夫的支援，並且聘請外部的支持）。這是很常見的，很多時候，我們生命中的一些固執問題，會開始限縮我們在各種領域上的進展與健康。有時候會有不一樣的情況，但情況很類似的話也別太意外。這並不表示你在反覆抱怨，而是意味著你可能找到了一個很重要且重複出現的議題，需要做一些調整！

對高功能者來說，經常會有相同的主題阻礙了待辦清單上的多個項目，這些相同的主題可能是尋求協助、因為害怕衝突或亟欲討好他人而有過度順從他人的情況，或者是否願意聘請一些額外的支援，例如清潔打掃人員、教練、心理師，或者其他的「協助者」。

高功能者通常很擅長自己完成事情，因此尋求協助會讓他們有罪惡感或者感覺自己很懶散，但他們又很疑惑為何自己似乎被困住了，或者無法「前進到下一個階段」。其原因就是，一個人在一天內能夠做的事情是有限的。隨著高功能者在升職後承擔了更多的責任、建構了社交生活，以及投入更多的活動，除非他們找到一些支援來因應責任清單與日俱增的情況，否則肯定會有一些事情遭到忽視。

同樣地，高功能者很擅長「堅持硬撐著」執行待辦清單，不受到情緒的「拖累」，因此通常會完全與情緒脫鉤；這可能會導致拖延、枯竭感，或者對於待辦清單上的某些事情有逃避的態度，但他們卻不瞭解為什麼。如果他們開始責備自己沒能完成清單上的某些事情，則可能變成一種惡性循環。此時他們需要的是支持，而不是自我批判。因此，如果你對於待辦清單上的事項感覺缺乏動能，可以試著練習待辦清單附加情緒標示的技巧！

如何運用待辦清單附加情緒標示

步驟1：創造一份任務清單

這個部分很直接了當。我相信你製作過待辦清單，因此，除了列出要完成的任務這樣的明確指引之外，我不會談論太多細節，但會鼓勵你把任務盡可能拆分成許多小步驟。如此一來，你在完成清單內的每一個步驟時，會感受到一股推進的動能，而這也能讓你看見任務中是否有哪些部分是帶有情緒包袱的。

如果你在下班回家的路上，因為要去健身房而感到掙扎，不要只是在清單上寫下「上健身房」，而是列出每個步驟，分別寫下「準備運動背包並帶去上班」、「前一天先透過健身房的手機軟體報名健身課程」，以及「參加健身課程」。

步驟2：留意每一項任務所引發的情緒

你可能像莎拉一樣，一開始認為你的任務並沒有任何伴隨而來的情緒。這是你可能與一項任務的相關感受脫節的明顯跡象。或許這是心理師的職業病，但我相信我們對每件事情都是帶有情緒的。所以，給自己一些時間思考清單上的每個項目。如果你覺得卡住了，或許可以試試三階段呼吸法做暖身，來喚醒你的正念技巧，然後再思考該任務，看看關於該議題，你是否注意到任何「背景」思緒和情緒浮現出來。把這項資訊記錄在「情緒」的欄位，就像後文中克里斯蒂娜的範例所呈現的。

步驟3：計畫自我照顧的措施

一旦你覺察到關於待辦任務的相關情緒，就能以更好的健康方式來處理這些情緒。這不僅感覺很棒，而且通常會釋放你的能量去處理手邊的任務，因為你不再被未處理的情緒給拖累。

莎拉的處境中有許多沉重的事物，因為她還要處理母親去世的悲傷，而你的待辦清單上的議題可能沒有那麼沉重。然而，身為諮商心理師，我可以告訴你，即使是對「微小事物」的感受，也可能隨著時間累積。這裡有另一個範例，運用的格式跟製作待辦清單時一樣。這是克里斯蒂娜的待辦清單附加情緒標示，克里斯蒂娜是一名律師，面臨著痛苦的分手，以及同事想要破壞她升職機會的情況。

你可以在克里斯蒂娜的清單裡看到，自我照顧計畫有非常多的形式。這個概念是要留意待辦清單對你引發的情緒，並且以自我照顧計畫來有效地處理它們。有些人可能會覺得克里斯蒂娜回應同事馬克的計畫很惡毒，而有些人則認為，對她來說這是很棒的方式，可以讓馬克負起責任，並且設下清楚的界限。

重點在於，克里斯蒂娜做好了能完全處理其情緒的計畫，並且以適合她的方式進行，讓她對於即將到來的簡報變得更有信心，而不是試著假裝「一切都沒事」，所以沒為自己提供額外的支持。在內心深處，克里斯蒂娜知道那件事讓她惱火，而自我照顧計畫則展現了能讓她覺得受到支持的作為，而那才是最重要的，畢竟這攸關她的會議表現。

克里斯蒂娜的待辦清單附加情緒標示

任務1：幫媽媽舉辦慶生會

情緒	很害怕，因為我預期會有尷尬的情況。大家都會問我分手後的狀況如何，但我並不想談論這件事。
自我照顧計畫	針對這些躲不掉的尷尬問題，預先擬好回應方式。

任務2：歸還前任情人的鑰匙

情緒	很害怕，因為我預期會有悲傷的感受。因為這是最後一次見面了。
自我照顧計畫	邀約支持自己的朋友吃早午餐，在赴早午餐約會的途中去歸還鑰匙，這樣就可以在歸還後立即獲得友人的支持。

任務3：和同事馬克一同出席簡報會，而馬克試圖摧毀我升職的機會。

情緒	對於我要跟他共處一室感到非常憤怒，也害怕自己會覺得很渺小、有受害者的感覺，就像小學時有錢人家的孩子來欺負我，所給我的感覺，而且想到他竟然可以讓我有這樣的感覺，也讓我很生氣，或者，更糟的是，是我讓他帶給我這樣的感覺！
自我照顧計畫	1. 我知道這聽起來很瘋狂，但我真的覺得簡報當天早上先去美容院做頭髮，會提振我的自信，讓我更加沉著／優雅。在我剛做完頭髮時，對自己會有最好的感受！ 2. 仔細檢查我的簡報筆記，好讓他不可能有機會在簡報上「略勝一籌」。 3. 在行事曆裡安排簡報結束後去健身房，讓我有個好出口可以發洩看見他時可能激發的額外腎上腺素。 4. 準備一些冷淡的回應，要是他膽敢找我聊天，就用這些話回應他，像是：「馬克，從你的電子郵件內容看來，我覺得我們最好只保持專業上的關係就好。」我知道這可能看起來很不成熟，但我就是無法克制。如果他想要裝作沒事，繼續當朋友的話，我想要用清楚明瞭且人事部准許的方式，讓他好自為之。先針對可能的家常閒聊，準備好一套回應方式，能夠協助我避開被困住的夢魘情境，那情境就是：我必須當作什麼事都沒發生一樣，微笑著跟他聊天。

變化版本：為大目標製作待辦清單附加情緒標示

待辦清單附加情緒標示有個變化版本，可以運用在大型目標上：同樣的模式，但每個項目都是朝該目標邁進的標的，而不是針對未來一週的一般待辦清單。舉例來說，如果你想要申請研究所，但對於整個過程感到畏懼，就可以做一份類似後文範例的清單。這個概念就是把較大的目標切割成多個小目標。花點時間做這個清單，不僅有助於組織化（這通常能提升效率、減少焦慮，並且改善心情），也能幫助你瞭解自己對於每個步驟的感受，以便規畫更平順的執行方式！

申請研究所的待辦清單附加情緒標示

任務1：撰寫個人介紹

情緒	
	超級緊張！我的人生有什麼有趣的事情嗎？有什麼關於我的事蹟可以放進申請研究所的個人介紹裡？

自我照顧計畫	盡早開始做這件事。首先，我會連續一週每天花十分鐘隨機列出關於自己的有趣事蹟，這些事蹟或許很適合寫進個人介紹，但這時候還不會開始寫個人介紹。我也會詢問幾個讀過研究所的朋友，看能否參考他們的個人介紹。這至少能協助我起步。

任務2：參加研究生管理科入學考試，或者研究生入學考試（GRE）

情緒	呃，還是很緊張。考試都會帶給我很嚴重的焦慮感。
自我照顧計畫	報名考前衝刺課程，這樣我至少會有一群同樣要參加考試的夥伴，同時也可以學習一些不錯的考試技巧，重新複習考試內容。

任務3：填寫十五所學校無趣又冗長的線上申請表單

情緒	我覺得無趣又懶得進行。我很不擅長處理行政事務。而且我要是沒把這類基本的東西處理好，會對自己非常生氣，但我又討厭處理這類的行政事務。

自我照顧計畫	帶著我的筆記型電腦到喜歡的餐廳／酒吧，在吃吃喝喝之間填寫申請表單，這樣一來，至少在我填寫這些無趣的表單時，會有愉快的氛圍來分散注意力。在反覆填寫十五次姓名和住址等資料時，我並不需要超級專注！或許我把目標定在每去一次餐廳／酒吧就完成五份申請表。

任務4：在面試時有出色的表現

情緒	有信心，但也有點緊張。如果我獲得面試的機會，就意味著他們喜歡我的資歷，至少在書面上我是合格的。面試具有決定性的影響，而且我想要確保自己做出最佳的表現。
自我照顧計畫	查看我的大學本科中心的就業教育，看看是否有任何模擬面試的工作坊，或者也可以查看領英網站，看看有沒有我認識的人就讀我選擇的研究所學程，詢問他們是否願意跟我一起練習模擬面試，並且給我回饋建議。多一層的準備或許可以協助我感覺更安心，畢竟我有做足功課了！

排解疑難

1. 我試過了待辦清單附加情緒標示，但就是沒注意到我對任務帶有任何情緒。

你可能是像莎拉這樣的人，非常擅長區隔化，使得你（暫時性）喪失了與自身感受連結的能力。請找一個「對感覺敏銳」的人（例如心理師、朋友或家人等，那些可以引導你的人），跟你一起檢視清單。或許跟另一個人談談，能協助你找到目前困在意識深處的情緒。身為諮商心理師，我可以告訴你一個事實，我們對每件事都是帶有情緒的，即使很難確定那是什麼情緒，這感覺就像是不記得夢境內容的人還是會做夢的。

如果情緒對你來說是一片空白，另一個激發情緒覺察的方式，是詢問自己：「如果我確實對這個項目有情緒，那會是什麼情緒？」如果你想要推進活動的進程，這個問題能協助你有邏輯地思考如何連結情緒與活動。最後一個訣竅是，試試去看著情緒表，我稱這是「情緒字彙刺激」。你可以在網路上找到情緒表，或者透過網站（www.NervousEnergyBook.com）取用一些我最喜愛的情緒表。

2. 我試過很多自我照顧的計畫，但還是感覺被困住了。

你可能已經針對列出的情緒制定了自我照顧計畫，但或許你並未列出某些可能難以面對或太過禁忌的情緒。舉例來說，單親爸爸葛雷格並不願意承認，他去接女兒時會引起的其中一種情緒就是羞愧，這種情緒是源自於他在過程中必須面對前妻的新男友，而前妻在離婚前就已經跟這個男人有了婚外情。因此，若是要用「設定鬧鐘提醒自己該出門去接女兒」這樣的自我照顧計畫，來處理「很擔心我可能會遲到」的情緒，是沒有幫助的，因為這並不能應對他感受到的真正情緒，也就是羞愧的感覺。

很顯然地，對於葛雷格感受到的痛苦，並沒有快速的解決方式，然而，一旦他清楚瞭解到自己在接女兒時總是遲到，是受到這種痛苦感受的影響，那麼，他就能夠制定更有效的自我照顧計畫，例如，在前往接女兒的路途中，透過開擴音功能來與支持他的朋友通電話。有時他會和那位朋友聊到自己對該痛苦感受的感覺，但通常只是跟對方輕鬆地閒聊。這個概念就是，在準備與前妻的新男友短暫碰面之前，葛雷格需要感受到有人「站在他這一邊」。

如果你發現你的自我照顧計畫沒有幫助，請再次檢視自己，確定你有列出關於該清單的真實情緒。如果你很確定已經列出了正確的情緒，但在完成任務上仍面臨困難，請見下一項排解疑難的內容。

3. 我注意到許多情緒，但想不到任何感覺會有幫助的自我照顧計畫。

這裡有幾種可能性：

- 就像葛雷格的例子一樣，你可能需要確認自己是否確實處理了真實情緒。那些計畫感覺起來不是很有幫助，或許是因為它們並沒有處理到這項清單任務所引發的更深層情緒。
- 你可能確實完全連結到一些讓人難以招架的情緒，而且由於這些情緒是如此強烈，你可能會因為有朋友或心理師的支持而受益，他們能協助你發想更多的自我照顧方案。你甚至可能會發現，和朋友一同發想自我照顧計畫的過程，本身就是一種自我照顧的行動！
- 你可能並未完全投入地探索待辦清單中這些項目會停滯的原因。如果你在寫工作報告這件事情上面臨困難，是因為你很痛恨這份工作，那麼對這個情緒所進行的反思，可能會讓你理解到「不要那麼聚焦在做出色的報告，而是更聚焦在找工作」對你更有幫助。很顯然地，你可能還是要做那份報告，因為你不想要完全忽視目前的工作，但能夠清楚瞭解到為什麼自己不想要寫那份報告，此外，針對事業相關主題採取修正性的行動，可能會讓你停止對工作有負面的感受，避免這些負面感受阻礙了你的報告進度。

- 你可能有過度自我擴張的危險。你可能瞭解到，最高功能且最負責任的事情，就是認知到自己已經過度擴張了。高功能者有時候會承擔太多事情。當我開始執業時，有一句格言是：「我對工作來者不拒。」這本來是很棒的，直到我發現自己約診過多，開始分身乏術。最初，我很難承認這件事，但這最終成了促使我提高收費並聘用其他心理師的原因，這麼做對我的個人或事業都是很有幫助的。

  如果你認為過度擴張可能是你感覺被困住的原因，那麼要恭喜你自己花了時間來反思，並且完全理解了自己所面臨的情況。重新檢視你的清單，看看你可以如何策略性地分配工作或者延後某些項目，允許自己退出那些投入了時間後也沒能帶來足夠回報的事物，或者找到其他有創意的方式來調整你的待辦清單。別猶豫，可以請支持你的友人或心理師審視你的清單，協助你仔細考量清單中的事項，有時候，當我們被事情淹沒時，會很難看見一些顯而易見的（或者有創意的！）方式來釋放我們的時間與能量。

- 你可能因為憂鬱沮喪或者其他健康狀況而顯得沒有動力。因此，如果自我照顧似乎不管用了，請盡快尋求專業的協助。

【附註】

1. 親愛的讀者，如果這個強烈的用詞冒犯到你了，我很抱歉！我想把這個用詞放進來「保持故事的真實性」，並且傳達莎拉所感受到的強烈情緒，這個情緒被她先前對於家事的態度給壓抑住了，該態度有著強烈的抽離感，沒能呈現出她有難以完成工作的情況。當平常不會用這種強烈措辭的人也開始咒罵時，通常是展現出一種強烈且未修飾的感受；所以，我想給你這個沒有經過審查的故事版本。

11 心智地圖

先從鳥瞰的視角綜觀全局，再選擇做任何反應。轉換立場便能改變一切。

——艾莉兒・福特（Arielle Ford）

不用我說，你也知道我們的心智裡充滿了複雜的連結，但你可能想要有個工具來協助你在這複雜的網絡裡指引方向。心智地圖對高功能者來說是很棒的工具，因為它能夠勾畫出他們高功能神經網絡中的海量連結與關聯。「神經網絡」（neural network）是諮商心理師用來描述神經元（大腦細胞）之間實體連結管道的用詞，而神經網絡也代表著記憶、感覺、想法，甚至身體的感受。神經網絡運作的典型例子就是，當你聞到蘋果派的味道，可能會感覺立刻回到了過去，來到小時候在祖母家廚房的記憶（如果你的祖母在你小時候做過蘋果派的話）。

你現今的嗅覺神經元，也連結到儲存在大腦其他部位的舊有記憶。這些連結是在童年早期形成的，但現在仍在作用，就像是好一陣子沒人使用的老舊鄉村小徑，但它就和當初新鋪設時一樣，依舊連結著兩地。

你可能會很意外地發現，有些研究顯示，聰明的人神經管道的數量通常比那些較不聰明的人還要少。這乍聽之下可能很違背直覺，但一些科學家表示，神經管道較少，能讓聰明人更快地擷取資訊，因為他們的大腦不需要耗費大量的時間和精力排除眾多的「死巷」，才能得到所需的資訊，相反地，他們的大腦能辨別最有幫助的管道，並且利用這些「捷徑」來提升速度與效率。這個方法有助於快速地理解資訊與刺激物，但這也意味著，高功能者更需要真正瞭解他們的大腦用來處理資訊的指標，畢竟高功能者的心智是處在「高速車道」上，「轉錯彎」或者「過站不停」可能會給他們造成更大的損害。

這個比喻當然是過度簡化了，但神經網絡的運作很類似骨牌效應：當一個骨牌被推倒時，它會「觸發」旁邊的骨牌倒下，並且產生連鎖反應，讓所有比鄰的骨牌接連倒下。有部分「骨牌反應」是完全在我們的覺察意識內（舉例來說，午餐時刻，我在餐廳裡看見服務生，就會準備要點餐），而有些反應則是在我們的覺察意識之外，這可能是因為某些骨牌之間的連結有其他骨牌，所以我們很難理解到哪個骨牌最終會帶來某個特定的反應，或是因為我們隨時都忙著處理其他需要立即關注的事情，很難注意到「背景骨牌」被觸發了。此外，我們有時候會刻意將某些想法、感覺或記憶排除在覺察意識外，但它們可能仍在「意識的深處」醞釀著。所有這一切讓我們很難得知，為什麼我們會對某些事物或情境有那樣的想法或感覺；無法在任何時刻都理解到所有被啟動的神經網絡。

要瞭解為何在日常生活中，某些骨牌效應會比其他需要我們注意的事物更難察覺到，我們可以來看一個例子，思考一下，在一次商務午餐時，以下這些想法和感覺被觸發的情況。

在進行商業午餐時，用餐者把焦點放在客戶身上，這裡所描述的用餐過程中的一些想法和感覺是有意識的，而有些則是「在背景」發生的。在你閱讀的過程中，要瞭解到，無意識中的「骨牌」並沒有時間感，如果無意識的心智被提醒了某個舊傷口或傷痛，它會感受到過去那個事件所引發的情緒，就好像那件事是在當下發生的。在無意識的層面裡，有骨牌連結著各種似乎沒有任何邏輯關聯的概念，而這些連結可能影響到意識層面的感受，同時，這種影響是透過字詞的多重意思所造成的（例如在後面的例子裡提到的「火」這個詞），也可能來自押韻的字詞，或者某些與童年記憶有所連結的字詞。

有意識與無意識神經網絡被觸發的範例

塔梅卡來到我的辦公室並分享道，雖然某次重要的商務午餐會議進行得很順利，她卻意外地感到惴惴不安。隨著我們逐步拆解午餐會議的細節，便發現了一些在她內心深處發生的無意識連結。當我們讓這些無意識的連結浮上檯面之後，也就讓她的惴惴不安感變得合理了。

為了更清晰地呈現，我以楷體來標示故事一開始那些無意識的脈絡。請瞭解到，楷體字型的內容並非塔梅卡實際說的話，甚至不是她完全有意識的部分，而是在我們深入挖掘後才發覺的脈絡。

「在我的重要午餐會議中，那個服務生看起來有點像我的老朋友喬，他在好幾年前和我妹妹交往，卻背著她偷腥。我已經好多年沒想到喬了。我對妹妹的痛苦感到很愧疚，因為是我介紹他們兩人認識的，不過，她的外型比我漂亮，而且我內心有一部分很慶幸自己不是唯一曾被欺騙的人，然後妹妹就漸漸疏遠我，搬到加州去了……我好愛加州。我也想要找到自己的真命天子。不知道加州大火現在的情況怎樣了……我真的不知道為什麼，但是在今天重要的商務午餐會議後……其實午餐會議進行得非常順利，因為我非常機智，根本是火力全開！而且完全專注在客戶所說的話，還對他強調了忠誠是我們的業務關鍵，我們對待客戶就像家人一樣！但我發現自己在走回辦公室的過程中，有種奇怪的罪惡感和不安全感，雖然我試著聚焦在午餐會議後如何更進一步地鞏固客戶的關係。我不知道為什麼。除了客戶之外，我真的沒在想別的事情，而且會議進行得非常順利！」

你可以想像，關於看到那個有點像名叫喬的老朋友的服務生，這件事的心智活動主要都是在塔梅卡的覺察意識之外發生，因為塔梅卡把所有的專注能量都投入在午餐會議中取得最佳表現。

她不知道為什麼「火力全開」的比喻，以及「我們強調忠誠」和「我們會待你如家人」這些字句，會在會議中脫口而出，但是，像服務生神似一位老朋友這樣不相干的事情，實際上也會觸發一連串神經網絡的連鎖反應，並在最終影響到我們在意識層面的想法與感覺。在我們的覺察意識之外，經常會有各種認知和情緒運作在進行著，但這未必是個問題，而且我們還是能夠正常地運作，就像我的案主的午餐會議進行得非常順利。但是，**當碰上某些情況時，就很值得停下來檢視「底層的東西」，看看有哪些神經網絡可能被觸發了。**

案主塔梅卡的心智地圖

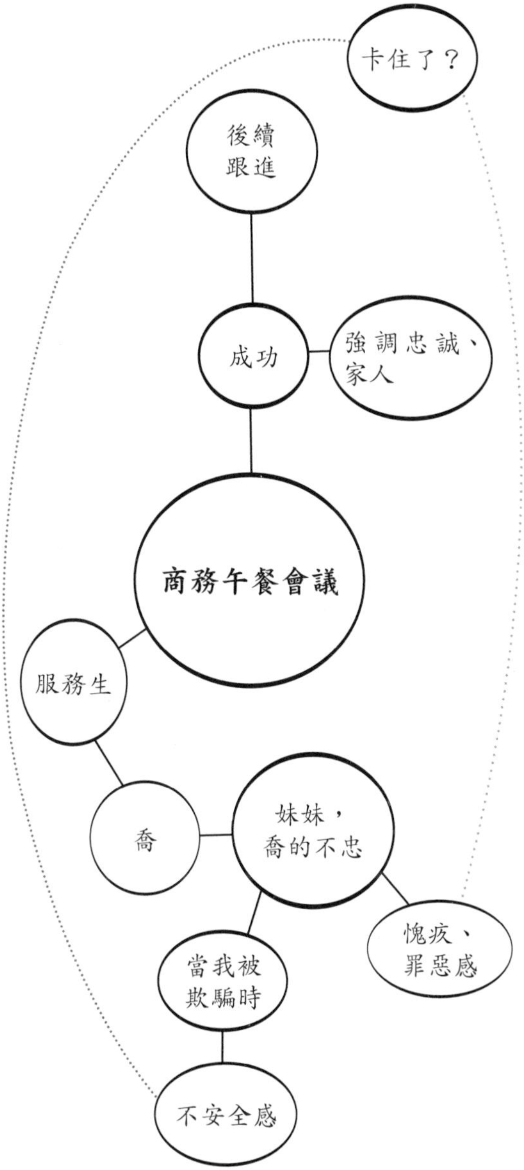

當你想要以有趣的方式來探索神經網絡在某些議題上的作用，心智地圖就能派上用場。本章後文會有關於如何自己進行心智地圖練習的指引。在此，我們先來看一些心智地圖可能會有幫助的情境範例：

1. 重大事件

你生命中有個重大事件，或者有包含非常多層面的某件事情發生了，而且你想要確定自己真的瞭解與事件相關的完整意義、憂慮和感受（即使是正面的！）。像是婚禮（你自己的婚禮，或者親近的人要結婚，他們的婚禮可能在某些方面影響到你，像是自己的子女、前任情人，甚至是好友的婚禮）、喪禮、畢業、換新的工作、開始（或完成）研究所學業、得知自己或伴侶懷孕、買房子、考慮分手或離婚，或者搬到新城市，這些全都是生命中重大事件的例子，關於這些事件，心智地圖可以協助我們瞭解關於自身想法和感覺的完整面貌。

2. 感覺卡住了

當你感覺卡住、麻木，或者無力招架，即使你不完全瞭解為什麼，心智地圖也是很棒的助益（能夠協助你瞭解為什麼）。例子包括在某些同事身旁或工作場合中會意外地感覺緊張、在工作上感覺沒有動力、在保持身體強健或者情緒性進食方面苦苦掙扎，或者對某人（或對每個人！）毫無來由感覺易怒或害羞。

3. 每日回顧

創造心智地圖也是回顧一整天過程的有趣方式。部分高功能者在一天的過程中會非常聚焦在完成自己的待辦清單，導致與自己的「背景」想法和感覺脫節。這可能導致一種「倉鼠滾輪」的感覺，也就是他們不覺得自己與做某件事的原因有所連結，或者不是真的瞭解他們為什麼會對某些事物有感覺（或沒感覺）。

使用心智地圖可以成為傳統寫日記的替代方案，在寫日記時，你需要組織句子，而且需要說明為什麼某些概念會有關聯，以及如何有關聯。在做心智地圖時，你不需要這麼做，只需要在內在探索並觀察這些連結。

心智地圖的助益為何？

能夠清楚看見心智中發生的所有「背景事物」，有非常多的助益。高功能者通常很快就能認知到，對於主要的決定者（也就是他們自己！）來說，擁有相關資訊與脈絡是非常有價值的。

對自己的心智有更好的瞭解所帶來的助益中，有幾項是特別重要的：

1. 當你做了心智地圖，可以減少在生命重大事件（或小事件！）中莫名出現苦惱或良性壓力[1]的可能性。

這一點對高功能者特別有幫助，他們預設的反應通常都是：「很棒，一切都很好，都在我的掌控中！」許多高功能者都會強烈地（甚至是強制性地）向全世界廣播這個訊息，以至於他們與自身的需求或脆弱脫鉤，長期下來，這個模式反而對他們有所損害，因為會有一些「莫名其妙冒出來」的巨大情緒，搞得他們措手不及。

心智地圖能夠協助你事先看到那些脆弱性，好讓你能夠規畫良好的自我照顧，以達到最大的福祉、生產力，或任何你想要在生命事件中做出的反應。這類預先規畫的例子包括：

- 在四天連假到公婆家度假時，先預約當地的按摩服務，或者和最好的朋友約定一個時間通電話，好讓你有一些「獨處時間」，為這趟可能充滿壓力的連假之行減壓。
- 在你預定把鑰匙歸還給前任情人的時間之後，直接約朋友吃早午餐，好讓你有接續的計畫，而且在歸還鑰匙後也有可靠的情感支持。

・計畫好度假行程，並安排在你遞交研究所申請書之後，藉此來慶祝，也讓自己好好舒壓一番。

・刻意事先挑選並預定或購買一部很棒的新電影，確保自己在重大工作簡報的前夕，有個輕鬆、安靜的夜晚，並且早早上床睡覺。

・在孩子離家去讀大學的幾天後，約定一名擅長組織者或朋友來協助整理「有紀念價值的物品」。

心智地圖的概念可以**協助我們預測自己的感受，並且能夠創造有目標的自我照顧計畫**。

2. 製作心智地圖可以協助你瞭解，是否有某些「錯誤的因素」在影響你做決定的過程。

舉例來說，我有個女性案主受到一種傾向所苦，一直在追求「很酷的男子」，而這些男子都會玩弄感情，似乎難以捉模；但實際上，她希望能專注在可靠且願意付出情感的男人，因為這樣的男人才是好丈夫和好父親的人選。當我們根據約會這件事做心智地圖時，她可以看見自己六歲時從一個貧窮的國家移民到美國的過往，她那時幾乎完全不會說英語，因此感覺格格不入，在父母搬遷後，她進入富裕地區的學校體系就讀，對於同儕總是有種自己「不如人」的感覺，這造成她現在面對約會這件事時，會重現過往童年時的身分認同，尋找有著「畢業舞會之王」特質的男性。

心智地圖協助她看見了，有一部分的她相信，成年後透過勾搭上「屋內最酷的男子」，能夠讓她為過去那個害羞、沒有安全感，而且經常遭到拒絕的女孩，提供撫慰或平反；那個小女孩最渴望的就是透過受人歡迎，來獲得他人的接納以及社交地位。透過心智地圖看清楚這樣的思維後，協助她找到自我疼惜的方式，去給予內在那個小女孩所需的慰藉，同時也能從符合成年後需求的面向來尋找結婚的對象。

3. **製作心智地圖就像是練習書寫形式的正念冥想：你只是在觀察並留意腦中浮現的關聯性，不需要立即瞭解或辯證或說明那些關聯性。**

這意味著你會得到正念冥想所帶來的所有助益，但我想要突顯其中一項，也就是這是關於自我價值感的行動。

透過花一些時間來注意並探索心智中的不同「骨牌」如何連結，你也是在對自己發送一種訊號，讓自己知道自己是值得關注與賞識的。

4. 創造心智地圖是練習觀察自己，並且快速輕鬆地將這些觀察轉化為簡短字句記錄下來的方式。

這能協助你更瞭解自己，並且學習找到在對話中陳述你的感受的措辭。（要是你不清楚的話，「陳述你的感受」只是心理學的華麗用語，意思就是「告訴別人，你的內心發生什麼事」。）

案主卡洛琳的四分之一人生盤點

卡洛琳是個優雅又有魅力的年輕女性，在曼哈頓熨斗區（Flatiron district）的一家出版社工作，該地區在歷史上以擁有多家紐約最多樓層的出版社而著稱。在諮商心理師的訓練中，包括了觀察一個人的身體樣貌（在心理學裡稱作「外觀呈現」）如何傳達這個人的資訊，包含身分認同、生活型態，以及這世界是如何看待她的。卡洛琳的外表沉著、處於就業初期、有禮貌、勤奮且有能力。我看得出來，在職場上，她可能被認定為「新鮮人」、「菜鳥」及「渴望表現」，這通常是正面的意涵，但也暗示她在職業上還有許多成長和發展的空間。

不意外地（因為我的收費較高，而剛進職場的上班族通常薪水較低），卡洛琳的諮商費用是由父母支付的。我承認，當我遇到父母為成年子女支付諮商費用的情況時，那個「孩子」可能會有一種自以為是的態度，或者努力想要承擔責任而做出改變，或者缺乏責任感。但卡洛琳並沒有這些情況。

在卡洛琳第一次到訪時，我到大廳迎接她，她立刻從座位上跳起來，非常熱情地感謝我願意見她。她的咬字清晰，說話音量舒服適中，而且有良好的眼神接觸，這是一種自信的訊號，然而，她的聲音和態度仍舊明顯地保持恭敬。

我們在握手時，她的頭稍微傾向一邊，滿臉笑容地看著我，把「妳」這個字拖得很長，說著：「很高興見到妳——卡邁可醫師。非常感謝妳今天撥冗和我會面。順道一提，我好愛妳的部落格！」她已經超越了友好的寒暄，而且似乎是有意識地這麼做。這並不算太「過頭」，但她所呈現出來的形象，似乎是刻意在宣傳她很有活力、有禮貌，而且很親切和善，想試著贏得我對她的正面看法，就好像是研究生在會見論文評審教授時會做的事情。

她非常熱情，幾乎完全抹除了當下的情境，也就是：她是案主，而試著讓她覺得舒適自在，是我要扮演的角色，而且也是我需要向她展現自己是否能夠幫助她。卡洛琳把我的自在感當成她的責任，儘管她實際上是案主。

有許多案主，特別是較年輕的案主，通常會以略微恭敬的態度面對我，特別是在第一次會面時。我瞭解這有一部分是因為年齡差異所致，還有一部分是因為他們試著要傳達對我的專業的尊重，而且我也可以理解這些心態。我要是去看專科醫師，請他協助處理一件對我很重要的事情，可能也會做出類似的額外努力，而且想要盡我所能確保自己和醫師能建立強勁的融洽關係，好讓他能在需要時為我「多盡一份力」。

但是，卡洛琳的寒暄方式有點「太多」，這顯示出她在初次見到被她所認定的權威、專家、決策者、客戶、第一次約會對象、非常心儀的對象，或者任何可能需要討好的人的時候，就會在社交或職業上讓自己吃點虧。我並不是說卡洛琳天生有什麼不好的特質，事實上，我很喜歡她。我只是分享這個脈絡，好讓你能夠清楚地看見她是什麼樣的人，以及她給人的感覺，或者，至少看見她在我們開始諮商前是給人什麼樣的感覺。

我得稱讚卡洛琳的是，她會尋求諮商治療的部分原因是，她有著足夠的自我覺察，能夠理解到自己的完美主義和討好他人的風格，已經開始在社交和職業上限縮自己，她需要學習如何走出這種「熱心賣力」的人物設定。這很符合她的「超前部署」狀態，卡洛琳已經理解到了，這種「乖寶寶學生」的溝通方式，或許在她讀大學時非常有用，畢竟大學生的主要目標就是得到好成績，以及獲得教授的強力推薦函，而且對剛出社會的職場菜鳥也很有幫助，可以讓她成為辦公室裡的甜心寶貝（「我當然不介意幫你買咖啡，我真的很愛去咖啡館！」）。

但她在世故、吹毛求疵且競爭激烈的紐約出版業界工作的經歷，讓她瞭解到，自己需要稍微成熟一些，才可能被認真看待，進而有機會擔任領導或面對客戶的角色，畢竟，在這個職場中，有能力展現社交影響力（至少要有一點點！）並且掌握複雜的社交互動，與純粹討人喜歡有著同等的重要性。同樣地，在她的私人生活中，她也理解到了，在這個讓人眼花繚亂的紐約市約會世界中，她需要擁有討人喜歡以外的其他特質，才能讓她被認真看待，並進入自己想要的獨占約會關係裡，至少最終有可能走上婚姻的紅毯並且有孩子。

卡洛琳坐上諮商室的沙發後，又多稱讚了我幾句（「妳的辦公室好漂亮！喔，好的，謝謝妳，我想要一杯水，非常謝謝妳！」），接著她仔細地把一撮不存在的散落頭髮撥到耳後，誠摯地開始說明她來接受諮商治療的主要原因，我稱之為「四分之一人生回顧」。「盤點到目前為止的人生，並且為未來擬定計畫」這類的諮商目的，在卡洛琳這個年紀的高功能者中很常見，但任何年紀的高功能者都對這類先發制人且目標導向的做法很感興趣。

卡洛琳最近才剛滿二十五歲，想要確定自己不會在沒有進行「盡責查證」（due

diligence）的情況下，就度過了這個里程碑。明確來說，她想要思考關於未來五年的計畫，好讓她不會突然間才「驚恐地」發覺自己已經三十歲了（這是她自己說的，不是我說的），她不想輕易浪費這五年的時間，想要仔細思考要如何運用（或不運用）這五年。為此，我差點站起來為她鼓掌叫好。卡洛琳的討好他人和完美主義傾向肯定需要一些駕馭控制（這是為了她自身的利益，而且這也是她自己的描述），但有這類傾向的人所展現出來的盡責以及深謀遠慮特質，顯然在許多方面是對她有利的，包括了激勵她尋求支持來進行「四分之一人生回顧」。

要盤點你過去二十五年的人生，並且為二十五歲至三十歲的關鍵五年規畫預定的成功軌跡，這並不是簡單的任務，特別是如果你有個喜歡「跟進」事物的活躍心智。幾乎肯定的是，你會有點跳躍式地試著組織、探索，並且找到措辭來描述當前的情況及未來的目標。如果你早就已經組織好了，就不需要來做回顧檢視了，對吧？

在我們談論卡洛琳的職業生涯及約會生活的過程中，她會不斷地做一些口頭評論，像是：「我知道我整個一團亂」，還有「我根本不知道這件事為什麼很重要」。她似乎在透過提及這些想法來貶損自己，並說這些想法是我們在討論她的目標時，她的腦中「隨機」浮現的，還認為這些想法「前後不連貫」，但它們之間實際上是有重大關聯性的，她在治療過程中花了一些時間，才把這些想法連結起來。

過程中，她回想起一些事情，像是童年時的記憶中，一年級的老師灌輸她關於聽從指示的重要性，另外，她也想起中學時一名很受歡迎的男孩子給她帶來的痛楚，因為她記得自己「很不要臉地倒追他」，還有，想起她的父母強調要尊敬權威人士（「他們說這會讓我的人生更順遂，你知道嗎？我得說他們說的沒錯，這確實讓我的人生很順遂！」），或者，想起她的第一個老闆給她取了一個暱稱叫做「我的週五女孩」（「我記得自己對這個暱稱感到很驕傲，雖然我知道那聽起來很奇怪，但我很喜歡！」）。

隨著卡洛琳在我的提問下，回想起踏入職場初期的態度，以及反思自己幾乎是自動討好他人的傾向時，她揭露說，在她年幼時，父親曾經被公司裁員，有一段時間沒有工作。她承認，大約就是在這個時期，她開始不再說要買新衣服，不再要錢去參加班級旅遊，也不再要求其他「額外的東西」，就怕給父親太多壓力。

當時，她開始對父母隱瞞自己的需求，因為對於父母在這段財務困難的期間，還要出錢供應她的衣食住行，讓她有著深深的罪惡感。卡洛琳理解到了，就是在這個時期，她開始負起要顧及他人感受的責任，而且似乎到現在還會這麼做。相關的例子包括，隱瞞那些不同於老闆的意見，即使是很小的編輯觀點（而諷刺的是，這可能導致她的考績不佳，因為老闆希望卡洛琳能夠更積極主動，更獨立思考），另外，她也很難表達自己想要有一段穩定投入的關係，使得她將就現在的男友保持著非正式的關係（「我不想要讓他感覺不舒服或者壓力太大，你知道的，像是，跟他慎重地談論我們的關係或什麼的，逼他做決定」）。

在整個過程中，當卡洛琳分享著她認為的「隨機思緒」時，我則是在筆記著關鍵詞、關鍵事件，以及這一切彼此之間可能的關聯性。這些筆記就是心智地圖的開端。

心智地圖登場

協助卡洛琳在實際上與譬喻上把過去和現在的自己，以及志向中未來的自己「連結起來」，這麼做對於大多數想做「四分之一人生回顧」的案主，以及其他只是想檢視當前狀態的其他案主來說都非常重要，因此我們決定做心智地圖。

心智地圖協助卡洛琳看見她過去的身分認同是建構在當個「乖女孩」之上，透過聽從指示和討好他人的能力來找到安全與價值，但這卻導致她與自身的需求脫節，而且，心智地圖也會讓她看見，這樣的身分認同與她想要為未來創造的身分認同是不一樣的。

心智地圖也協助她看見結婚的目標讓她感到畏懼，因為這與約會的主題有所連結，也與被拒絕的恐懼有強勁的關聯，而這份恐懼則是源自中學時約會經驗中非常痛苦的記憶，因此，她形成了這樣的觀念：支持一個男人的最好方式，就是隱藏自己對他的需求。心智地圖也協助她看見了，她對於這些記憶的羞愧感受，阻止了她去處理這些過往記憶，因為她寧可假裝這些記憶對她來說已經不再是個問題，而這種否認的態度則限縮了她從過往經歷中療癒的能力，讓她無法以自信且不受拘束的態度去投入約會世界。

一旦我們在實際上和比喻上將這一切都「攤在檯面上」，卡洛琳就更能夠對自己有清晰的洞察與認知，包括能夠辨識到，有一部分的她似乎能帶給自己安全，而且也確實在過去帶給她安全，但如果她想要超越目前的生活狀態，那個部分就必須要成長與改變。

舉例來說，她瞭解到，那個埋首於工作、不去投入約會世界的自己，在中學和大學時期非常有幫助，甚至在剛出社會的頭一、兩年，要在職場上立足時也很有幫助，但如果她不學習在兩者之間找到平衡，肯定會阻礙了達成結婚目標的道路。她瞭解到，她內在那個「乖女孩」的部分，讓她成為很棒的編輯助理，也總是讓她名列「老師的寵兒」，這在過去確實能讓她感到安全，但這相同的「安全區」卻阻礙了她渴望的身分認同，也就是成為老練的資深編輯，能夠獨力與大牌作者周旋。

就如稍後會看到的，當你同時要處理許多複雜的元素時，心智地圖會有幫助，而且高功能者確實經常同時處理許多複雜的元素！高功能者通常會覺察到許多因素，在多重的層面上做思考（過去、現在、未來；或者約會、社交、家庭、事業；或者自我價值、強健體魄等等），而且他們想要同時思考所有這些因素，因為這些因素確實經常交互影響。如果我們想要對一個情況做出整體的完整評估，瞭解那些交互的影響就很重要。然而，即使記憶力再好的人也很難同時在腦中處理太多事情，因此要處理這些多重層面的複雜因素以及所有的相關連結，是很困難的。心智地圖能夠協助減輕我們的壓力，讓我們不需要在記憶中同時處理太多事情，也能協助我們更清楚地看到不同部分的自己之間的連結。

很顯然地，透過列出問題，未必能讓心智地圖解決我們的問題，但心智地圖能協助我們定義與瞭解這些問題，而這也能賦予我們力量，得以看清楚一切的狀態再去處理這些問題：當論及目標時，資訊就是力量。如果我沒有深入地理解「乖女孩的源頭」對卡洛琳來說有多重要，而且這種態度也確實在許多方面有所助益，使她能夠一路達到現在的成就，而是直接推促卡洛琳在事業上採取冒險的舉措，這等於忽視了她一直以來很重要的強項，那麼這樣的干預將會徹底失敗。

同樣地，卡洛琳透過自己先前試著「硬撐著」度過約會過程，卻沒能停下來瞭解自己的脆弱之處這件事，她發現到，由於過去所帶來的極大恐懼，讓她很害怕表達自己的需求。由於她從沒完整地瞭解自己的過去，讓她一直重蹈覆徹（很諷刺！）追求男人。基本上，她一直在追求「受歡迎的男生」，非常迎合對方，而且試著要把自己轉變成他們想要的樣子，而不是去考量他們對她想要結婚生小孩的目標來說，是否真的是好對象。

看見自己的心智地圖，有助於卡洛琳在日常生活中更清楚地「看見自己」。她開始使用「乖女孩」做為速記標籤，標示那些她在約會或工作中「感覺渺小」（且表現渺小）的時刻，而且她也能夠更清楚地辨識過去的自己再度浮現的時刻，例如，那部分的自己曾經認為，討人喜歡是在工作上取得進展的方式，即使是在需要批判性思考的對話中。

這樣的觀點（心智地圖會帶給你洞察，因為它會整體檢視你心智場景中的所有重大標的！）能洞悉到，她在任何特定時刻的感受，如何與她在生命中的整體身分認同模式連結，而這對卡洛琳來說非常有幫助。

有時候，光是有了洞察就足以改變模式；有時候，光是透過心智地圖來理解到她正落入舊有的模式裡，就足以刺激她在當下轉換自己。在其他時刻裡，卡洛琳需要引進額外的干預，來刻意地引導她想要嘗試的新方法。但對於自己的來時道路和未來走向有一份地圖，能夠帶給她洞見和信心去嘗試新的行為，因為她知道自己的努力是一種深思熟慮且有自我覺察的策略，並非只是一時的衝動。

每個人的心智地圖都是不同的，也有許多不同的方式能夠運用心智地圖，而卡洛琳是個很棒的例子，讓我們瞭解到，如何將自我身分認同這麼複雜的事物，轉化成基本的概念，好讓我們開始注意到其中的連結。

在你閱讀製作心智地圖的方式之前，你可能會想看一下卡洛琳的心智地圖。我認為，心智地圖更適合以直觀或視覺的方式理解，而不是透過閱讀步驟指引來理解（當然閱讀指引也會有幫助）。快速地看一下卡洛琳的心智地圖，再試著製作你自己的心智地圖！

案主卡洛琳的心智地圖

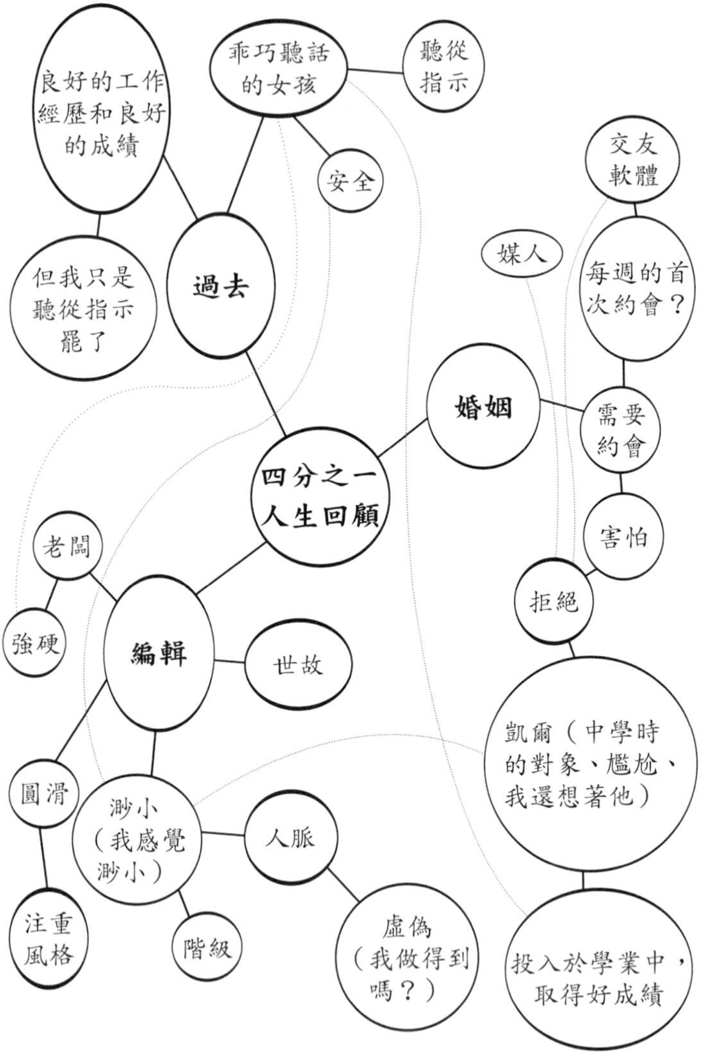
四分之一人生回顧
過去
良好的工作經歷和良好的成績
但我只是聽從指示罷了
乖巧聽話的女孩
聽從指示
安全
婚姻
需要約會
每週的首次約會？
交友軟體
媒人
害怕
拒絕
凱爾（中學時的對象、尷尬、我還想著他）
投入於學業中，取得好成績
編輯
老闆
強硬
世故
圓滑
注重風格
渺小（我感覺渺小）
人脈
虛偽（我做得到嗎？）
階級

如何運用心智地圖技巧

請注意，理想的狀態是，你可以實際用紙和筆來做這項練習。如果手邊找不到紙張，信封背面或餐巾紙也可以拿來使用。試著用手寫，而不是用手機或電腦打字，除非你有某個特殊的軟體可以讓你輕鬆迅速地塗鴉。與單純的紙筆比起來，許多電腦程式似乎會讓這類基本的練習變得更複雜。太過複雜就可能會阻礙你的思考和創意過程，因此，除非你有一套自己真的愛不釋手的電腦繪圖程式，否則我鼓勵你採用「低科技」的方式進行這項練習！

步驟1：定義你的起點

選擇任何你想要探索的議題或主題，這個議題可以很大（還記得卡洛琳的主題是她的整個人生嗎？）或者看起來好像「很小」（例如「因為用了年假而有罪惡感」），或者任何大小的主題（例如「約會」或「找工作」或「編預算」或「健康飲食」，都很適合）。主題可以很廣泛，也可以很明確，隨你決定，但我會建議你，當你在為步驟一選擇起點的關鍵字句時，試著把描述主題的字句上限定在十個字以內。

把關鍵字句寫在紙張的中央，並且把它圈起來。

步驟2：開始畫你的地圖

當你在看起點的陳述時，腦中浮現的第一個字詞、第一個感覺，或者第一個句子是什麼？這就是你的「第一反應」。從起點的圓畫一條線出來，並且寫下描述第一反應的詞句，再把它圈起來。

步驟3：繼續延伸

你會在心智地圖中做下列的(1)和(2)，但可以用最適合你的順序來做。你也可以隨意在兩者之間變換。重點是要持續留意自己寫下的東西，直到你覺得這份心智地圖已經捕捉到所有與起點項目直接或間接相關的重要元素。

(1)看著你的起點，再從起點的圓畫更多條線出來，連結到更多你對起點項目的反應，並且把這些反應也圈起來。這基本上就是在重複步驟二，但除了第一反應外，再增加更多的反應。為了便於區別，我們稱這些為「額外反應」。第一反應與額外反應的每一個，都有線條直接連到起點，意味著起點讓你直接想到這些項目。

(2)看著你的第一反應和額外反應，然後從這些圓圈畫線條連結到新的圓圈，寫下你對這些「次連結」項目的反應。如果這些次連結項目讓你想到更多可能相關甚至只是間接相關的概念、想法或感覺，你可以隨意從這些項目畫更多的線條出來。如果你對這些次連結項目有很強烈的想法或感覺，但似乎與起點項目不太相關，那麼把它們寫下來是沒問題的（我會鼓勵你寫下來！）。有時候，在我們有時間看見完整的地圖並進行反思之前，不一定能夠瞭解某些事物之間的關聯性。

持續做(1)和(2)，直到你的心智地圖看來已經捕捉到你對於起點項目的完整想法與感覺。

步驟4：看到連結

一旦你已經在地圖上寫下所有的「關鍵點」之後，可能會注意到某些圓圈內的項目是有連結、有共鳴或重疊的，即使它們之間可能沒有線條直接連結。舉例來說，卡洛琳注意到「我感覺渺小」在她的地圖上原本是對「成為一名編輯」這個概念的反應，但隨著她檢視整個地圖，她理解到了，同樣的感覺也連結到她過去的感受，覺得自己需要成為「乖女孩」，透過認同與接納才會帶來安全感，而且這也與早年痛苦的約會經歷中遭到拒絕的感受有關聯。地圖上的虛線反映出這些連結。

如何運用你的心智地圖

心智地圖能夠協助你洞悉自己。至於你要把這份洞見拿來做什麼，在每個情況中都是不同的。你可能會發現，純粹更清楚地瞭解自己，以及理解你對某些議題的直接反應，有助於降低焦慮感、提升動力，或者協助你做出把完整的自己都納入考量的更好決定。

下面是我親身見證的另一個例子，和卡洛琳的情況非常不同，但也呈現出案主如何運用從心智地圖中所獲得的洞見。

找到案主麥特的人生目的

麥特是一名備感壓力的律師，他有妻子和三個孩子，而在工作上，他因為感覺缺乏動力而苦惱。他做了心智地圖練習，起點是「我的工作」，而他很快就看到，每當想到工作，就會引發一種恐懼，覺得這份工作把他困在一種會造成自己體重過重，而且只有工作卻沒有生活的人生，這與他年輕時在法學院所憧憬的，成為事務所夥伴的光鮮亮麗人生截然不同。對年輕時的自己來說，這份工作的整個重點在於可以穿高級西裝、擁有可支配的收入來遊歷各地、過著類似詹姆斯·龐德（James Bond）的光鮮亮麗生活，至少在外表和儀態修為上是如此。

心智地圖也呈現出，他很恐懼不瞭解自己的小孩，因為他大部分時間都是待在辦公室裡，然而，心智地圖也捕捉到一個事實，也就是這份工作確實是照顧妻子和孩子的金飯碗，而這也連結到他年幼時關於感覺自己「不夠好」的記憶，因為父母在他進入青春期前就離婚了，父親很少出現在他的生活中。

洞察了所有這些「背景」因素與自身工作之間的連結，協助麥特跟認為自己「很失敗」的那個內在部分和解了，儘管他的人生並不如自己在就讀法學院時計畫的那麼光鮮亮麗。

「那部分的我不知道妻子和孩子帶給我的喜悅，因此，把我現在的人生拿來跟舊有的標準做比較，實際上是沒有意義的。知道自己沒有『失敗』，只是改變了目標，那種感覺真的很棒。」他在回想那份心智地圖時是這麼說的。他也瞭解到了，自己持續緩慢增加的腰圍，帶給他的困擾超過他的認知，而有一部分的他（很有邏輯地）確實會把腰圍增加這件事，怪罪在自己經常只專注在工作上。這項洞察推促他花大錢請健身教練風雨無阻地到辦公室來上課，好讓他不會默默地埋怨工作，好似自己只能在健康和工作之間擇一。在排除了「怪罪工作害他不能運動」的項目後，大幅改善了他對工作的感覺，也對他的健康非常有幫助。

理解到他比自己的父親更能為孩子提供良好的生活，這種感覺非常棒，也協助麥特重新連結自己在工作中的使命感，並讓他瞭解到，為人父之後，勾起了一些他需要去處理的童年過往。這也協助他瞭解到，為孩子提供良好的生活，是支持他們很重要的方式，而且他想要請妻子更常與孩子溝通，讓他們知道，他工作時間很長是為了要支持家庭。他也決定要開始計畫短程的小旅行，帶家人前往沒去過的地方。這能讓他與妻子和孩子有更深刻的連結，同時也是對於自己選擇了這個能夠負擔得起旅行支出的職業的一種肯定。

這些洞見以及後續的行動，協助麥特在情緒上感覺更輕鬆，更能與工作的動機有所連結，而且在家人相處與健康上的壓力也減輕了。這一切結合起來，為他在工作上創造了更大的動力，而這正是他在起點時最原始的擔憂。

排解疑難

1. 當我在看起點時，同時感受到許多不同的反應。我應該用哪一個當作第一反應？

首先，恭喜你！在你挑選心智地圖時，肯定挑選了正確的技巧來練習！心智地圖特別適用於你會同時思考或感受許多事物的情境，因為它能夠協助你把這些議題分隔開來，讓這些議題變得更好管理。

別擔心自己要挑選哪個反應做為第一反應。我在步驟二和步驟三把寫在心智地圖上的項目稱作「第一反應」和「額外反應」，目的是要透過有邏輯組織的方式來說明這項練習。如果你對起點項目（或者任何接續的項目）同時有許多想法與感覺，只要像步驟三說明的那樣，把它們一一寫下來，並且畫圈和連結線條即可。你先寫哪一個並沒有差別，重點是要確定你有把腦中所有的關鍵點寫在地圖上！

2. 我要怎麼知道自己已經完成地圖了？

這是個好問題。儘管沒有立見分曉的檢驗辦法能夠知道你的心智地圖是否已經完成（因為你的神經網絡顯然非常龐大，充滿各種連結，很難完全捕捉在單一張紙上），但有個很棒的經驗法則是，當你覺得心智地圖已經捕捉到與你的起點項目相關的想法與感覺，而且你看著地圖上的所有項目也沒有其他強烈的想法和感覺時，就可以停止了。

許多人在他們的心智地圖達到這個狀態時，會有一種「鬆了一口氣」的感覺。這就像是製作待辦清單的感覺：是的，或許你可以繼續增加清單的項目，無窮無盡地增加，但一旦這份清單已經捕捉到所有重要的項目，你通常會有一種自然的覺察感受，知道你的清單已經完成了。

大多數的心智地圖可以在五到二十分鐘內完成。如果你覺得自己可能做「過頭了」，有幫助的做法是，先停下來，試著去瞭解你對於已寫下的這些資訊的洞察，當然你可以隨時再增加更多的資訊，甚至，如果你想要的話，之後也可以針對另一項主題做其他的心智地圖。

3. 我的心智地圖只是讓我知道「我感覺被淹沒且困住了」，那該怎麼辦？

首先，對於你感覺被淹沒且困住了，我為你感到疼惜。當你面對自己的這些感覺時，要記得這些感覺並不是心智地圖引起的。心智地圖只是一項工具，用來在紙上反映和呈現你心智中的一些運作狀態。這意味著，即使你的情況看似難以面對，但對於當下遭遇的一些議題有很清晰的觀點，實際上是幫了自己一個大忙。

若要找到繼續執行的最佳方式，你可以考慮一次看一個圓圈，並且問自己是否有方法可以影響各個議題或尋求支持。你也可以檢視自己，確認自己沒有讓完美主義的傾向，創造了過度的罪惡感、羞愧，或者被此情況淹沒的感覺。你的心智地圖也可能正在敲響求救的警鐘，暗示著，如果你目前的狀態真的就像看起來那樣難以處理的話，你需要在生命中做出非常「重大的」改變。有時候，你可以把心智地圖當作一種「視覺協助」，讓信任的友人或心理師能夠瞭解你面臨的所有障礙，並且得到一些支持，以找出來引導一份具挑戰性地圖的最佳方式。至少，你不會再把那些問題「困在腦中」，因為你能從信任的人那裡取得新的觀點。

再一次，對於你感覺被淹沒且困住了，我為你感到疼惜。你真的很棒，願意踏出重要的第一步，列出此情況中的所有因素，這能讓你取得所需的支援，盡可能積極地處理這些問題。當我們有一份清晰且正確的地圖，會更容易且更好地瞭解如何一步一腳印地繼續向前邁進。

【附註】

1. 「良性壓力」是我們在正面的生活事件中感受到的壓力。儘管那件事是正面的，但我們仍可能會因此感覺無力招架，例如婚禮中的「喜極而泣」、畢業後感到要「做大事」的壓力，或者在完成一個大目標後感到有點百無聊賴等情況。

12 固定的擔憂時間

讓我們把在事前憂慮的時間，拿來做事前的思考與計畫。

——溫斯頓・邱吉爾爵士（Sir Winston Churchill）

凱特在那一天的所有案主中格外引起我的注意，不僅因為她是個新案主，也因為她在約診的備註上寫道，她也是心理師，想要為自己的私人執業尋求商業諮詢。[1]此外，凱特是從田納西州搭飛機過來的（通常在紐約以外的案主，都會跟我視訊約診），因此，我也明白她為了讓這次會面能夠發生，投入了額外的時間與精力。接待人員把我列在回覆給凱特的約診確認信的密件副本之中；凱特在電子郵件裡已經向接待人員誠摯地表達了她非常期待這次會面，內容很窩心，當然也有些抬舉我。

由於知道凱特對於這次會面的努力與熱忱，我是持開放心態的，但也有點謹慎，因為我得承認，做我這一行的人有時候可能會有點瘋狂古怪（請見第六章高功能者尋求治療時的考量），因此，我是帶著樂觀與警覺交雜的心情來到大廳歡迎她。

我在大廳見到凱特時，她正埋首在一本美麗的焦糖色皮革資料夾裡，裡頭有許多貼上標籤、塗上顏色的筆記，這是個和我意氣相投的女人！儘管在七月的酷熱下長途跋涉，她仍看起來沉著、清爽、好氣色，穿著休閒的亞麻布料衣物，繫著腰帶，腳上是一雙時髦的矮跟細繩涼鞋，很適合在紐約市的街道上漫步。她把烏黑的頭髮往後梳，並在我接近時，臉上帶著期待的神情站起身來。

凱特進到我的辦公室之後，第一件事就是送我一個包裝精美的禮物，那是在蒂芙尼（Tiffany）購買的銀筆。她帶著參雜敬意與自豪的有趣神情向我說明，儘管她來自田納西州，但她和自己的華人傳統有著密切的連結，也希望我接受這個禮物做為她本身文化傳統的表達，在她的傳統中，會在展開特別的新業務關係的一開始餽贈禮物。身為文化、禮儀和事業的愛好者，我知道有這個傳統，但我從沒親自體驗過。我當場就感到著迷、好奇且印象深刻。[2]但我還是有點謹慎。凱特是如此地圓融優雅，我得承認自己感到短暫的不安全感：我希望自己可以達到她的標準！

凱特坐下來後，打開她那美麗的皮革資料夾，說她已經看過我所有的心理師私人執業訓練影片，也完成了與影片內容相關的工作清單作業（她把自己的工作清單帶來給我參考）。她也帶了一張整理過的問題列表，其中有一些還是源自我的訓練影片的直接引言，她甚至還記下了這些引言在影片中出現的時間，做為參考使用！

「我只是想要確保自己有聰明地運用和你見面的時間。」她帶著微笑說，伴隨一個假裝難為情的聳肩，我翻閱著她做滿註記的筆記和問題，努力隱藏我的不可置信。凱特知道她的準備工作有點過頭，而她對這件事也有點自豪，但有何不可呢？她的準備工作非常出色，證明了她願意在打造成功的私人執業上投資自己。

許多心理師想要建立針對高功能者的私人執業，都有很多問題與擔憂。在一定程度上，這顯示出他們對於創造成功私人執業的目標，有著很好的盡責與認知活動程度。但凱特把這種擔憂推上了全新的高度：她對一切都感到擔憂，從沒有足夠的案主，到有太多案主；從擔心自己看起來太年輕，到自己看起來太古板；她甚至問我，對於諮商室裡的正確濕度有沒有什麼看法。當凱特告訴我，她的擔憂快要把自己逼瘋時，我並不意外，她已經擔心到完全失去了建立執業的喜悅感。

我很擔心凱特除了把自己逼瘋之外，可能也不經意地嚇走了那些她想要吸引的案主。對自己過度的擔憂（或者對自己的事業、家庭，或者其他自己的延伸部分有過分的擔憂）都是一種過度自我意識和自我中心的形式。當你從事諮商治療這類協助他人的職業時，自我中心通常不是好事。諷刺的是，凱特知道自己有時候已經「憂慮超載」，卻無力停止……因此，和許多高功能者一樣，她會擔心自己是不是擔心太多了！凱特內在有一部分會因為擔憂而有安全感，因為這意味著她專注聚焦在避開問題上，但她也知道自己的擔憂本身正在變成一種問題。

由於凱特是心理師，你可能認為她知道「擔憂時間」這類的技巧，因為這是相當常見的認知行為治療技巧。但我要告訴你一個小祕密：有時候心理師會見林不見樹。

凱特坦承她在諮商過程中有時很難完全專注在案主說什麼，因為她的內在「擔憂獨白」是如此大聲，導致她在面對案主時分心了，因此我決定要引用「擔憂時間」技巧。她知道這種分心情況是個問題，很擔心忽視它會太不負責任，而且她是（一如往常）真的很擔心漏掉任何重要的擔憂。當我詢問凱特，她是否曾經考慮過「擔憂時間」，她恍然大悟地笑了，開玩笑地舉起雙手摀住漲紅的臉頰。

「喔，不！」她裝作羞愧地嗚咽道：「我想妳可能是對的。但我必須說，我擔心那個技巧並不是真的對我有用。我的擔憂習慣非常頑固！我這輩子一直都是個擔心鬼！我有時候會試著告訴自己的內在擔憂獨白，要它閉嘴，但我似乎就是做不到。」

我向她保證這很值得試一試，並且強調「擔憂時間」最有幫助的狀況，就是當我們認知到擔憂的價值，而不是只把擔憂看成是需要克制的壞習慣。我提醒她，她和我見面時會準備得這麼周全，有部分就是受到她的「擔憂習慣」刺激，我認為這是她的擔憂能力明顯的優勢。這個概念是要駕馭擔憂，給予它正確的形式，讓它能以策略性的計畫來呈現，而不是焦躁害怕的狀態。

凱特擔心「擔憂時間」技巧對她沒有效（她一定會擔心！），但決定放手試一試。她已經根據我的訓練計畫影片的指示，設定好私人執業的看診時間；現在她決定在每個工作天的規畫中挪出兩個小時用作擔憂事業的時間。[3]她在這麼做時也瞭解到，如果有案主預約了她的「擔憂時間」時段，她可以把擔憂時間改到其他時段，只要她一週內平均每天有兩個小時用作擔憂時間，讓她知道自己會有足夠的時間專注在擔憂上。每當她在超市排隊結帳或在其他任何地方發現自己皺起眉頭，就會拿起手機，在行事曆裡的「擔憂事業」時段裡加入更多細項內容。

讓凱特很驚喜的是，她發現「擔憂時間」協助她享受到和先前隨時隨地擔憂所帶來的同等成就感，也確保了她能有策略地使用自身的能量：**她可以坐下來，給這些擔憂投入專心致志、沒有罪惡感的關注，而不是在毫無防備的情況下承接這些擔憂**。在清晰的心智狀態下檢視她的清單，協助她看見哪些項目是合理的擔憂（例如確定有準備好專業的文具紙張），以及哪些項目是浪費時間的原地打轉（例如那些文具紙張應該要用二十五磅的紙，還是二十七磅的紙）。

另一項助益是，當擔憂浮現時，透過在行事曆裡寫下擔憂的主題，她也不再需要浪費認知能量來記住這些擔憂項目；她不再需要持續聚焦在這些壓力主題上，只為了把它們記住。整合她的專注力，也會節省時間與精力資源，而不必用在心理師所稱的「任務切換」（task switching）上；任務切換是頭腦轉換焦點時所需的時間與精力。

當然，另一項附加的助益就是，凱特終於能夠自在地**放鬆與享受空閒時間**（順帶一提，這對心智充電與創意思考的能力極為重要！），而不是用強迫性無止盡的擔憂來占據了休息放鬆的時間。

如何運用擔憂時間技巧

這個技巧非常簡單！但它也可能讓人有些迷惑。其訣竅在於確定你在行事曆上設定了時段，把每個侵擾你的擔憂項目都輸入清單裡，並且在你設定的時段準時開始擔憂（或者，若有緊急的事情打斷了你的擔憂計畫，至少要重新安排擔憂時間）。

步驟1：決定你需要多少時間來擔憂

每個情況都是不同的，但我的案主中常見的選擇是每天十分鐘到每週單次六分鐘之間。凱特的憂慮時間遠超過這個長度，但她有非常務實的原因要這麼做。重點是要評估你擔憂項目的整體數量與重要性，然後再倒回來推算需要花在那些項目上的合理時間。

步驟2：把時間排進你的行事曆

這個步驟很關鍵！如果你真的會把時間和精力浪費在「原地打轉」的擔憂上，那麼就趁這個機會做出改變。請別對自己說：「我可以估個大概就好，我需要每天花大概十五分鐘，所以大致上就以這個為目標，相信這會是有效的。」擔憂時間會有效的原因就是，你的心智中需要確認與細節的那個部分，必須真的肯定知道會有一段明確的時間完全奉獻給無干擾地擔憂任何困在心智中的事物，否則心智的這個部分不會善罷甘休。至少，先嘗試一週，看看你的感覺如何！

步驟3：列出你的擔憂事項

在一整週裡，每當你覺得有需要時，就可以增加值得擔憂的項目。沒有什麼項目是太大或太小的。（但如果有項目是真的需要緊急關注的，你就應該盡快處理它，而不是拖延著並放到擔憂時間裡。）別卡在試著要評估某個項目是否值得擔憂，只要它出現在你的腦中，就把它加到清單裡，到了擔憂時間再來處理它！

步驟4：坐下來憂慮這些事項

我是說真的。在你排定的時間裡坐下來，拿著紙筆，書寫／思考／研究你的擔憂項目。如果你發覺自己真的需要更多時間來探索特定的主題，就在這次時段結束後，為那項議題在行事曆裡排定額外的時間。但是，案主通常會發現，坐下來檢視一整週內腦中冒出的隨機議題，並以理性、專注的心智狀態聚焦在這些議題上的時候，最好的情況是會覺得它們都是能夠處理的（最糟的情況可能是會覺得它們有點蠢，但仔細想想，這也算是好消息）。這個步驟也可以為提升正念與後設認知鋪路，例如，整體檢視你的清單，可能會引導你注意到自己的擔憂是否聚集在某些主題或是以某種模式出現。

排解疑難

1. 要是有我解決不了的問題，該怎麼辦？

讓我用有幫助的洞見換個方式說：恭喜你弄清楚了這件事，而不是徒勞無功地擔憂你無法解決的問題。請參考控制區技巧！與其關注你無法解決的問題，轉而把精力聚焦在你能夠解決的問題上，對你更有利。如果有什麼擔憂是你無法解決但又是必須解決的，你能夠理解到自己需要尋求協助，這仍舊是一種成就。找信任的友人、家人或專業人士談談你的情況，或許能獲得一些支持來解決這個問題。

2. **當我在擔憂時間檢視清單時，要是我的擔憂項目看起來很愚蠢，該怎麼辦？**

那會是很棒的消息！請給自己一個自我疼惜的笑，感謝自己使用了擔憂時間技巧，而不是一直在那些「不是問題的問題」上打轉，儘管它們一開始感覺起來好像很重要。若你想要更進階，可以練習正念技巧，看看是否能夠找出原因，瞭解為什麼它們當時看起來很重要。你那時是否有壓力？你是否正在跟某個讓你感到沒安全感的人交談？但也別強迫自己太過擔心「為什麼的因素」，一笑置之後繼續前進，也是沒問題的！

3. **在我把擔憂事項寫入清單後，要是我很難把注意力轉離這些擔憂項目，該怎麼辦？要是我會一直思考這些擔憂項目，該怎麼辦？**

你可以嘗試心智清單技巧，或者參考排解疑難的下一個問題。

4. **要是我真的有「緊急擔憂事件」，不能等到排定的下一次擔憂時間，該怎麼辦？**

你的覺察力很不錯！擔憂時間會協助你劃下界線，阻隔那些純粹是「頭腦雜念」的擔憂，否則這些擔憂會時時刻刻消耗你的能量。如果你理解到其中一項擔憂並不屬於這個類別，而是一個需要你立即關注的真確問題，請務必立刻聚焦在這件事情上！

【附註】

1. 如果有心理師前來尋求協助建立私人執業，我會將約診的費用提高一倍（原本已經很高了），因此，我不會遇到太多心理師來尋求個別協助。（畢竟，我在這種情況裡是在販售專屬的商業機密，而且我也鼓勵心理師利用我的教學影片以及每月團體教學的電話會議，而不是由我面對面將資訊傳授給他們。）

2. 心理師通常不會接受案主贈送的一定金額以上的禮物，但凱特並不是諮商治療的案主，而是尋求商業諮詢的案主。因此，親愛的讀者，要是你很疑惑這對我來說是否有道德衝突，請你放心，這並不是諮商治療的關係。此外，回絕凱特的贈禮不但看起來很無禮，在文化上也是不貼心的舉動。

3. 這比大多數人所選擇的時間還要多，但在凱特的案例裡，這個時間是合適的，因為她正在積極建立事業，確實會有相當多的資訊需要她做考量，而排定一個充裕的時段，能夠避免她擔心時間不夠。

13 反應預防

勝人者力，自勝者強。

——老子

蕾貝卡是個極度聰明又有些古怪的年輕投資分析師，任職於華爾街一家小型避險基金。打從出生開始，她持續在生命中克服了眾多挑戰，她母親生下她時還是青少女，跟她父親（比母親年長十歲）奉子成婚，她父親經常不在家，部分是因為他的工作是一名卡車司機，還有部分原因是蕾貝卡描述的「重大問題」，也就是流連於女色與賭博之間。儘管卡車司機的收入還算不錯，但由於父親的業餘嗜好，使得家中財務狀況吃緊，經常有憤怒的收帳人員上門催討錢。她還記得一個格外痛苦的記憶，也就是父母必須賣掉家裡的餐桌才能繳房租。她母親在結婚時基本上還是個小孩，成年後也成了溫順且有些依賴的女性，生活在丈夫的控制之下。

儘管蕾貝卡知道父母都愛她，但除了最基本的必需品之外，她的父母也沒辦法提供什麼給她（在物質和非物質必需品的層面上都是如此，蕾貝卡基本上是自己把自己帶大的）。儘管如此，蕾貝卡的辛苦童年還是讓她形成了強烈的覺察意識，想要為自己創造更好的人生。她利用對於貧窮之苦的親身體會，來激勵自己努力學習與工作，直到自己在華爾街獲得了不錯的收入。

蕾貝卡是我私人執業的早期案主之一，因此我那時對於在華爾街工作的人能賺多少錢還有些天真。我得承認，當我得知她的收入時，我的下巴都掉下來了。我只能說，她的收入真的很高，特別是她又這麼年輕（諮商期間，她在哥倫布圓環地區買了一間很大的公寓，那邊的公寓都是數百萬美元的豪宅，對單身的年輕人來說，要是沒有家裡的支助，通常是買不起的）。然而，你大概也猜到了，避險基金通常對於如何投資非常精明，而他們投資蕾貝卡並沒有錯誤。蕾貝卡全心全意投入在她辛苦贏得的工作裡，經常非常深度地思考工作的事情。她甚至連在夢中都會想到新的方法來分析股市，而她的工作就是要預測股市的表現。

「我不會停下來。」蕾貝卡的語氣裡交雜著自豪與感傷。「一旦我下定了決心，就像是咬著骨頭的狗。」蕾貝卡的陳述，以及她對這件事的矛盾情緒，是很合情合理的。她很努力不懈。在職業生涯裡，這是她最大的資產：在找到方法讓數據的魔術方塊排列方式對投資組合有利之前，她是不會善罷甘休的。這種不屈不撓的韌性，讓她能夠全然聚焦在讓自己擺脫貧窮，晉升到財務安全的境界（或者財務奢華，看你的標準是什麼）。然而，在人際關係上，她的韌性反而成了累贅。

還記得我提到蕾貝卡「有點古怪」嗎？我可能輕描淡寫了一些：她相當古怪。會顯現這種古怪的一個地方，就是在感情關係方面。儘管她很堅定地認為，身為女人，她想要被男性追求，但她又會強迫性且持續不斷地告訴她的對象，要如何追求她，而且，如果她覺得他們做得不夠，就會經常回饋修正建議給他們；換句話說，當她試著在「指導」他們如何追求她時，基本上是自己在追求那些男士，而且（這才是弔詭之處！），她到最後還會怪他們只讓她一個人做所有的努力。到頭來，男士們寧願選擇退出這種穩輸不贏的情況。

蕾貝卡因為極度恐懼遭到遺棄而受苦。這可能是源自童年的恐懼，認為父親可能會因為別的女人而離開，或者因為嗜賭成性而讓他們一貧如洗，或者也可能源自於母親總是處在出神狀態，因為她似乎已經將自己癱瘓，以做為對丈夫破壞性模式的因應策略。

蕾貝卡的交往對象退出關係時，就會在她內心引發這些來自童年的強烈恐慌感與羞愧感，造成她進行自己所謂的羞辱模式，也就是不斷傳訊息或打電話給明顯已經拒絕她的男人。她知道自己投入在不顧一切的慌亂行徑中，試圖讓對方再次追求她，而她的內心深處也知道這麼做並不會帶來自己想要的結果，卻無力停止這種行為。有幾次，她甚至在諮商過程中拿出了手機，強迫性地檢查對方是否有回訊息，甚至會忍不住當著我的面迅速傳了訊息給對方。

儘管這是一種自我破壞的模式，但蕾貝卡是從父母身上習得的：就像父親有成癮行為或母親有些「登出」的這些子女在成年後的情況一樣，蕾貝卡習慣性地認為自己有責任去刺激、管理或引誘男人來滿足她的需求，而且很難走出這樣的角色，特別是她又有個格外不屈不撓的心智，還有驚人的能力可以對任何事情做徹底的分析。

反應預防技巧登場

蕾貝卡覺察到，她並不是真的想要繼續拿起手機來「聯繫」、「跟進」、「溝通清楚」，或者用其他婉轉的說法來將她在脆弱時刻的執迷行為合理化，而這樣的覺察能力使得她非常適合使用「反應預防」的技巧。這是一種很受歡迎的認知行為治療技巧，最常使用在有強迫症行為的案主。其基本概念就是，生命帶給我們的情境會反覆促成令人不快的反應，而我們可以透過學習如何預防自己做出那些反應而受益。

瞭解做出這種反應的原因，通常在治療上有很大的價值，但當我們以某些令人不快的方式做出這種反應到了某個程度時，就會希望能終止它。蕾貝卡先前找的心理師，確實協助她洞悉了自己為何及如何發展出追求男性的模式，卻沒有做什麼來幫助她改變。這也是她會來找我的原因。我和蕾貝卡也花了一些時間檢視與瞭解她對自己的洞察，但很快我們就清楚瞭解到她早已徹底分析過自己了。目前，她只是需要學習如何停止強迫症似的拿起手機傳訊息給男人，特別是那些明顯已經拒絕她的男人。

把一種難以處理且令人尷尬的長年模式，拆解成一種簡單、直接、可預期的刺激與反應模式，對蕾貝卡來說是個有幫助的做法。這麼做能夠**讓先前感覺是她自身特質的一部分更具象化，並且把這部分重新定位為她想要改變的「刺激與反應」行為**。對她來說，那個刺激物就是經歷到那些暗示男人在拒絕她的感覺或事件，而她的反應則是開始傳訊息給對方。

蕾貝卡想要的新反應是，在男人拒絕她之後，透過認定這個男人並不適合她來回應。當某個男人拒絕她時，顯然就不是在追求她，而這就跟蕾貝卡想要的不一樣了。而且那個男人也等於是在說自己對她沒興趣，蕾貝卡肯定不會覺得無法得到的男人是她渴望的。蕾貝卡希望，透過認定一個男人不適合她，她比較不會再傳訊息去糾纏他，更別說去追求他。

純粹從行為的角度來看，我們無法讓蕾貝卡在心智上停止渴望那個男人，但我們可以控制她是否傳訊息給他。對蕾貝卡來說，她在過去幾年間已經傳送了數以百計的訊息給拒絕她的幾十個男人，因而承受了嚴重的羞辱，因此光是想到至少能夠**停止傳**

訊息的行為就非常誘人了。身為諮商心理師，我同意這麼做對她是最有利的。此外，**當我們可以改變自己的行為時，思維通常也會跟著改變**，因此，我和蕾貝卡決定聚焦在如何運用反應預防技巧來改變傳訊息的行為。

一般來說，最佳的反應預防技巧，包括了透過做別的事情來讓你無法做那件想要改變的反應方式，直到那股衝動消退了。這個目標是要盡可能地移開你的意志力，把你不想要的行為變成不可能（至少暫時不可能），進而讓你免於經常上演的內在「拉鋸戰」。在較輕微的案例中，只要給自己更好的替代選項，就能夠轉移焦點足夠久的時間，直到衝動消退。

有鑑於蕾貝卡不屈不撓的性格特質，我們知道必須給她配備堅不可摧的反應預防策略，以便「把她從自己手中拯救出來」。我們選用的方法可能聽起來有些古怪，但要記得，蕾貝卡傳訊息給拒絕她的男人這種強迫症行為，也是很古怪的，而且她也想要確定這種行為能停止。以下是我們提出的做法。

首先，蕾貝卡不能知道自己的手機帳號的密碼，要由一位信任的友人重設密碼，但不能告訴蕾貝卡，而且她要把手機帳號的電子郵件信箱，重設成那位友人的電子郵件信箱，讓蕾貝卡更難「破解闖入」她的帳號。蕾貝卡也要請這位友人代替她打電話給電信公司，為她的帳號增設口頭密碼，讓蕾貝卡更難致電給客服，請對方傳送登入連結給她，因為她不會知道口頭密碼是什麼。她知道，當真的有需要時，還是能夠進得去自己的帳號（畢竟她是蕾貝卡啊！），但她得要傳真自己的身分證件影本才能辦到。採取這些步驟，能夠創造更多登入帳號的阻礙，此外，她會覺得，如果在做了這麼多之後，她還是「擅自破解闖入」自己的帳號，是對大力支持她的朋友大不敬。

接下來，每當蕾貝卡被一個男人拒絕，她會立刻把他的手機號碼從手機中刪除，好讓自己無法聯繫他。然而，這仍留下了一些灰色地帶，例如，要是這個男人並沒有真的拒絕她，只是看起來「消聲匿跡」了好幾天呢？[1]接下來這六點，是蕾貝卡加入其反應預防策略的考量因素，可以用在她因為某種原因不想要完全刪除一個男人的手機號碼，或者她已經把那個男人的手機號碼背下來，或者她害怕自己就快要擅自破解並闖入自己的手機帳號來尋找已經刪除的手機號碼等情況。

你會注意到，這些都不是永久性的解決方案（畢竟，要永久移除一種通訊方式，幾乎是不可能的事），但這些方法確實能協助她「智取」那過度活躍的分析師部分，否則她就會進入超載模式，提出荒謬的理由，還將傳訊息給拒絕她的男人這件事合理化，然後隔天又對自己感到既羞愧又憤怒。

・不帶手機出門，並且搭乘地鐵直達車或是其他無法一時興起就掉頭跑回去拿手機的地方。

- 把她的手機用聯邦快遞寄給自己，純粹就是讓手機離開身邊較長的時間。碰巧她的住處附近就有聯邦快遞的寄件機臺，所以這麼做相當方便。
- 告訴那個男人說，可以忽略她之後傳來的任何訊息，不論她在訊息裡說什麼（這適用於拒絕她很多次的男人，她已經把對方的手機號碼背起來了，所以比較難阻止她再次傳訊息，而且她自己也知道繼續跟對方聯繫，對自己來說並不健康）。告訴對方這件事會很尷尬。但她也認為，跟先前幾乎是單方面瘋狂傳訊息的模式比起來，告訴對方可以忽略訊息，反而比較沒那麼尷尬。她也不會只因為感覺被拒絕或忽略了，而耗盡心思去傳那些求歡、憤怒或悲傷的訊息，或者傳送一些念舊的訊息，意圖誘惑對方；而對方偶爾會回覆，可能只是因為他覺得無聊或孤單了，或者因為她的關注而使他自信大增。
- 關閉手機電源，或者把某些聯絡人的通知關閉，同時試著讓自己重新聚焦並投入所有精力在「其他事情」上，而不是經常查看手機裡是否有最新對象傳來的訊息。這也是很有幫助的，因為她知道，強迫性地檢查手機通常就是一種前兆，接著她就會思考要傳送什麼樣的訊息，才能「推促」對方再來約她出去。
- 請幾位朋友擔任「救命熱線」，讓她可以在需要支持時打電話給他們。

・把一些她最尷尬的訊息內容列印出來，放在可以隨時拿來閱讀的地方。當她有股衝動想要傳送類似的訊息給一個新對象時，這麼做有助於讓她從那股衝動之中「迅速清醒過來」。

最後幾個項目不像前面的那麼激烈，但蕾貝卡知道當這些較溫和的舉措沒用時，她可以使用那些較強力的選項，這讓她感到安心，畢竟她的衝動有時會非常強烈。這種區分不同力度層級的反應預防選項，也讓她有機會看到自己可以依靠意志力到什麼程度，才真的需要採取這些方法來阻止她聯絡這些男士。

透過練習反應預防技巧的這些方案，蕾貝卡對於想要聯繫這些男士的強烈衝動刺激，最終能夠體驗到不同的反應方式。當她開始看到不去聯絡拒絕她的男人是什麼感覺，以及發現自己在隔天醒來後衝動已經消退時，感覺有多麼自豪，而且沒留下任何尷尬的訊息會讓她懊悔，她終於開始體驗到一種全新的、正面的結果。她以前從沒體會過忍住不傳訊息的好處，因為她總是無力抵抗那股衝動，但在感受到新的行為方式所帶來的勝利感及新認同感之後，也給她帶來力量並協助她獲得動能。蕾貝卡所創造的良性循環及掌控感，是我們開始體驗成功時很常見的助益。

透過停止傳送令人不快的訊息，[2]蕾貝卡創造了一種新的動態：她不再經常覺得要把自己從洞裡拉出來，而是開始感覺自己處在一個良好的狀態，也想要保護並維持這樣的狀態。此外，她也開始注意到，在第一次約會後，沒有迅速傳訊息推促對方再次約她出去，有時會很驚喜地發現，對方會主動傳訊息給她，而這樣的互動方式實際上讓她更開心，比他們只是回覆她的訊息好多了。當然，反應預防技巧並不會讓蕾貝卡的約會過程變得輕鬆愉快，而是反應預防的行為模式防護網能幫助她在面臨挑戰的時刻，可以保持在正軌上。

如何運用反應預防技巧

反應預防技巧對於生命中最令人挫折的一種行為模式最為有效，也就是那種你知道自己會去做，但你不是真的想要做，卻還是很難停下來的行為，因為在某些（通常可預期的）脆弱時刻，你總是會感覺非常想做那個行為，而且那種惱人的模式是如此可靠，幾乎從不缺席。不論是情緒性暴飲暴食、在新關係中太快就發生性行為，或者是看電視時會不由自主地咬指甲，反應預防技巧都能協助你阻斷生命中有問題的刺激與反應循環。以下是執行的方式：

步驟1：定義你想要停止的行為

那個行為必須是你實際會做的事情，而不是你的思考方式或感覺（如果你無法把想要改變的事情，歸結到某個想要停止的特定行為，可以參考思維替換、心智清單，或者本書中的其他技巧）。對於有明確開始與結束的行為，而且是清楚可觀察的行為，反應預防技巧是最有效果的。要確認某個行為是否符合這些要求，有個簡單的測試就是，如果是別人可以觀察到你實際在做的行為，就是符合的，即使那個人只是在無聲的監視器畫面上看到你做那件事。

步驟2：瞭解引發這種反應的刺激來源

在蕾貝卡的例子裡，那個刺激來源是「感覺被拒絕了」。在其他例子裡，例如太快發生性行為，那個刺激來源可能是和新的心儀對象約會。如果是情緒性暴飲暴食，刺激來源可能是發現自己面對著大量的療癒食物。當我們有明確可辨識的行為觸發因素時，反應預防技巧會最有效。該行為必須是可觀察的，但其觸發因素不一定要是可觀察的，也可以是一種感覺狀態。

步驟3：製作應對清單

製作一份清單，列出你可以用來應對同個刺激來源的所有方式，讓你不會再次陷入舊有的反應模式。

目標是至少要訂出三種方式，好讓你能有些彈性，去應付不同程度的誘惑或情境。舉例來說，我曾幫助過一名情緒性暴飲暴食者，他的反應預防方式包括了：在餐廳吃飯時，請服務生註記將餐點做成半份，或者提早來收走餐點；在家裡的訪客離開後，立即把沒吃完的生日蛋糕丟掉，或者把喬遷慶祝派對賓客帶來的美味香蕉蛋糕丟到垃圾桶；如果丟到垃圾桶裡的食物似乎還在呼喚著他，就把一整罐鹽巴倒進垃圾桶裡的食物上（只要食物看起來還能吃的話，有些情緒性暴飲暴食者會在把食物丟進垃圾桶五分鐘後又撿起來吃，這要看他們的情緒狀態以及食物美味的程度而定）。這些案主會樂於將多餘的食物捐贈給有需要的人，但有時那些食物從沒真的送到捐贈物資的中心去，因為他們會在還沒來得及協調好捐出食物之前，就把食物給吃掉了。

我也幫助過一些在約會的案主，他們知道自己有太快發生性行為的傾向，在跟新對象大約第三次約會時，還沒有真正在關係裡有想要的安全感之前，就發生性行為了。因此，他會安排在浪漫晚餐約會當晚的十點，請朋友跟他通電話，當作一種防護網，以免他在晚餐後還會持續延長約會時間太久，那通常是他會發生性行為的時間。（許多高功能者都非常認真看待他人的時間，因此在約會後和一位朋友兼社交支持來源有約定的話，是個很棒的方式，能夠阻止他對興奮的約會刺激做出反應，不會因為待得太晚而發展過頭了）。

或者他會給那位朋友一張自己的醜照，並且告訴那位朋友，如果因為他太得意忘形，不想按照計畫早早結束約會，使得他沒有準時十點通電話的話，就把他的醜照貼到臉書上（這是多一層更嚴厲的舉措，因為那位案主擔心自己可能在約會中被迷昏頭，因而受誘惑去放朋友鴿子）。

或者，如果他決定要去約會對象家裡「小酌一杯」，但擔心可能會有進一步的發展，那麼他可能會預約接送服務，約定某個特定時間來接他。還有些人可能會在家裡先用水性筆寫一些很蠢的字句在自己的胸口和肚子上，然後才去約會，徹底破壞可能坦誠相見的機會。（是的，這聽起來很荒謬也很尷尬，但對這些案主來說，他們試著要打破在關係準備好之前就和難以抗拒的特別／性感／甜美約會對象上床的習慣。與他們可能遭遇的心碎情況比起來，這樣的反應預防方式其實輕鬆許多。）

排解疑難

1. 我想不到任何萬無一失的方式來停止我的行為。

如果你很難針對某些行為想到什麼防護措施，那麼你有幾個選項：

- **對自己有耐心**。你可以從稍早的例子中看到，有時候要花不少腦力才能想出一些有創意的方法，像是用聯邦快遞寄出你的手機，或者約會之前先在你的肚子上寫一些愚蠢的字句。有時候，反應預防的舉措也需要費一些功夫，像是請朋友接管你的手機帳號。因此，請給自己至少二十分鐘非常專注的狀態，同時手中拿著紙筆，好讓你能夠隨時記錄想法，免得自己因為腦子一片空白而開始失去耐心。
- **你內在有一部分可能不想要停止那個行為**。實情是，你內在肯定有一部分不想停止那個行為，而那個部分偷偷地阻止你運用完整的認知能力來停止該行為。要解決這種情況，就要詢問你自己，那個令人不快的行為會帶給你什麼？那個行為是否帶給你某種附加的好處？如果是的話，請檢視看看，在你停止那個先前能滿足你需求的特定行為後，是否還有其他方法能讓你內在的那個部分繼續得到它所需要的東西。舉例來說，蕾貝卡理解到，有時候她只是極度想要找人說話，因此，她會習慣性地追求男人，以做為滿足此需求的方式，儘管該行為打亂了她在戀情中想要的追求關係。她發現，有時候，打電話給朋友或者到網路聊天室，就能解決她想與人連結的需求，而且不需要做出任何會讓她後悔的行為。

- **你可能需要朋友或心理師來協助你腦力激盪**。有時候我們會被困在自己的模式裡，或者因為令人不快的行為而苛責自己，很難對於展開新模式有創意的思維。別低估了跟一個足智多謀且願意幫你達成目標的人好好聊一聊，所可能帶來的效果。

2. **我嘗試過一些反應預防技巧，但都沒有用，後來是自己找到其他方式。**

讓我從正面的角度重新陳述這件事！好啦，或許不是全然的正面，但是偏向正面。這個情況顯示出你很聰明，而且意味著你投入於學習的過程中。當你「智取」了第一次嘗試反應預防技巧的努力後，所做的是收集什麼行得通和什麼行不通的資訊。這會賦予你力量去精煉、調整，或者強化你的反應預防技巧。這是完全正常且健康的。別期望第一次嘗試就能做到完美，你是在跟一個頑固的行為習慣拉扯，所以要給自己一些空間去發掘正確的方式來精通此技巧。

舉例來說，蕾貝卡一開始很氣餒地發現，光是刪掉那個男人的手機號碼是不夠的，因為她只要去查看雲端的紀錄就能找到號碼。但她並沒有放棄，而是變得更有創意，主動採取額外的舉措來把自己鎖在自己的手機帳號之外。

同樣地，有情緒性暴飲暴食的案主，對於把一盒杯子蛋糕丟進廚房垃圾桶五分鐘後又去撿回來吃，感到極度羞愧，當他們理解到只需要在丟蛋糕時順便倒一罐鹽進去，或者把整盒杯子蛋糕拿去沖水一陣子再丟掉，或者如果他們住在公寓大樓，就直接把整盒杯子蛋糕丟到垃圾滑槽裡就可以了，他們便因此找到了勝利。這些額外的舉措，更精緻地調整了純粹把甜食丟進垃圾桶這種「起步的構想」。

重點是，如果你碰巧能針對初步的構想找到聰明的替代方案，就別因為氣餒而輕易放棄了。高功能者通常需要嘗試一、兩次，才能夠找到「萬無一失」的反應預防方式。

3. **有時候，我根本沒機會執行反應預防技巧，因為我通常到了自己正在做或已經做了這個問題行為，才會注意到這件事。**

要記得心智地圖章節裡提到的，我們的大腦會刻意形成習慣，讓神經管道的運作更快速且有效率，而心智無意識的層面有時會試著對你「隱藏」事項，因為比起在那個當下去處理那些事項，隱藏起來會簡單多了。你遇到的可能就是這種情況。

例如，許多習慣性咬指甲或者情緒性暴飲暴食的人，會說他們只是坐下來看電視節目，結果四十五分鐘後「發現」自己坐在沙發上，把指甲都咬光了，或者把食物都吃完了，卻不記得自己有吃東西。蕾貝卡偶爾會發現自己到了在傳送很丟臉的訊息給得不到的男人，試著爭論到讓他不再拒絕她的時候，才真正注意到自己在做什麼。

好消息是，這種問題是有方法可以補救的。在這類情況裡，我會鼓勵你考慮下面的選項：

- **培養你的正念技巧**。即使是在你沒有跟什麼衝動對抗的時候，也可以練習正念技巧，像是三階段呼吸法等等。正念技巧會協助鍛鍊心智的肌肉，成為支配一切的「沉著心智」或後設認知。這些心智肌肉能協助你對自己的想法、感覺和行為有更好的觀點與覺察，即使當你正處在壓力下或感覺分心時，也同樣有幫助。正念的整個重點就是在觀察自己，因此，這種「迷失自己」到了你會無意識地從事問題行為的程度，就顯示出你可以從更好的自我觀察技巧中獲益。我知道自己有時候是極度的樂天派，但我想要鼓勵你把這件事看作是一個很棒的機會，因為你現在有很強烈的動機去學習正念技巧及其他潛在的工具，藉此來達成你的反應預防目標。動機通常會提升我們的學習能量，而且有個明確的事情可以做練習是很棒的，讓你可以精進技巧。因此，你可能是在經歷一個很棒的契機。

- **辨別模式**。請開始留意那些「無意識的失誤」是否總是發生在某些特定情況裡，像是在你喝酒過後、坐在電視機前、淹沒在工作裡，或者其他會降低自我覺察的情況。**如果你的失誤情況確實有種模式，那是好消息，因為可靠的模式就意味著你可以開始預先思考因應的方式**。你可以在電視機或餐盤上貼一張便條紙，寫著大大的「思考！」，讓你在看電視節目吃零食的時候，還能保有些許的自我覺察，或者，你也可以把手機桌布更換成新的明顯畫面來吸引你的注意力，並且提醒你那些想讓自己在晚上出門社交時記得的事情，或者，你可以運用任何方法在心智快車道上設置減速丘，避免你再次陷入某種令人不快的習慣。請給自己這樣的一份禮物，找到安全的方法來保持專注聚焦，好讓你能控制（並享受！）整趟過程。
- **留意「暫停」（HALT）**。「暫停」是個方便好用的打破習慣工具，能夠協助預防「意外的攻擊」。它的英文名稱是四個英文單字的縮寫，代表著飢餓

（hungry）、憤怒（angry）、孤單（lonely）、疲憊（tired）。這個方法經常運用在成癮症的治療上，因為當成癮者經歷這些感受狀態時，更容易出現症狀復發的情況。這些狀態可能非常難纏，甚至會挑戰我們基準的正念程度。因此，當你發現自己體驗到這四種狀態的任何一項（飢餓、憤怒、孤單、疲憊），請給自己一份大禮，做出額外的努力，別再次陷入問題行為模式內，別再讓已經不好的情況變得更糟。你甚至會發現，在暫停時刻裡成功地擊退了衝動，實際上能夠讓那一刻變得更光明，因為你會體驗到自豪與成就感，而這些感受可以協助你的情緒，創造正向的動能。

【附註】

1. 蕾貝卡知道自己習慣傳訊息給男伴，推促他們要做溝通，但這麼做只會把男士們推開，或者打亂了她渴望的追求關係。此外，在許多情況裡，這些男士只是跟她約會過一、兩次，因此，傳送多封訊息來「推促」他們，通常有種侵犯打擾對方的感覺，也會讓她因為他們竟然不追求她而更加心煩意亂。不過，由於這種訊息攻勢，她基本上也沒有給予男士們多少主動的機會。

2. 很重要的是，那些訊息會讓人不快，是她自身的感受，而不是因為別人這麼認為。換句話說，本書並不是要批判女性應該傳送多少訊息，或者女性應該如何追求男性；這個例子只是顯示出，蕾貝卡有能力去調整那些她自己也認定為不討喜的行為方式。

14 思維替換

你必須努力理清思緒，才能化繁為簡。
但這最終是值得的，因為一旦你做到了，便能創造奇蹟。

——史蒂夫・賈伯斯（Steve Jobs）

傑克是個英俊且世故的廣告業主管，他來到我的辦公室尋求協助，想要處理因妻子反覆出軌所帶來的強烈又相互衝突的感受。兩人有兩名年幼的女兒，這是傑克最主要的矛盾情緒來源，讓他難以決定是否要努力修補這段婚姻，或者乾脆一刀兩斷，並且感謝自己當初有簽署婚前協議。他說，要不是為了孩子，他早就離開了，但他們已經一同創造了一個家庭的這個事實，讓他有所遲疑。

他知道待在一段怨懟的婚姻裡，況且還是一段反覆違背誓言的婚姻關係，對孩子來說並不是很好的模範，而且每當他想起妻子反覆出軌的事情，就會有種厭惡感。另一方面，他真的很愛她，而且每次她承諾「絕對不會再發生」，他也很想要相信她。他不太確定自己**想要**怎麼做、自己覺得**應該**做什麼，也不確定這兩者之間是否有重疊的部分。他知道，身為廣告業主管，他是給事物帶來「新詮釋角度」的大師，甚至到了對自己的感受也這麼做的境界，因此，他想要確定自己有完整連結到這個情況的所有面向，然後才做出重大的決定。

為了協助傑克脫去「扭轉觀點」的面向，並且揭開他的真實感受，好讓他能夠做出對自己最好的決定，我請他告訴我一些重要的相關背景，而不只是離婚的優點和缺點。我請他告訴我，關於他自己的童年、他父母的關係，以及父母的管教方式。我想要瞭解他對於婚姻與為人父母的基本信念，而且我想要他也能瞭解。而我聽到的內容讓我很震驚。

儘管傑克看起來像是個「一般的」曼哈頓人（在紐約，這意味著這個人受過良好的教育、有收入不錯的職業、世故，而且身體相當強健），感覺人生通常是一帆風順，但傑克實際上經歷了一連串令人心碎的童年苦難，這類的成長過程肯定會讓很多人終身無業、遊走在法律邊緣，甚至可能有更糟的情況。傑克出生在阿帕拉契山區（Appalachia）的鄉村地區，在傑克很小的時候，母親就因為走私毒品而入獄服刑，而且在假釋出獄後不久，就因為吸毒過量而去世。因此，傑克便由父親照顧，但他父親很暴力、自戀、經常失業，還酗酒成性；他們住在非常骯髒的公寓裡，父親會像遊魂一般四處尋歡作樂，而且出門狂歡的情況日益頻繁。

傑克大多是自己照顧自己，而他也理解到，如果他想要有意義的人生，就必須自食其力。他從十一歲開始就在當地的加油站工作；賺錢這件事協助他建立一種自我效能感（self-efficacy），也因此有能力偶爾在二手商店為自己買「新」衣服。他說，這是他的「扭轉觀點」技能的開端：要在學校被其他人所接受，他需要把家裡的糟糕情況盡可能地淡化。即使是在阿帕拉契鄉村地區這種貧困率和酗酒率很高的地方，傑克仍算是處在社會的底層，除非他學習如何扭轉同學、老師甚至是自己的觀點。

隨著傑克理解到他有能力在賺錢的同時也在學校表現良好，使得他的自信大增，也日漸長成一名獨立的青少年，而且他也慢慢地開始挑戰父親，指出學校裡沒有任何同學需要像他這樣自己買所有的日用品，還要分擔一大部分房租，這一切都是他父親逼迫他的。不意外地，他父親並不喜歡這些事實的當頭棒喝。他們之間的衝突變得更激烈，他父親開始進行肢體上的反擊，藉此「告訴傑克，誰才是老大」。

有一段時間，傑克因為恐懼而畏縮，但後來他也開始反擊，並在最激烈的時刻演變成全武行。最後那一次，傑克原本準備好要一拳擊倒父親，但他只是看著自己的父親，內心帶著憤怒與同情交雜的情緒，搖搖頭，然後就出門工作了。他原本希望自己的手下留情能讓父親覺醒，但很不幸地，情況並非如此。傑克那天結束工作回家後，發現喝醉酒的父親留下一張寫得歪歪扭扭的憤怒字條，告訴傑克說，如果他真的是「大人」了，那就該自己一個人住。他父親完全拋棄他了。

傑克再也沒見到父親，除了在接下來二十年內，有幾次拜訪親戚時偶然遇到父親

（他依舊是醉醺醺且暴戾好鬥）。傑克當初沒有試著去找父親尋求和解，也沒有期待父親終有一天會在深夜醉醺醺地回來敲他的門。他在看到父親留下的遺棄字條後，就離開那座城鎮了。他認為，父親放他自由，不再對他有任何義務，實際上是給了他一份大禮，而且他也想要確保自己的人生會見證自己立下的誓言，讓自己成為一個更好的人。

他取得了為阿帕拉契山區青年設立的小額獎學金，同時也申請了學生貸款，因為他有非常良好的信用紀錄與工作經歷，便決定搬到紐約，上大學，徹底改頭換面。在這裡，他剛萌芽的「扭轉觀點」能力，也發展成熟為「扭轉觀點大師」，他努力融入私立大學中大多由中上階層的學生所組成的環境。然後，他在紐約廣告業界努力打拚，還去上課改掉自己濃厚的阿帕拉契口音，練成一種中性且更有修飾的聲音。「扭轉觀點大師」火力全開，難怪他在廣告業的工作上如此吃香！

傑克有些平靜地告訴我這個故事，實際上還帶著不少的自豪感。「我知道這聽起來很瘋狂，但相信我，我知道這很悲傷。」他說：「我向上帝祈禱，希望情況可以有所不同，但總的來看，我真心認為自己在這種情境下做了最好的決定。所以，是啊，那是我小時候對家庭這個概念的故事。這有幫助嗎？醫師。」他說著，結尾時不忘附帶一個諷刺的玩笑。

在治療期間，傑克發現他的妻子再次出軌，同時感到心碎與憤怒。他害怕家裡的氣氛會變得非常糟糕，而他和妻子離婚肯定會對女兒們比較好，因此他決定要訴請離婚了。他似乎對這個決定感到很平靜，直到他們需要制定監護權協議時。身為一位有愛且盡心盡力的父親，傑克堅持至少要有共同監護權，而法官也准許了。許多父親在獲得共同監護權之後會鬆了一口氣，因為能夠平分照顧孩子的時間，但傑克卻極為驚恐。「我不能拋棄我的孩子。」他說。這是我第一次看見他哭泣。

他在向我訴說童年的故事時，雖然有些情緒上的連結，卻沒有流淚。他對於妻子反覆出軌這件事，表達了憤怒與悲傷，但也從未流淚。真的讓他流淚的事情，是想到自己就要步上父親的遺棄模式時。

我帶著支持的態度傾聽，並且安撫他說，他並沒有遺棄女兒，而他在我們的諮商治療討論中，似乎也理解與認同了這一點，但隔一週後，他又帶著同樣的擔憂出現。他知道女兒們在即將成為他前妻的母親監護下會很安全，也會獲得良好的照顧。（儘管她的反覆出軌是很嚴重的婚姻瑕疵，但他說，除了這一點之外，她是個很負責也很有愛的母親。）但他就是會感受到持續且侵入性的，甚至是習慣性的想法，認為自己遺棄了女兒們，就像他父親遺棄他一樣。

思維替換技巧登場

當相關的洞見不能協助傑克修正關於遺棄女兒的內在獨白時，我們決定要採用思維替換技巧。[1]

第一步是要辨識適應不良的思維。在心理學裡，適應不良的思維是那些不正確或者會造成反效果的思維。傑克那些因遺棄女兒而自我批判的思維，既不正確，也會造成反效果。傑克可以很清楚地看見這一點，但還是難以克服。他需要的是一個適應性的思維，可以用來取而代之。他需要不同於心智清單的技巧。心智清單適用在你需要不再聚焦於一個死巷主題時，但是，傑克的這個思維太過重要，不能只是轉移注意力，否則會感覺很不負責任。若要以健康的方式獲得真正的平靜且繼續前進，傑克需要修正他的想法。

重要的是，這些用來替換的思維必須精確，不能只是一種期望，如此一來，案主才能在脆弱時刻完全依賴這些替換的思維。我們會避免一些太過頭的替換思維，像是「我原本就是個完美的父親」，畢竟，沒有哪個父親是完美的。我們一同擬定的替換思維是：「我是個好父親，我是陪伴在孩子生活中的父親，我支持我的孩子，而且我會永遠守護在她們的生命當中。」很自然地，他的內在批判試圖戳破這些陳述：「他有一半的時間都不在家，怎麼能說自己陪伴在孩子的生活中？」提供一個適當的場合來挑戰這個內在批判的陳述，是很重要的步驟。在理性的心態和支持的環境中，與這個內在批判進行對話，總好過在脆弱痛苦的時刻做這件事。把這個過程當作是一種「盡責查證」。我們要確保真的有抓出那些活躍的高功能者腦中必然會出現的「是的，但是」想法，因此，我們給予傑克的內在批判充分的機會來挑戰這些替換的思維，然後才全面採用。

在諮商治療中徹底思考後，傑克能夠認知到，在法庭上爭取平分的共同監護權，以及送給女兒們一台平板電腦，讓女兒待在母親那邊卻想要找他時，隨時可以跟他視訊通話，這些都是他陪伴在女兒生活中的展現。此外，他也指出，自己會要求共同監護，而不是完全的監護權，有部分原因是擔心，當他因為妻子的出軌而心煩意亂時，是否真的有完全投入陪伴這個家。

一旦傑克能夠完全接受他在諮商治療中擬定的替換思維，就能夠承諾在需要的時候堅守著這樣的思維。他能夠理解到，**儘管替換思維並非總是感覺很自然，但他可以信任這些思維是正確的、經過仔細檢查的，而且被最理性的自己接受是真實的，而這些思維在自我懷疑的時刻能夠帶來安慰**。每當傑克的腦中開始上演「舊戲碼」，就會反覆重述他的替代思維來蓋過舊思維。

如果他發現自己很難爭取「出場時間」（也就是說，舊戲碼的聲音比替換思維還大聲），可能會大聲地說出替換思維（這是很棒的方式，透過實體上帶入你的說話肌肉和聽覺感官，確實聽見自己真實的聲音，說出想要聚焦的想法，藉此強力占據你的思緒），或者，如果他所在的場合是大聲自言自語會引人側目（例如通勤時間在紐約市地鐵上）的話，那他就會在紙上寫下替換思維。

他也會在沒有舊戲碼入侵的時刻練習替換思維，讓他的心智有機會跟這個他想要創造的「新常態」，有專注的一對一時間。

儘管傑克的案例可能看起來很「沉重」，但我想要讓你知道，你也可以運用思維替換技巧來因應一些較輕鬆的情況。例如，我看過案主使用下面的替換思維：

- 一個有社交焦慮的案主，把「我很古怪，永遠不會有人喜歡我」這類的適應不良思維，替換成：「就算不是每個人都喜歡我，至少我還有一些朋友，我知道他們喜歡我，所以，只要我願意嘗試，這世界上一定還有會喜歡我的人。」
- 前面章節提到的威廉總是很杞人憂天。他發現，每次他在做跑步機之類的心肺運動使得心跳加快時，就會出現過度警惕的內在獨白，監看著自己的心跳，「以免」出現危險。他發現自己會反覆思索這件事情，儘管他的身體狀況非常健康，因為他已經跟醫師討論過這個擔憂，甚至還做過心電圖檢查，確認他的心血管狀況很健康；此外，他的醫師也提醒過他，提高心律正是心肺運動的重點。

那個適應不良的內在獨白會讓他無法真正享受運動的樂趣，更別說會讓他在運動上無法全心投入。他並沒有感到恐慌，只是有「網路醫師網站引發的瘋狂狀態」（他有好幾次直接在跑步機上拿出手機查看網路醫師網站）。他在這些情況中的替換思維包括：「這很安全，這很健康，這很正常」，以及「心律提高顯示心肺運動很成功！」

● 有個單身的案主，因為有討好他人的傾向，造成在約會時過度焦慮，讓她在約會時完全專注在討對方開心，卻沒有理解到自己是否真的喜歡這個人。當她發現自己又踏上了心智的倉鼠滾輪，不斷問自己，對方是否喜歡她、要如何讓對方更喜歡她諸如此類的問題時，她就會使用以下的思維替換。我要特別說明，她的思維替換是一系列的提問，這是沒問題的，有時候，指引我們的心智去問問題，是最健康的事情：「他有討我歡心嗎？我要如何知道？他有讓我覺得安全嗎？他有用我想要的方式追求我嗎？」

如何運用思維替換技巧

步驟1：辨識你的「適應不良思維」

要記得，「適應不良的思維」只是心理學的花俏標籤，指的是那些會干預你克服困境或適應處境能力的思維。另一種思考這件事的方法是：你的內在批判經常在說什麼？或是你腦中時常上演惱人的戲碼，而你知道它拖累了你等等，這些都可能是你的適應不良思維。

唯一要注意的是，如果你想到的是實際可以控制的事情，那麼未必要試著替換那個思維。舉例來說，如果你在想「我的考試會被當掉」而且也沒花時間讀書，那麼就別替換掉那個想法，而是要傾聽它，快去讀書！這實際上是一種適應性的思維，因為它試著要警告你有真實的威脅，而且你也有能力改變結果。

適應不良的思維在本質上會是不正確的、無用的，或是造成反效果的。

步驟2：寫下你的適應不良思維

明確的做法是，把一張紙對半折起來，然後把適應不良的思維寫在紙張的左邊。在那個思維的下方，也寫下任何有「密切關聯」的思維（類似的思維，或其他你想替換的適應不良思維）。

用直白的話寫下那個思維是很重要的，因為這會強迫你專注在寫下該思維確實的樣貌，好讓你能加以檢視，並且在該思維冒出頭時可以清楚地辨識它。

步驟3：寫下你的替換思維

在紙張的右邊寫下你的替換思維，好讓你在適應不良的思維出現時，會知道應該要替換為說什麼或想什麼。如果你發現自己的內在批判出現了「是啊，但是」的回應（例如，傑克的內在批判會針對他原本的替換思維說：「有一半的時間沒陪伴在身邊，算是哪門子的父親？」），把這個思維寫在紙張左邊的適應不良思維列表中，然後在紙張右邊寫下你對該思維的反駁。這個概念是要讓你在紙張左邊記下所有可能的適應不良思維，並且在紙張右邊給出相對有邏輯且正確的思維。

步驟4：練習、練習、再練習

切記，你的適應不良思維可能跟隨你很久了。請給自己大量的機會來練習新思維，別預期你的新思維可以在一夜之間就變成自動出現的思維。把你的清單放在皮夾或包包裡，好讓你可以隨時取用。我非常喜愛有形的東西，能夠讓眼睛看見（手指也能觸碰到），這些感官能夠協助我們重新連結在選擇或創造這些物品時的心智狀態。

在心理學裡，我們有時候會稱這類物品為「過渡性客體」（transitional objects）。過渡性客體是實體的物品，能夠協助我們想起自己的某個部分。在心理諮商裡，這些過渡性客體甚至可以是被淚水浸濕過的面紙，因為它代表著自己在諮商過程中為了不會有結果的關係好好地哭過一場；隨身攜帶這張面紙，可以協助這個人想起那種痛苦，並且停止追逐不會有結果的關係。

但在這個例子裡，我們說的是一個更直接的東西：你折成一半的思維替換紙張，最理想的狀態是你親手在紙張上寫下相關的思維，而不是只用手機來做這項練習（但如果你真的非常熱愛手機，要用手機來做也可以），這麼做會協助你在有需要的時候更容易連結替換思維。

排解疑難

1. 我嘗試過「肯定句」方法，但對我沒有作用。思維替換技巧有什麼不同？

好問題！身為一名前瑜伽老師，本身也很熱愛自助工具，我花了許多時間在「肯定句」這項工具上，即使當時才十幾、二十歲。當我在研究所學習到關於思維替換這項工具時，也有相同的疑問。這是我得到的答案：「肯定句」通常是一種嚮往的目標，並非代表著當下正確的信念。

舉例來說，窮人的「肯定句」可能是：「我的銀行帳戶是滿的，我過著富裕的生活。」透過假裝這些陳述是真實的所帶來的信念，讓這個人可以開始吸引財富靠近。或者，因為暴飲暴食而苦苦掙扎的人，在吃了一般分量的一餐後可能會說：「我的肚子很飽，很滿足。」儘管這餐飯根本沒填飽他還半空的肚子，也沒有滿足他。或者一個單身的人，自我價值感非常低落，可能會重複這樣的句子：「我有個很棒的伴侶愛我，而且我的自我價值感不可動搖。」藉此希望最終能夠真正相信自己的自我價值，並且找到很棒的伴侶。

「肯定句」對某些人有非常好的效果，可做為一種「輔助啟動」，協助這些人成為自己渴望成為的模樣。然而，科學研究顯示，如果人們在自己感覺很沒有安全感的主題上運用肯定句，這個技巧通常沒有效果，而且可能會讓人感覺更糟，因為在內心深處，他們理解到這些陳述並非事實，而聚焦在非事實上會讓人感覺很虛假、逃避現實、很短暫、很被動，並且削弱力量（Wood, Perunovic, and Lee, 2009）。

不論「肯定句」對你是否有效，請放心，思維替換技巧和「肯定句」是不同的。你的替換思維會經過仔細的擬定，百分之百客觀，而且符合你當下的現實情況。事實上，擬定良好的替換思維，有一部分需要邀請你的內在批判來「用最惡毒的批評」戳破你的替換思維，好讓你能繼續修改調整，直到得出無懈可擊的真實思維。

2. **我的思維替換感覺很不自然。從知識層面來看，我知道這些思維替換是正確的，但我還是面臨著困難，因為它就是感覺不太對或不太正常。**

這種情況很常見，因為要是對真相的洞察就足以改變你的行為模式，你就不需要練習思維替換了。事實上，如果你的替換思維感覺很不一樣或者很古怪，通常代表你做對了。「你的替換思維是正確的」這件事，並不代表你在說出替換思維時會感覺很自然或「是對的」；而你感覺它不太對，也不表示它就是不真實的。有時候，當人們確定自己的替換思維時，會有一種恍然大悟的感覺，覺得它非常自然，但如果你的情況不一樣，也別擔心，你是很正常的。

思維替換不會立即讓人「感覺很自然」，這個問題就類似於，一個長年吃垃圾食物的人，一開始改變時通常不會覺得健康的食物很容易準備或很好吃，對那個人來說，健康的食物感覺一點都不「自然」，至少在一開始是這樣的。他們的味蕾以及身體的化學作用已經習慣了某一類的飲食，因此需要花一些時間及協同的努力，才能創造「新的常態」。訣竅就是，**要學習把進行這些感覺不自然的事的時刻，重新定義為一種勝利，而不是視為一種疑慮，因為你在這些時刻裡正在創造新的健康模式。**

因此，我建議你繼續練習思維替換，每天至少十分鐘，持續一個月，再來質疑「思維替換是不是應該感覺更自然一些才對」的問題。視處理的情況而定，你可能不需要那麼多時間練習。但如果你面對的是一個特別頑固的心智（就像許多高功能者一樣！），就會需要再增加一些練習的時間。別擔心，每天十分鐘，持續一個月，這只是少少的代價，而你換來的是免於讓某種思維模式阻止你享受情緒健康且成功達成目標的人生，或者其他思維替換技巧會協助你達成的目標。

【附註】

1. 請瞭解到，我在這個案例中說「我們」而不是「我」，這是因為，儘管我是在諮商過程中介紹這項練習，但關鍵在於使用思維替換的人需要百分之百有意願投入於「把適應不良思維替換掉」的目標。在心理諮商過程中，案主的同意非常重要，但我覺得，在思維替換這項技巧上，案主的同意又格外重要。

15 定錨陳述

確定你的立場是正確的，然後就絕不動搖。

——亞伯拉罕・林肯（Abraham Lincoln）

達尼洛聯絡我透過視訊做諮商，因為他所在的地點距離我的紐約辦公室很遙遠，他人在中東[1]管理家族企業的一個新據點，這個家族企業是他的伯父在將近四十年前創立的。達尼洛也跟家人和朋友相隔兩地，他們大多居住在拉丁美洲。此外，他所居住的城市正出現犯罪率劇增的情況，特別是以富裕外國人為目標的犯罪活動。實際上，他最近就曾經差點遭到綁架。

這還不是全部的問題，他也試著要實現伯父的願望，不僅要領導新的據點，同時要逐步掌控整個家族企業在全球的據點，好讓伯父可以退休。這件事格外具有挑戰性，因為這家公司的員工長年來為伯父效力，強烈質疑達尼洛這個年輕又沒經驗的新手，認為要不是因為他身為家族的一分子，根本就不適合擔任執行長的角色。

達尼洛很崇拜也很尊敬伯父。他最想要的就是能夠讓伯父有機會享受自己的黃金歲月，不需要再承擔企業的壓力，而在他極為敬重的伯父明確表達要他接棒的期望後，他的這份渴望變得更加強烈。但是，達尼洛也不覺得自己有能力在缺乏伯父的協助下去領導一個全球企業團隊。此外，當達尼洛因為伯父堅持固有的做事方式而感到阻礙時，對伯父的深刻敬意也讓他難以處理這些情況。就像許多年長的創辦人準備讓下一代接管時的情況一樣，他的伯父經常會來回擺盪，一方面推促達尼洛透過現代科技來提升事業，一方面堅持舊傳統必須要保留下來。達尼洛感覺自己被困在兩者之間，一方面想要實現伯父的願望來接管企業，同時又覺得有義務要順應伯父的感受，也就是他抗拒達尼洛的領導風格可能帶來的任何改變。

達尼洛由衷地希望盡早讓伯父不再需要承擔日益擴張的全球企業責任，這個希望是他身上沉重的重擔，但他卻很難承認自己的掙扎，害怕會被認為是不知感激。他伯父是在將近半個世紀之前，從一個貧窮的小伙子白手起家，並且在功成名就之後，協助達尼洛擁有優渥的生活，[2]而伯父也總是在確保自己沒有幫倒忙地把達尼洛慣成了被寵壞的小孩。伯父確定達尼洛很清楚也很感激自己所擁有的優勢，有時候也會祭出極端的做法，把達尼洛所面臨的挑戰和他年輕時極度貧窮的情況拿來做比較，告訴達尼洛說他「不知道真正的苦日子是什麼樣子」。

儘管總的來看，他伯父的方法好過於放任達尼洛變成嬌生慣養、長不大，又不知道辛苦工作的價值的孩子，但有一項缺點是，達尼洛變得不願意承認自己在情感上受傷了或者苦苦掙扎著。舉例來說，他會質疑自己是否有「權利」因為員工貶低他的方式而感到氣憤，即使這只是自己在私底下的感覺。「我在人生中有非常多的優勢。」他會帶著自覺地聳聳肩道：「我怎麼能對任何事感到氣憤？我應該對自己所擁有的各種機會心存感激。」

儘管達尼洛的態度在某種程度上很值得讚賞，但他卻把這個態度發揮到極致，有時候會造成他把壓力源屏除在自己的覺察意識之外，以至於這些壓力源在無意識之間冒出來偷襲他。舉例來說，他睡得不太好，因為會做很激烈的惡夢，讓他全身冒冷汗而驚醒，但他卻對這些惡夢一笑置之，而不是去思考這些惡夢是否暗示著他有什麼煩心的事情。這種一笑置之的方式，沒能給他帶來多少的自我照顧或壓力管理，因為他並不允許自己承認有壓力這回事。

最後，致命的一擊是，達尼洛生長在比中東自由許多的社會環境裡，也習慣了以西方的常規禮節來和女性約會。他很習慣與女性形成親密的關係，包括在肢體上的親密以及性關係。然而，在他的新家，他很難用對他來說在文化上正常的方式去和女性約會，此外，他也有著很合理的擔憂，害怕約會過程中的任何閃失，可能會損害了他的家族企業想成功建立中東分支的努力。

他在工作上感受到巨大的壓力，但認為在工作場合不適合敞開自己的弱點。他身在異國他鄉，與朋友和家人相隔兩地，同時沒辦法根據自身的文化常規，以正常、健康的方式投入約會。以心理師的用語來說，這些情境使得他面臨巨大的環境壓力，而且缺乏社會支持網絡。

每當有新的案主聯絡我時，我通常會請對方說明是否有任何特定的事件促使他在此時尋求協助。你可以從達尼洛的故事裡看出來，他有著長久以來承受多重壓力的持續模式，但究竟是什麼事情讓他現在上網搜尋到我呢？我詢問了他。達尼洛一直以來都是個走遍全球的富裕執行長，意氣風發、談吐圓融、深受女性的青睞，但在回答這個問題時卻突然變得怯懦起來。

他說，他最近在一次重要的商業午餐會時經歷了一次可怕的事件，參與這次午餐會的還有幾名重要員工，以及他們希望簽下的潛在案主，達尼洛在午餐會上扮演的角色是要投射出實力，並協助建構一個穩定、有組織的家庭企業形象，好讓案主能在伯父逐漸淡出經營的情況下仍感到安心。然而，當案主詢問他一個關於事業的簡單問題時，他卻完全「哽住了」而說不出話來。

當他回想起當時自己的腦袋一片空白，便羞愧地搖搖頭，明顯是感到尷尬。他那時默默地嚇出了一身汗，濕透了襯衫，而他的員工則是帶著好奇、擔憂又憐憫的表情盯著他看（或者他們是幸災樂禍，不排除有些員工會把這次事件認定為他的領導力遠永比不上伯父的證據，認為他不應該擔任領導）。他的恐慌反應變成了惡性循環，他對這次暫時的失誤越是感到警覺，這種警覺的感受又會引發更嚴重的緊張感。你可以想像這種「恐慌引起的恐慌」會像雪球般越滾越大。或許你也經歷過這種情況。

達尼洛和我是透過視訊會面，而我還是可以看見他在講述這件事時臉色變得蒼白。我大概已經知道他會怎麼回答我即將問他的問題，但想要確認一下，以免猜測錯誤，而且我想要他用自己的話來表達，便問他：「在你剛剛描述的這次事件過程中，你有什麼想法？」

不出意外地，他回答道：「我沒有任何想法！只想著我死定了。那就是問題所在！那感覺就像我被困在流沙裡，或者有嚴重的大腦凍結，那是我生命中最可怕的時刻。現在我則是非常焦慮不安，不知道這種情況什麼時候會再次發生。那也就是為什麼我需要你的協助：這件事不能再發生。不可以。我已經看過了一般的醫師，他說我的身體沒有什麼問題會造成這種狀況，他建議我試著找人聊聊，所以，拜託，告訴我要如何處理這種情況，如何擺脫我的焦慮。」

達尼洛蒼白的臉龐後來開始恢復血色，因為我告訴他，雖然這種情況有些怪異，但好消息是我可以理解。他符合某種人物描述：他處理壓力的主要方式就是忽視壓力，並且告訴自己「撐過去就對了」。我向他說明，這種「握緊拳頭」硬撐度過艱難時刻的方式，在某些情況會很有用，但如果這種方式成了主要或是過度使用的處理壓力工具，就可能會導致壓力逐漸累積，最終以難以招架的「恐慌模式」爆發。我也向他說明，他的目標並不是要「擺脫」焦慮，而是要學習如何傾聽焦慮，並且在焦慮程度還很低的時候就為它提供支持，讓它不需要以難以招架的恐慌模式爆發，來獲取他的關注。

「這些聽起來都很不錯。」他回答道：「但我需要知道，如果再次出現類似的情況，我該怎麼做。你說我需要在壓力程度還很低時就去處理，但這是很大的壓力。我一整天都在緊張這種情況隨時會再發生。如果真的發生，我該怎麼做？」

我向達尼洛保證，我們會使用我所說的「上下夾攻方式」，首先，一定會處理難以招架的恐慌再次爆發的情況（這是「由上而下」的部分，我們會從表面的症狀來處理這個問題），同時，我們也會瞭解如何協助他更好地管理壓力，以減少壓力再次無預警爆發的情況（這是「由下而上」的部分，我們會往下挖掘問題的根源）。

對於像達尼洛這樣的案例來說，由下而上的部分包括本書中提到的一些技巧，像是正念技巧、待辦清單附加情緒標示、心智地圖，以及其他協助人們主動連結自身感受的不同技巧。由上而下的方式是要處理「火災警報的情況」，集中在本書提到的簡單且直接的技巧，像是深呼吸和定錨陳述。你已經在三階段呼吸法的章節知道了多種深呼吸的技巧，現在，你可以學習關於定錨陳述的技巧。

定錨陳述登場

當你的身體和心智似乎處於「失控狀態」，使得你無法追溯自己的思緒，感覺自己似乎沒有任何想法，只知道自己的身體處於恐慌狀態，而且腦袋一片空白，此時，有幫助的補救方法是恢復你的語言思考能力，而不是繼續經歷像滾雪球般的恐慌覺察惡性循環。要做到這一點，有個方式就是透過定錨陳述技巧。（我也會鼓勵你做幾次深呼吸，獲得氧氣總是會有幫助。）

適合使用定錨陳述的情境有個關鍵特點：你會「腦袋一片空白」，情況嚴重到你沒有任何以語言為基礎的想法。那種感覺就像是你陷入了完全的大腦凍結，這對許多高功能者來說是一種警急情況，畢竟他們非常倚賴自身的思考。

定錨陳述的設定是簡短、具體且顯而易見的陳述，當你的頭腦在經歷恐慌引起的混亂，影響到你清晰思考（或者做任何思考）的能力時，這項技巧能相對容易地用來做為健康的穩定「錨點」。

儘管定錨陳述是刻意擬得簡單明瞭且直接了當，但要在思緒混亂的當下編撰定錨陳述是極為困難的，因此，關鍵就在於事先編撰並加以練習，必要時甚至可以放在口袋裡隨身攜帶。這就類似於我們刻意記憶火災時的逃生路線，直到「我們的雙腳自己都知道怎麼走了」，以便在實際發生火災的恐慌之際，我們只需要跟隨著自己已經深深烙印下來的記憶走就可以了。很顯然地，每個人理想的定錨陳述會有所不同，以下是針對達尼洛的範例：

- 「好消息是，我的醫師向我保證我的身體沒問題。這個情況大概三分鐘就會過去了。」
- 「我的頭在我的肩膀上面，我的肩膀在我的胃部上面，我的胃在我的腿部上面，我的腿在我的腳上面。我的頭在我的肩膀上面（重複這個陳述）……」
- 「如果這是我會遇到的最糟糕的事情，那我還是個很幸運的人。」
- 在三階段呼吸法中數數字，對達尼洛來說就像是一種定錨陳述，因為他知道這是個涉及簡單預設語言的理性回應（在他進行三階段呼吸法的時候，給每個階段的呼吸都貼上標籤）。數數字是讓大腦和語言重新連結的一個方式，而在呼吸技巧中數數字，通常會重新連結身體與心智，在恐慌的時刻帶來一種秩序與撫慰感。在這些例子裡，達尼洛會略過在呼吸前後觀察自己的練習，只專注在透過吸氣和吐氣來數數字，藉此恢復語言能力，同時重新掌控自己的身體。

這些定錨陳述不太可能在日常生活中有幫助，因為當達尼洛這樣聰明的高功能者在正常的水準下運作時，會對這些陳述感到無聊透頂；然而，陳述的簡單性，正是恐慌時刻最需要的特性。當你的思緒暫時短路時，需要非常簡單的陳述來重新啟動思緒中以語言為基礎的邏輯運作部分。達尼洛和我一起根據他的個人過往經歷創造了一些陳述，但其中有一些是很平常的，適用於任何人。

當我們編撰了他的陳述後，他接下來的任務就是要記住這些陳述。我們也在諮商過程中練習運用這些陳述，刻意讓他連結在會議上經歷的恐慌感受，然後請他回想這些陳述，好讓他對自己「擺脫」那種狀態的技巧有信心。接著，我們會讓他再次重返那種恐慌的感受裡，再運用他的定錨陳述來跳回自己的正常狀態。在心理學裡，我們稱這種技巧為「暴露治療」（因為你會刻意把自己暴露在引發恐懼的情境中）以及「認知演練」（因為你會練習心智的技巧，好讓你能在需要時順利執行）。

不意外地，達尼洛在我們設定陳述後大約一週的時間，再次經歷了類似的狀況。他很寬慰地回報說，儘管這次事件很不愉快，但由於自己對壓力源有所預期，也為自己提供了處理的工具，因此這次的感覺好多了。這麼做讓這次事件沒有像第一次那樣持續惡化，也沒有因為自己沒準備好因應方式，而讓恐慌持續升高。這一次，他能夠在恐慌感剛浮現時就用定錨陳述來早早消除了恐慌。以前面提到的火災演練的例子來說，處理小火苗會簡單許多，可以很快速地撲滅，好過於你呆站在那裡、僵住不能動、看著火勢蔓延，最後才終於動起來滅火。

多虧這個上下夾攻的方法，達尼洛再也沒有經歷過那種失控的恐慌情況。和許多案主一樣，他發現到，透過學習偵測自己什麼時候開始感覺到壓力，並且在壓力程度還不高時加以處置，就防止了身體發送全面恐慌訊號的需要。在恐慌跡象剛顯現時，需要試著回想定錨陳述的這個行動，通常就帶給他足夠的認知挑戰，讓他的心智能夠投入與聚焦，而不是純粹深陷在恐慌症發作所帶來的非語言「恐懼堆疊恐懼」狀態。

儘管達尼洛再也沒有經歷全面的恐慌症發作，他仍為了自己有定錨陳述而感到欣慰，因為在需要時他會有準備好的工具可以運用。你也可以說，創造定錨陳述並做好準備，正是我鼓勵他在焦慮程度不高時要先做的事情。達尼洛不是把對於恐慌再次發作的這種恐懼擺到一邊，純粹告訴自己「去面對就對了」，而是花時間為自己準備了需要時可以使用的工具。他沒有試著忽視自己的擔憂，而是很積極地去面對處理。這正是可以在一開始就預防焦慮爆發的自我照顧方式。

如何運用定錨陳述

在討論如何做定錨陳述之前，我想要指出，我會使用「恐慌」這個詞來描述很深刻的身體恐懼感受，以及通常會伴隨這類感受出現的腦袋空白情況。這並不是說，所有經歷這些感受的人都是臨床診斷所謂的「恐慌症」。許多高功能者都會經歷許多次類似恐慌的感覺，卻沒有實際的恐慌症。因此，當我說「恐慌」時，指的是日常的恐慌感覺，而人們通常會用「發狂」或「瘋掉」這些口語的詞彙來指稱這種感覺。

定錨陳述的概念可能看起來很簡單，因此，我鼓勵你要對自己很有耐心，因為要把你的陳述準備完整，有時候可能比你預期的更有挑戰（「準備完整」是包括撰寫、紀錄和練習你的定錨陳述，在後面的步驟說明有更多細節）。好消息是，一旦你花了時間撰寫出很好的定錨陳述，記錄下來並加以練習，那麼當你面對突發情況，或者「腦袋一片空白且身體快發狂」的時刻，會發現這是個讓自己穩定下來的簡單方式。

請記得你也要去看醫師，確定你的心臟和身體狀況是良好的，確定你認為是由恐慌爆發或情緒溢流所造成的身體感受，並不是你的身體實際上出狀況了。確認這一點，能幫助許多人擺脫恐慌警報，進入更平衡的心智狀態；而且確認自己的身體健康是很重要的，這樣才能確定定錨陳述的技巧是合適可用的。如果你的身體狀況是需要打一一九或是去看醫師，我們可不會叫你「想想快樂的事情」或者「學著抑制那些恐慌的感覺」。

如果你有心跳加快、手掌出汗、暈眩或其他身體症狀，可能是強烈的情緒引發的，但也可能是身體的問題引發的，因此，請別猶豫，趕緊去找醫師檢查。

步驟1：定義你的「恐慌」

這可能聽起來很讓人意外，但每個人的恐慌感覺都有些不同。有些人會害怕自己永遠困在這個「大腦／身體凍結」的時刻，有些人則是害怕自己真的會當場死掉。（我有許多個案是從急診室轉介過來的，因為這些卓越成就者以為自己快要死了，但實際上他們只是恐慌症發作）。還有些人知道這個恐慌的時刻會過去，不擔心自己真的快死了，但仍舊被困在狂亂焦躁地尋找「隧道盡頭的燈光」。還有些人則是會經歷全然的恐怖感受，覺得這個時刻會讓在場的人都知道他是個有情緒的人。先搞清楚你的身體和心智在「恐慌觸發時刻」會想像著什麼。

清楚定義你發自內心的恐慌感受，是協助你制定最佳定錨陳述的關鍵，這樣才能在你有需要時帶來幫助。由於經歷過深刻恐慌情況的案主，通常會表示一部分的問題出在他們的頭腦凍結了，因此我們需要學習透過語言來處理他們的恐懼，這是邁向控制的第一步，也是最基本的一步。就算你的恐懼感覺很不理性，也不用擔心，事實上，恐懼的不理性幾乎是理所當然的，因為恐懼要透過這個方式才能讓人感覺很巨大，並創造出一種難以招架的恐慌感。

當你的身體和心智以「世界就要毀滅」的誇大方式做出反應時，事情可能會像「滾雪球」一樣，我們會對於自己的驚恐狀態感到很驚恐，然後陷入自己無法理解的驚恐的惡性循中。因此，儘管這個過程可能會很不舒服，但請花一些時間釐清自己的「恐慌爆表」狀態是什麼樣子。透過語言的描述能夠協助你瞭解如何舒緩恐慌感。

以下是一些協助你創造一個詳細定義的點子，能說明你在類恐慌的時刻，當「戰鬥、逃跑，或僵住」的機制超速時，你會有什麼樣的體驗感受：

(1) **身體**：你的身體有什麼感覺？是否心跳加快、手掌冒汗，或者感覺全身血液都冷了？是否感覺你的臉變燙，是否有暈眩感，或者有喉嚨鎖住的感覺？記得找醫師檢查，確定這些感覺真的都是由強烈情緒引發的，而不是因為身體有任何病症所造成的。確認這一點，是步驟二能否成功的關鍵！

(2) **心智**：你的腦中發生了什麼事？你是否感覺頭腦一片空白？思緒凍結了？是否

有任何幻覺？是否閃過一些關於末日已經降臨的片段想法？你是否試著組織思緒，卻感覺無法完成？提示：如果你腦中的思緒有完整的句子，而且感覺比較惱人，而不是覺得末日要降臨了，那麼你可能要嘗試思維替換技巧。定錨陳述是用來在你的身體和心智似乎都無法正常運作時拯救你的。

(3)其他：你有這裡沒提到的其他描述或感受嗎？你是否有種脈動的感覺，而且似乎是部分來自心智而部分來自身體？你是否覺得自己聽不太清楚，因為你深深地困在自己的思緒裡？你是否有種下沉或放慢的感覺？

儘管這是很不舒服的過程，但我們想要面對「床底下的怪物」，並且對這些「魔咒」真實的樣貌做出語言的描述，這樣我們才能把你拉回高功能的現實中，這才是你所屬的地方！

步驟2：撰寫你的定錨陳述

這裡是救援開始的地方。一旦你確定仔細瞭解了個人對恐懼的感受（我知道這很有挑戰性！），就可以來考慮哪一類陳述最有可能緩解你的恐慌。常見的定錨陳述會類似下面的例子：

(1)「這真的很不舒服，但我肯定會活下來。」

(2)「我已經看過醫師了，我肯定會活下來。」

(3)「我以前就經歷過這種感覺了，它總是會過去的。」

這些陳述很常見是有原因的（它們通常對那些會鑽進腦袋的恐懼「兔子洞」的人很有用，他們的恐懼爆發程度超過一般情況），我鼓勵你把這些陳述修改成適合個人恐懼感受的陳述。你也可以嘗試練習第七章三階段呼吸法的變化版本——緩慢拼字法，或者其他可以協助你重新連結身體與語言邏輯感受的呼吸法。下列有一些其他可能的定錨陳述範例，主要概念是讓你根據步驟一的「定義」所獲得的理解，選擇你覺得在有需要的時刻會有共鳴的陳述。

(4)「我現在的首要任務就是呼吸。」那些來向我求助的高功能者通常很喜歡這一則，因為這可以給他們一種成就感，並且讓他們在感覺沒安全感又混亂時，能夠聚焦在當下。

(5)「我不會放棄自己。我可以信賴自己。」這對高功能者來說也是個不錯的陳述，因為這在他們的個人責任感以及自我效能方面能觸發自豪的感受；而且只需要覆誦他們勤奮準備與演練的陳述，就能促進掌控感和正向自我關懷（請見步驟三）。

(6)「我事後可能會回頭笑看這件事。事實上，我可能現在就開始笑了。」想要改變觀點並恢復掌控感，幽默一直都是很不錯的方式。

(7)「喔，太好了！又發生了，就和我預期的一樣。這是一次好機會，看看透過語言陳述是否可以讓我穩定下來。」這類的陳述是對恐慌的「不按牌理出牌」，也就是讓你去歡迎恐慌的到來，而不是陷入驚恐之中，同時也把恐慌情境轉化成可預期的訓練場，讓你可以實驗新的技巧。

不論你的定錨陳述是什麼，很關鍵的是你要把這些陳述寫下來。我在整本書中都鼓勵你書寫，而書寫對定錨陳述來說又格外重要。從定義上來看，定錨陳述是設計來在你的腦袋一片空白或者思緒凍結時提供協助，因此如果只依靠你平常的記憶技巧，很明顯是有問題的，對吧？當然，你也可以把陳述記錄在手機裡，但我懇求你考慮用紙筆手寫下來。原因如下：

任何學行銷的人都知道，我們在閱讀時的字型會影響我們如何「聽見」該訊息，有什麼會比閱讀自己的字跡，更能有效地重新連結對語言的感受，特別是這些陳述還是你刻意撰寫來送給自己的禮物，以防你在某些情況下有需要去「聽見」這些話語？

身為諮商心理師，我可以告訴你，記憶與感受的狀態經常會被實體的事物所觸發，像是地點、物品、氣味，我們稱這些東西是「情境線索」（situational cues）。因此，如果你讓自己進入一種良好、理性、平靜的心理狀態，並且寫下你的定錨陳述，那麼在你感覺混亂的時刻有這張紙在手邊，能協助你在瞬間回到寫下這些陳述時的狀態。幫自己一個忙，可能的話，就在紙上寫下陳述，給自己所有可能的優勢！

步驟3：演練

一旦你寫下了陳述，請盡己所能把這些陳述烙印在記憶裡。是的，你會把這些陳述寫下來，但記住這些陳述會協助你把它們內化，此外，要是你處在一個無法取得手寫陳述的情境中，記憶也是會有幫助的。

接下來，就是在焦躁恐慌的心理狀態下練習運用這些陳述。要如何讓自己進入這種狀態呢？請坐下來，閉上雙眼，並且聚焦在你最清晰的恐慌狀態記憶，也就是一開始促使你想要學習定錨陳述的恐慌狀態。如果你開始覺得不舒服，讓我改用正面的方式重新描述：不舒服的感覺或全然的恐慌，正是你需要感受的，這樣一來你才能夠練習從那種狀態中跳出來，進入定錨陳述的練習階段。

一旦你能夠成功轉入定錨陳述，就再次跳回那恐慌的狀態中。盡可能經常做這樣的反覆練習，練習能夠協助你建構這兩種心智狀態之間的新神經管道。

如果你覺得不論自己多麼努力嘗試，「就是無法」召喚出恐慌的感覺，那麼，可以考慮在行事曆上隨機安排練習時段，並且在那些時段到來時，至少計畫「突然間」練習你的定錨陳述。**這個概念是要讓你的大腦習慣於毫不遲疑就帶出你的陳述**。把這件事想像成火災演練：演練是隨機進行的，好讓我們能夠在實際火災造成困惑與混亂之前，就先練習好逃生路線。

步驟4：別忘了「由下往上」的部分

你可以考慮心智地圖、待辦清單附加情緒標示或其他工具，來協助你檢視自己，確認是否有什麼潛藏在「心智深處」需要關注的事項。**有時那會是眾多小事情的匯**

集，有時是一件大事，有時是因為你一直忙著奔馳在心智或邏輯組織上的「快車道」，你的情緒感受需要有個提醒你停下來卸包袱的方式。

另一個引導你與自身日常感受更同調，並避免積壓情緒的簡單方式，就是每天寫簡短的日記，用兩句話簡單地記錄當天的情緒高點與低點。這個概念是要確定你有留意到自己的情緒感受，避免那些被忽視的情緒需要「敲鑼打鼓」來引起你的注意。**當然，有些人是完全與自己同調的，但偶爾仍舊會感受突如其來的恐慌所帶來的無法招架的感覺。**不論你的情緒爆發是否因為習慣壓抑的模式所造成，都是一個能夠嘗試本章技巧的機會，藉此刺激自己以自我覺察且主動積極的方式來因應該情況。如果你需要在有支持的環境中學習如何探索自身的感受，可以找心理師聊聊！

排解疑難

1. 定錨陳述和思維替換有什麼不同？我還是在把預設想法置入腦中，不是嗎？

乍看之下，定錨陳述和思維替換有些重疊之處，但兩者之間有一些很重要的區別。思維替換最適合的情境是，你有一種先前接受的理性思維模式，但現在認定那是一種適應不良的模式，因此想要加以修正。例子就是，傑克一開始掙扎地認為擁有共同監護就跟父親遺棄他沒有兩樣，後來他學著把這樣的想法替換成具邏輯性的陳述，確認自己是個好父親，並沒有遺棄他的孩子。相對的，定錨陳述則是適用於當我們極度恐慌，甚至沒有任何清楚的思考模式這類情況，我們在此時只感受到恐懼不斷地擴大。

定錨陳述對於經歷恐慌情境的案主最有幫助，而不是那些因為內在批判而受苦的人，或者那些需要針對根深柢固的舊有議題重新架構其信念系統的人。

2. 定錨陳述很適合讓我在突發情況中冷靜下來，但有沒有什麼方式能讓這種半恐慌狀態不會發生？

有的！首先，我會鼓勵你先找醫師確認，是否這些情況真的和心理狀態無關。你可能有身體方面的問題需要處理（例如，你可能有腎上腺素會突然飆高的情況，但並不是由心理因素所引起的）。另一方面，如果你的問題似乎是由心理因素所引起的，那麼，我會鼓勵你直接面對壓力源，而不是把它們拋在腦後，直到它們排山倒海一股腦地爆發出來。

你要如何「直接面對自己的壓力源」呢？好問題。如同步驟四所提到的，像是正念技巧這樣的練習，包括三階段呼吸法、待辦清單附加情緒標示、心智地圖等技巧，或者只是每天記錄當天的情緒高點與低點。積極地做這些練習（甚至只是花五分鐘做其中一項或數項練習，都會有所不同），而且在排山倒海的情緒「無預警」爆發之後，肯定也要做這些練習。如果你需要更多的協助，請考慮找諮商心理師約診。

3. 如果我不再對次要的議題做出這種誇大的反應，是不是會慢慢退化成一個懶惰且邋遢的失敗者？

我很高興你這麼問了！有時，高功能者會刻意對一些小事變得敏感，好讓他們能夠對小事情故意「過度反應」，藉此防止小問題逐漸變成大問題。這類似於犯罪學的「破窗效應」，警方會刻意留意相對較小的問題，像是街坊裡的破窗戶，因為他們知道，如果沒去處理這些小問題，可能會造成這個社區散發疏於管理的氛圍，並接續引發更大的疏忽。

同樣地，高功能者有時候因為對相對較小的問題「恐慌症發作」而自豪，像是開會遲到幾分鐘這類的事情等，因為他們想要確保自己不會太安於自身行為高標準偶爾稍微下滑的情況。這在某種程度上確實是一種有幫助的態度，但當高功能者變得**太擅長對小事情拉警報**時，就會出問題了，甚至有可能讓他們對小事情感到恐慌。這就類似於警方派出一群荷槍實彈的警員去處理破窗問題，而不是純粹派一名警員去那戶人家查看情況。

儘管持續聚焦在高標準上很重要，而且你願意對於剛萌芽的問題展現關切的意願，也值得讚賞，但每件事都有個臨界點，越過之後就等於是在浪費自己的資源，也會變得較無生產力、較不可靠，也更不堅強，因為一些相對次要的問題就會讓你發狂。所以，請勿擔心學習駕馭你的「戰鬥、逃跑，或僵住」反應會讓你變軟弱；事實上，這麼做能夠協助你重新調配那股恐慌的能量，投入在更有生產力的運用上！

【附註】

1. 由於達尼洛人在海外，因此閱讀這部分內容的心理健康專業人士若是對於執業許可的問題感到好奇，請放心，如果案主不在我取得諮商心理師執業執照的區域裡，我只會提供教練輔導的服務，而不是為那個人進行諮商治療，而且我只會在這個案主確實適合進行教練輔導時，才會這麼做。

2. 達尼洛的父母並未擁有像他伯父那樣的資源，而他伯父白手起家的成功故事確實很令人欽佩。達尼洛和父親的關係有些疏遠：他的父親經常沉迷在酒精裡，他說，在兄弟事業有成的陰影下，這麼做才能掩蓋住自己的自卑感。

16 持續前進

人生的目的不在於尋找自己，而是在於創造自己。

——蕭伯納

感謝你閱讀這本書。我希望你有找到一些實用的資訊和新穎的方法，協助你達成目標，同時也在過程中找到更多的連結感和更大的滿足感。最後，我用幾個關鍵重點和提醒來做總結，這可以做為整體工具的一部分：

1. **別對自己太苛求**。羅馬不是一天造成的。在你嘗試各種技巧時，務必要對自己有耐心。有些技巧可能和你一拍即合，還有一些技巧可能需要一些時間才能熟練。在不同的日子、不同的心情下，你可能需要再次把書拿起來閱讀，在不同的情境中嘗試這些技巧。在摸索之際，你可以自由地進行實驗。另一方面……

2. **由你作主**。如果你感覺有些東西不大對勁，可以自行決定略過那個部分。並不是每項技巧都適合每個人。如果過程中的掙扎程度似乎超過了自然學習過程或體驗新事物時應有的狀態，就別強迫自己去做那件事。新的工具一開始通常會讓人感覺不大順手，但如果你覺得這項工具真的不適合你，就要傾聽自己內在的感受。採用書中適合你的部分，略過其他的部分！

3. **保持聯繫！**你在嘗試這些技巧的期間，隨時可以和我保持聯繫！你可以在社交媒體上和我互動！[1]（是的，我知道我一連用了三個驚嘆號！現在又更多了！只是這部分真的讓我有些不捨，畢竟已經來到書的結尾，如果你願意的話，我希望你能保持聯繫！）我喜歡接收問題和建議，而且一直都在根據人們的回饋開發新的課程、素材和工作坊。此外，如果你在高功能生活的其他面向有任何問題或想法，或者對於本書中提及的資訊有進一步的問題，都歡迎讓我知道！我保持開放態度，只要我認為有必要，就會撰寫更多書籍，闡述如何駕馭自身的能量，用於高功能教養、高功能職業、高功能關係、高功能內在生活及其他領域上。我也願意撰寫更多關於自身經歷以及克服挑戰的過程，深入分享這些歷程，藉此給他人帶來幫助與啟發。因此，歡迎告訴我，你對哪些主題感興趣或者你的想法。我成為諮商心理師的原因有很多，但其中最大的一個因素就是我喜愛和人們連結。所以，如果你願意的話，別猶豫，直接來和我聯繫吧！瀏覽網站（www.NervousEnergyBook.com）是個不錯的起點，可以和本書提及的資訊有更深入的連結，或者，如果你想要的話，也可以透過網站和我聯絡。

再次感謝你閱讀本書，請保持聯繫，也恭喜你學會了一些新技巧！

【附註】

1. 推特（Twitter）與 Instagram：@drchloe_
臉書（Facebook）：@drchloephd
領英（LinkedIn）：@chloecarmichael
部落格（blog）：www.drchloe.com/blog
電子報：www.drchloe.com/newsletter
Youtube：www.youtube.com/user/drchloecarmichael

致謝

撰寫這本書是非常大的榮幸，我想要感謝促成這本書誕生的人；感謝珍妮佛・懷斯（Jennifer Weis）願意給我這個機會；感謝馬克・瑞斯尼克（Marc Resnick）把我的提案送達珍妮佛的桌上；感謝瑟琳娜・瓊斯（Serena Jones）去拍桌子爭取我需要的會議時段；感謝我的編輯丹妮拉・瑞普（Daniela Rapp）直率且敏銳的潤飾（最棒的那種！）；感謝凱瑟琳・蒙克（Catherine Monk）教授，告訴我這個害羞的大學生，她會指導我走過整個過程，成為一名臨床諮商心理師，也確實實現了承諾；感謝天使般的助理唐娜（Donna）幫我處理好生活中其他所有的事務，讓我有時間專注在這本書上；感謝艾美・薩默斯（Amy Summers）告訴我，我需要寫這本書。

感謝我的丈夫吉姆（Jim）以及我們的兒子比利（Billy），每天都讓我的內心充滿了喜悅；感謝這些年來協助過我的治療師與教練，特別是安娜・塔克（Ana Tucker）。

最後，同樣重要的是，我要感謝眾多的案主，謝謝你們在所有的療程與工作坊中，教導了我關於心理治療與人生教練的寶貴經驗，我非常享受與你們相處的每一個時刻。

參考書目

Higgins, D. M., J. B. Peterson, R. O. Pihl, and A. G. M. Lee (2007). "Prefrontal Cognitive Ability, Intelligence, Big Five Personality, and the Prediction of Advanced Academic and Workplace Performance." *Journal of Personality and Social Psychology* 93, no. 2: 298–319.

Martin D. J., J. P. Garske, and M. K. Davis (2000). "Relation of the Therapeutic Alliance with Outcome and Other Variables: A Meta-Analytic Review." *Journal of Consulting and Clinical Psychology* 68: 438–50.

Miller, A., A. Isaacs, and E. Haggard (1965). "On the Nature of the Observing Function of the Ego." *British Journal of Medical Psychology* 38, no. 2: 161–69.

Murray, H. A. (1938). *Explorations in Personality*. New York: Oxford University Press, 164.

Wood, J. V., W. Q. Elaine Perunovic, and J. W. Lee (2009). "Positive Self-Statements: Power for Some, Peril for Others."*Psychological Science* 20, no. 7, 860–66.

Zetzel, E. R. (1956). "Current Concepts of Transference." *International Journal of Psychoanalysis* 37: 369–76.

BM0048

緊張也是你的天賦

運用九大技巧駕馭焦慮，將逆境轉化為順境

Nervous Energy : Harness the Power of Your Anxiety

作　　者　克蘿伊・卡邁可（Chloe Carmichael）
譯　　者　王冠中
責任編輯　于芝峰
協力編輯　洪禎璐
內頁排版　宸遠彩藝
內頁插圖　Designed by Freepik, Freepik.com
封面設計　小草

發 行 人　蘇拾平
總 編 輯　于芝峰
副總編輯　田哲榮
業務發行　王綬晨、邱紹溢
行銷企劃　陳詩婷

出　　版　橡實文化 ACORN Publishing
地址：臺北市 105 松山區復興北路 333 號 11 樓之 4
電話：（02）2718-2001　傳真：（02）2719-1308
網址：www.acornbooks.com.tw
E-mail：acorn@andbooks.com.tw

發　　行　大雁出版基地
地址：臺北市 105 松山區復興北路 333 號 11 樓之 4
電話：（02）2718-2001　傳真：（02）2718-1258
讀者傳真服務：（02）2718-1258
讀者服務信箱：andbooks@andbooks.com.tw
劃撥帳號：19983379　戶名：大雁文化事業股份有限公司

印　　刷　中原造像股份有限公司
初版一刷　2023 年 3 月
定　　價　480 元
I S B N　978-626-7085-80-6

大雁出版基地
www.andbooks.com.tw

國家圖書館出版品預行編目 (CIP) 資料

緊張也是你的天賦：運用九大技巧駕馭焦慮，將逆境轉化為順境／克蘿伊・卡邁可（Chloe Carmichael）著；王冠中譯．－初版．－臺北市：橡實文化出版：大雁出版基地發行，2023.03
400 面 ; 14.8×21 公分
譯自 : Nervous energy : harness the power of your anxiety

ISBN 978-626-7085-80-6(平裝)

1. CST: 緊張　2.CST: 焦慮　3.CST: 調適　4.CST: 成功法

176.54　112001128